智能网联汽车技术系列丛书

智能网联汽车感知技术

主　编　庞宏磊　周昱英　屈　贤
副主编　潘四普　陈　勇　赵魏维
参　编　胡光斓　袁　俊　陈　恒　杨毓晋

电子工业出版社
Publishing House of Electronics Industry
北京·BEIJING

内 容 简 介

本书系统介绍了智能网联汽车各类传感器的组成及应用场景，详细分析了各类传感器的装配标准及标定原理，描述了各类传感器在 Apollo 自动驾驶系统中的应用及调试方法。全书共 5 个项目，包括感知传感器概述、毫米波雷达的装配与调试、摄像头的装配与调试、激光雷达的装配与调试及组合导航的装配与调试。

本书可以作为高职院校汽车制造与试验技术、新能源汽车技术、汽车电子技术、智能网联汽车技术、汽车技术服务与营销、汽车检测与维修技术、汽车智能技术等专业，以及职业本科院校汽车服务工程技术、新能源汽车工程技术、智能网联汽车工程技术等专业的教材，以及理工科大学教师的教学参考书，也可供从事智能网联汽车研究的有关工程技术人员参考。

未经许可，不得以任何方式复制或抄袭本书之部分或全部内容。
版权所有，侵权必究。

图书在版编目（CIP）数据

智能网联汽车感知技术 / 庞宏磊，周昱英，屈贤主编. —北京：电子工业出版社，2023.11
（智能网联汽车技术系列丛书）
ISBN 978-7-121-46589-5

Ⅰ．①智… Ⅱ．①庞… ②周… ③屈… Ⅲ．①汽车－智能通信网－传感器 Ⅳ．①U463.67

中国国家版本馆 CIP 数据核字（2023）第 204349 号

责任编辑：张　迪（zhangdi@phei.com.cn）
印　　刷：三河市双峰印刷装订有限公司
装　　订：三河市双峰印刷装订有限公司
出版发行：电子工业出版社
　　　　　北京市海淀区万寿路 173 信箱　邮编 100036
开　　本：787×1 092　1/16　印张：16　字数：399 千字
版　　次：2023 年 11 月第 1 版
印　　次：2023 年 11 月第 1 次印刷
定　　价：69.00 元

凡所购买电子工业出版社图书有缺损问题，请向购买书店调换。若书店售缺，请与本社发行部联系，联系及邮购电话：（010）88254888，88258888。
质量投诉请发邮件至 zlts@phei.com.cn，盗版侵权举报请发邮件至 dbqq@phei.com.cn。
本书咨询联系方式：（010）88254469，zhangdi@phei.com.cn。

编审委员会

特邀顾问	蒋永林	四川交通职业技术学院
	马晓明	深圳职业技术大学
专家顾问	周昱英	南京工业职业技术大学
	张　亮	阿波罗智能技术（北京）有限公司
	柴　燕	电子工业出版社有限公司
委　员	庞宏磊	南京工业职业技术大学
	屈　贤	南京工业职业技术大学
	杨毓晋	南京工业职业技术大学
	胡光斓	南京工业职业技术大学
	袁　俊	南京工业职业技术大学
	陈　勇	南京工业职业技术大学
	潘四普	南京工业职业技术大学
	赵魏维	南京工业职业技术大学
	胡　旷	阿波罗智能技术（北京）有限公司
	刘玮立	阿波罗智能技术（北京）有限公司
	赵　静	阿波罗智能技术（北京）有限公司
	苏菲菲	阿波罗智能技术（北京）有限公司
	马欣然	阿波罗智能技术（北京）有限公司

前　言

随着汽车保有量的飞速增长，能源短缺、环境污染、交通拥挤等问题越发突出，严重影响了汽车产业健康良性的发展。智能网联汽车可以提供更加安全、节能、环保、便捷的出行方式和解决方案，是汽车产业的重要发展领域，也是国际公认的未来发展方向和关注焦点。2020 年，国家发展改革委等 11 个部委联合发布《智能汽车创新发展战略》，展望 2035 到 2050 年全面建成中国标准智能汽车体系，实现安全、高效、绿色、文明的智能汽车强国愿景。

新一轮技术革命和产业变革方兴未艾，智能网联汽车迎来快速发展。智能网联汽车驾驶自动化等级不断提升，中国汽车工程学会发布的《节能与新能源汽车技术路线图 2.0》指出，2025 年，PA(L2)、CA(L3)级智能网联汽车占汽车年销售量的 50%以上，HA(L4)级智能网联汽车开始进入市场，C-V2X 终端新车装配率达 50%；2030 年，PA(L2)、CA(L3)级智能网联汽车占汽车年销售量的 70%，HA(L4)级智能网联汽车占比超过 20%，C-V2X 终端新车装配基本普及。

智能网联汽车正在由辅助驾驶向完全自动驾驶升级，这对智能网联汽车的感知系统提出了更高要求，感知系统应更全面、更准确、更高效地获取周边环境的信息。而该方向既能动手实践又能知晓原理的人才严重紧缺，无法较好地适应行业发展速度。职业本科是为了满足社会的迫切需要而产生的一种教育形式，旨在培养面向企业需求的高层次技术技能人才。本书由职业本科学校和智能网联汽车龙头企业——百度联合编写，引入多传感器融合技术、激光雷达技术、车道线检测技术等新技术，在体现工程实践性的同时，加深了理论知识的深度和广度，以促进高校智能网联汽车、汽车服务等相关专业学生和智能网联汽车相关行业从业人员全面、系统地理解环境感知技术，掌握视觉传感器（摄像头）、毫米波雷达、激光雷达等智能传感器的装调与测试方法。

本书基于工作手册式教材理念编写，紧紧围绕智能网联汽车的关键技术——环境感知技术，共由 5 个项目、15 个任务组成，每个项目由学习目标、情景导入、且思且行、评价反思、练习提升 5 个部分组成，构建了学、做、思的循环与递进，促使学生主动思考，实现知识和技能的有效迁移，培养学生树立工程意识及在不同工作情境下通用的问题解决能力。

项目一介绍了智能网联汽车传感器的类型、作用、应用和各类感知传感器的优缺点与布置原则；阐述了多传感器信息融合概念、技术及方案，同时介绍了 Apollo 开发平台的架构、感知系统的作用，并对感知模块的数据结构进行了解析；项目二介绍了毫米波雷达的结构、作用及工作原理，对毫米波雷达的选型原则、安装及标定方法进行讲解，重点讲述了毫米波雷达目标检测与跟踪算法；项目三介绍了摄像头的类型、特点及选型，重点讲解了摄像头的装配方法及标定的原理，阐述了基于摄像头的物体识别的适配与调试方法。项目四介绍了激光雷达的类型及结构，详细讲解了激光雷达的技术参数和工作原理，结合 Apollo 无人小车讲解了激光雷达的外参标定方法，基于 Apollo 环境重点阐述了激光雷达障碍物检测与识别算

法。项目五介绍了组合导航系统的结构及工作原理,阐述了基于实验台架和百度 D-KIT 自动驾驶实验平台的组合导航系统配置方法,并讲解了在 D-KIT 自动驾驶实验平台中进行基于组合导航的循迹实验方法。

　　本书由庞宏磊、周昱英、屈贤担任主编,潘四普、陈勇、赵魏维担任副主编,胡光斓、袁俊、陈恒、杨毓晋参加了部分章节的编写及文字与图表的修订工作。

　　为了更好地帮助大家学习,随书资料包含了教学课件和课后习题答案,读者可以登录华信教育资源网(http://www.hxedu.com.cn)免费注册后进行下载。

　　本书在编写过程中参考了大量国内外公开发表的资料,以及百度 Apollo 开发者平台的相关资料,在此向相关资料的作者表示感谢。

　　由于智能网联汽车技术正发生日新月异的变化,加之作者水平和能力有限,书中如有不足之处,敬请使用本书的师生与读者批评指正,以便修订时改进。

目　　录

项目一　感知传感器概述 ……………………………………………………………… 001
　　任务一　智能网联汽车环境感知传感器的认知及应用 ………………………… 003
　　任务二　智能网联汽车多传感器信息融合 ……………………………………… 014
　　任务三　Apollo 开发平台 ………………………………………………………… 026

项目二　毫米波雷达的装配与调试 …………………………………………………… 037
　　任务一　毫米波雷达的认识与装配 ……………………………………………… 038
　　任务二　基于毫米波雷达的障碍物检测及识别 ………………………………… 059
　　任务三　毫米波雷达的标定 ……………………………………………………… 069

项目三　摄像头的装配与调试 ………………………………………………………… 080
　　任务一　摄像头的认识与装配 …………………………………………………… 082
　　任务二　摄像头的标定 …………………………………………………………… 093
　　任务三　基于摄像头的道路信息检测及识别 …………………………………… 114

项目四　激光雷达的装配与调试 ……………………………………………………… 140
　　任务一　激光雷达的认识与装配 ………………………………………………… 141
　　任务二　激光雷达的标定 ………………………………………………………… 161
　　任务三　基于激光雷达的障碍物检测及识别 …………………………………… 173

项目五　组合导航的装配与调试 ……………………………………………………… 202
　　任务一　组合导航的认识与装配 ………………………………………………… 203
　　任务二　组合导航系统的配置 …………………………………………………… 215
　　任务三　基于组合导航系统的循迹 ……………………………………………… 234

项目一
感知传感器概述

【知识目标】

1. 熟悉智能汽车环境感知的概念；
2. 熟悉多传感器信息融合的方案；
3. 掌握各类环境感知传感器的概念；
4. 掌握各类环境感知传感器的应用；
5. 掌握多传感器信息融合的概念；
6. 了解多传感器信息融合的技术。

【能力目标】

1. 能正确识别各类环境感知传感器；
2. 能正确理解各类环境感知传感器的性能；
3. 能正确完成相应智能驾驶场景下环境感知传感器的选择；
4. 能正确打开 Apollo 开发平台并了解其功能。

【素质目标】

1. 形成团结协作的意识；
2. 养成创新意识和自主创新能力；
3. 养成精益求精、一丝不苟的精神；
4. 养成吃苦耐劳、勤奋努力的劳动精神；
5. 形成弘扬正能量的社会主义核心价值观。

随着交通强国建设纲要等政策的提出，自动驾驶技术得到大力的发展和推进，智能汽车创新发展战略更是系统描绘了我国智能汽车的发展蓝图。

智能汽车（Intelligent Vehicle，IV）是指搭载先进的车载传感器、控制器、执行器等装置并融合人工智能等新技术，具备复杂环境感知、智能决策、自动控制等功能，可实现安全、舒适、节能、高效行驶的新一代汽车。智能汽车通常又称为智能网联汽车、自动驾驶汽车等，其系统组成如图1-1所示。

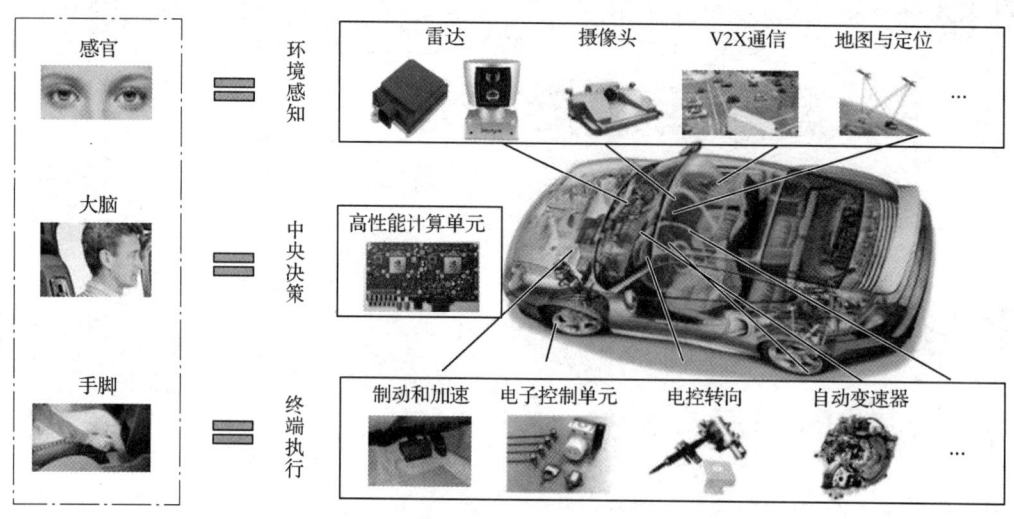

图1-1　智能网联汽车的系统组成

从图1-1可以看出，环境感知是智能网联汽车其他技术的数据基础，为中央决策和终端执行提供数据依据，是智能网联汽车实施自动驾驶的第一步。环境感知相当于智能网联汽车的"眼睛"，它的性能将决定智能网联汽车能否适应复杂多变的交通环境。自动驾驶程度越高，对环境感知要求就越高。

那么，智能网联汽车如何对环境进行感知？又有哪些传感器可以作为智能网联汽车的"眼睛"？针对不同工况该如何选择传感器？各类传感器之间是怎样共同工作的？带着这些问题，让我们进入本项目的学习。

学生准备	1. 按照5~6人一组，完成异质分组，建立团队文化； 2. 完成各类环境感知传感器基础知识预习工作； 3. 搜索今年新上市的智能网联汽车，并了解其传感器的个数及配置位置； 4. 安装Apollo软件，并熟悉界面
教师准备	1. 选定调试软件，并测试软件稳定性； 2. 设计实验任务单、技能评价单的样式； 3. 检查实训设备运行情况，确保设备电量充足； 4. 准备授课需要的各种硬件设备、工具及各种资料
资源准备	微课、二维三维动画、中国MOOC、视频、Apollo软件、Apollo D-KIT Lite（无人小车）等

项目一　感知传感器概述

任务一　智能网联汽车环境感知传感器的认知及应用

【任务描述】

智能网联汽车中的环境感知传感器要获取哪些感知信息呢？其实，智能网联汽车感知的对象就是智能传感器检测的对象和 V2X 通信技术传递的信息，主要包括车辆的行驶路径、车辆周围的交通参与者、驾驶状态和驾驶环境等。智能网联汽车最主要的感知对象有车辆、行人、交通标志、交通信号灯和车道标线，其中车辆和行人既有运动状态，也有静止状态。对于运动的对象，除了要识别，还要进行跟踪。

目前，不同品牌、不同车型的智能网联汽车，搭载的感知传感器数量及类型均有不同，作为一名工程师，您对智能网联汽车感知传感器了解多少呢？智能网联汽车环境感知传感器有哪些类型呢？各类智能网联汽车环境感知传感器应用在哪些智驾系统中呢？各类智能网联汽车环境感知传感器的作用又是什么呢？带着这些问题，进入我们本任务的学习。

【问题探究】

引导问题 1-1-1：查询最新上市的智能网联汽车资料，请列出该车辆配置的感知传感器类型及个数。

_____
_____
_____
_____

知识 1-1-1　环境感知传感器的类型

如图 1-2 所示，智能网联汽车中的传感器包括：环境感知传感器和汽车状态传感器。其中，环境感知传感器又包括距离传感器和定位传感器，本书着重讲授的是环境感知传感器中的各类距离传感器。

智能网联汽车中的距离传感器的类型主要有视觉传感器（摄像头）和雷达传感器。其中，雷达传感器又包括毫米波雷达、超声波雷达和激光雷达。毫米波雷达分为长距离毫米波雷达、中距离毫米波雷达和短距离毫米波雷达，它们安装在汽车的不同位置，能够对车辆周围进行360°全覆盖检测。环境感知传感器中的距离传感器的覆盖范围如图 1-3 所示。

知识 1-1-2　毫米波雷达的认知及应用

毫米波是指波长为 1～10mm 的电磁波，它位于微波与远红外波相交叠的波长范围内。毫米波雷达，就是工作在毫米波（频率为 30～300GHz，波长为 1～10mm）频段的雷达，英文名为 Radar（Radio Detection and Ranging），即无线电探测和测距，它可以通过发射与接收在毫米波频段的高频电磁波来探测目标,后端信号处理模块利用回波信号计算出目标的距离、速度和角度等信息。常见的毫米波雷达样式如图 1-4 所示。

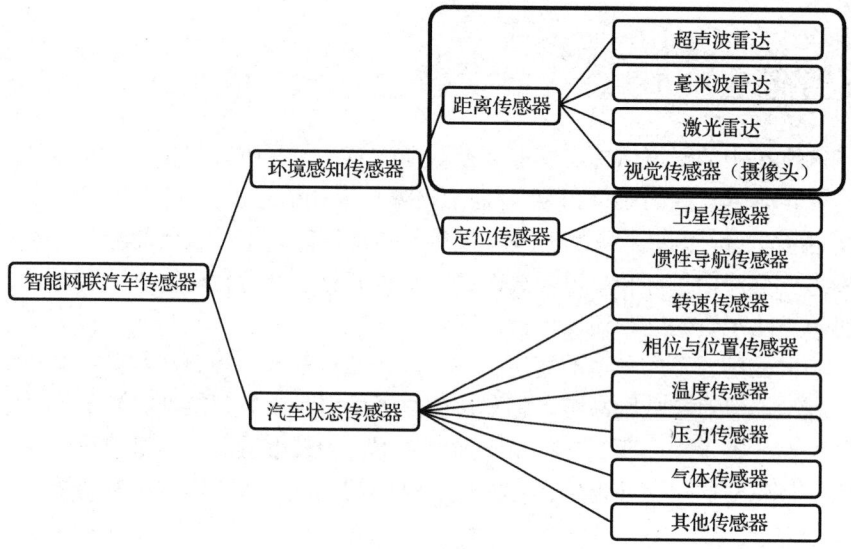

图 1-2　智能网联汽车中的传感器分类

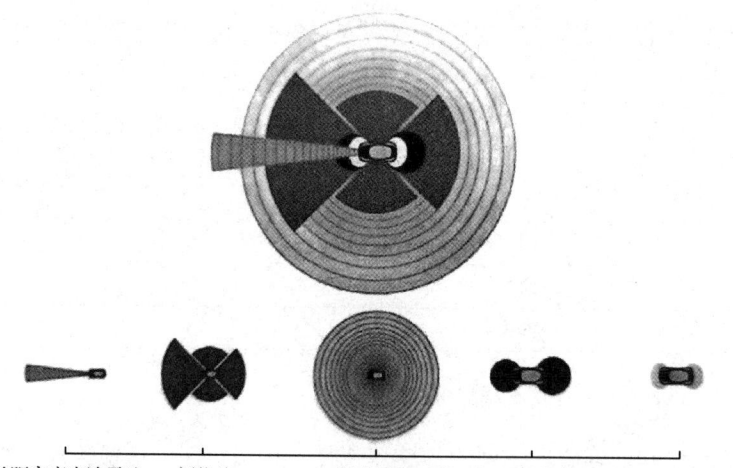

图 1-3　环境感知传感器中的距离传感器的覆盖范围

图 1-4　常见的毫米波雷达样式

目前汽车领域应用中主要有 24GHz 和 77GHz 两种毫米波雷达，少数国家（如日本）采用 60GHz 频段的毫米波雷达。如图 1-5 所示，24GHz 毫米波雷达多用于感知车辆周围的障碍物，分辨率较低，主要用于变道盲区预警系统盲区报警、变道辅助等（目前 24GHz 频段技术已十分成熟）；77GHz 频段受到国内造车新势力的青睐，它的雷达波长更短，探测距离相对较远（可达 160m 以上），应用于自适应巡航系统、自动紧急制动系统等。

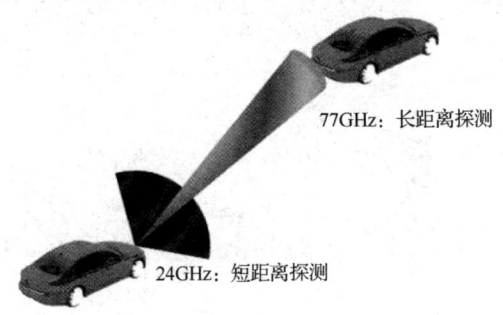

图 1-5　毫米波雷达测距

毫米波雷达信号穿透雾、烟、灰尘的能力强，同时具有全天候（大雨天除外）的特点，可以准确获取障碍物相对于毫米波雷达的距离和速度。虽然毫米波在传输的过程中存在能量损失，但仍然能够满足在车载条件下前方车辆的检测要求。同时，毫米波雷达相对于其他传感器具有体积小等优势，得到了广泛应用。除了测距领域，毫米波雷达也可被应用于成像领域，包括主动成像和被动成像。毫米波雷达的应用如表 1-1 所示。

表 1-1　毫米波雷达的应用

功　　能	类　　型	功　能　简　介
盲点检测（Blind Spot Detection，BSD）	24GHz	监测车辆左右侧后方 3m×5.5m 的区域内是否存在障碍车辆。当出现障碍车辆时，盲区监测报警灯发出警报，此时驾驶员不能执行转向操作
变道辅助（Lane Change Assist，LCA）	24GHz	监测车辆盲区后方 3m×30m 的区域内是否存在潜在危险车辆。通过变道辅助区域内的车辆与自车的相对速度，计算碰撞时间，依据碰撞时间警告驾驶员转向时是否存在危险
前向碰撞预警（Forward Collision Warning，FCW）系统	77GHz	监测前方车辆，判断本车与前车之间的距离、方位及相对速度，当存在潜在碰撞危险时对驾驶者进行警告
自动紧急制动（Automatic Emergency Braking，AEB）	77GHz	在高速公路上监测前方车辆，当判断存在碰撞风险时，会首先向驾驶员发出警报。若驾驶员不做处理，则启动紧急制动，并同步请求发动机降低扭矩输出
自适应巡航（Adaptive Cruise Control，ACC）系统	77GHz	在高速公路上保持车辆纵向安全行驶，在有碰撞危险时，车辆会提示驾驶员并进行主动制动干预

作为自动驾驶系统的核心传感器，毫米波雷达已成为各个车型的标配。如图 1-6 所示，该车型配备了 7 个毫米波雷达：1 个长距离雷达（LRR）和 6 个短距离雷达（SRR）。

知识 1-1-3　摄像头的认知及应用

机器视觉是通过光学的装置和非接触的传感器自动地接收与处理一个真实物体的图像，以获得所需信息或用于控制机器人运动的装置。换言之，机器视觉就是用机器代替人眼来做测量和判断。机器视觉系统需要通过摄像头将被摄取的目标转换成图像信号，传送给专用的图像处理系统，进行各种运算来抽取目标的特征，进而根据判别的结果来控制机器的动作。

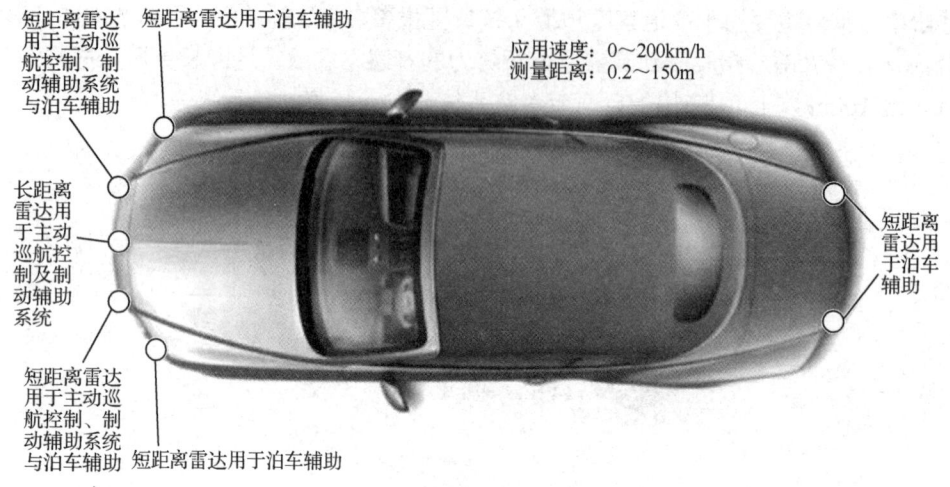

图1-6　举例：整车毫米波雷达配备

视频传感器（俗称摄像头）是整个机器视觉系统信息的直接来源，它利用光学元件和成像装置获取外部环境图像信息，通常用图像分辨率来描述摄像头的性能，有时还要配以光投射器及其他辅助设备。

摄像头分为红外摄像头和普通摄像头，红外摄像头适合白天和夜间工作，普通摄像头只适合白天工作。目前车辆上使用的主要是红外摄像头。

前视摄像头和360°环视摄像头如图1-7和图1-8所示。

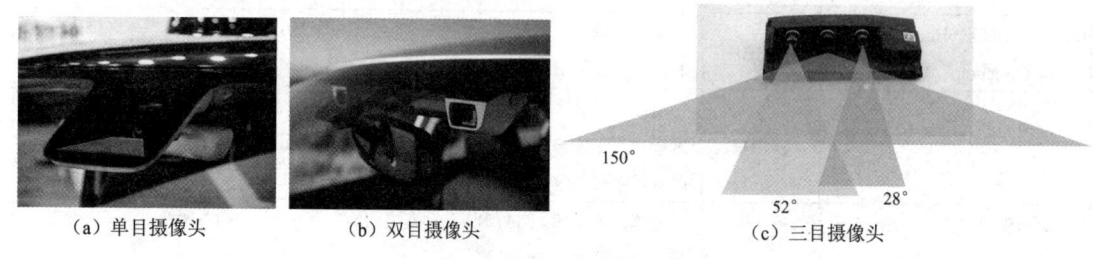

（a）单目摄像头　　（b）双目摄像头　　（c）三目摄像头

图1-7　前视摄像头

图1-8　360°环视摄像头

环境感知传感器中的摄像头能够识别行人、自行车、机动车、道路轨迹线、路牌和信号灯等环境信息，进而支撑实现车道保持辅助、车道偏离预警、前向碰撞预警、行人碰撞预警、全景泊车和驾驶员疲劳预警等功能。摄像头的应用如表1-2所示。

表1-2 摄像头的应用

功能	类型	功能简介
车道偏离预警（Lane Departure Warning, LDW）	前视	前视摄像头会时刻采集行驶车道的标识线，通过图像处理获得汽车在当前车道中的位置参数，当汽车即将偏离车道线时发出警报
前向碰撞预警（FCW）	前视	通过前视摄像头时刻监测前方车辆，判断本车与前车之间的距离、方位及相对速度，当存在潜在碰撞危险时，对驾驶员发出警告
交通标志识别（Traffic Sign Recognition, TSR）	前视、侧视	识别道路两侧的交通标志
车道保持辅助（Lane Keeping Assist, LKA）	前视	前视摄像头识别到车辆可能脱离行驶车道时，通过方向盘的震动或者声音来提醒驾驶员注意，并轻微转动方向盘修正行驶方向，使车辆处于正确的车道上
行人碰撞预警（Pedestrain Collision Warning, PCW）	前视	前视摄像头识别并标记前方行人，在可能发生碰撞时及时发出警告
盲点检测（BSD）	侧视	利用侧视摄像头，将后视镜盲区内的影像进行显示
全景泊车	前视、侧视、后视	安装在车身前、后、左、右的摄像头同时采集车辆四周的影像，经过图像处理最终形成一幅车辆四周无缝隙的360°全景俯视图
泊车辅助	后视	倒车时在车前显示器中可以显示车后倒车摄像头的实时视频影像
驾驶员疲劳预警	内置	安装在车内，用于监测驾驶员是否过度疲劳

特斯拉是智能驾驶技术方案视觉派的代表，众所周知，特斯拉只用摄像头，不使用激光雷达，MODEL 3和MODEL Y均在车辆周围配备了8个摄像头，MODEL 3甚至连毫米波雷达都去掉了。图1-9对车辆摄像头的配备及辐射范围进行了举例。

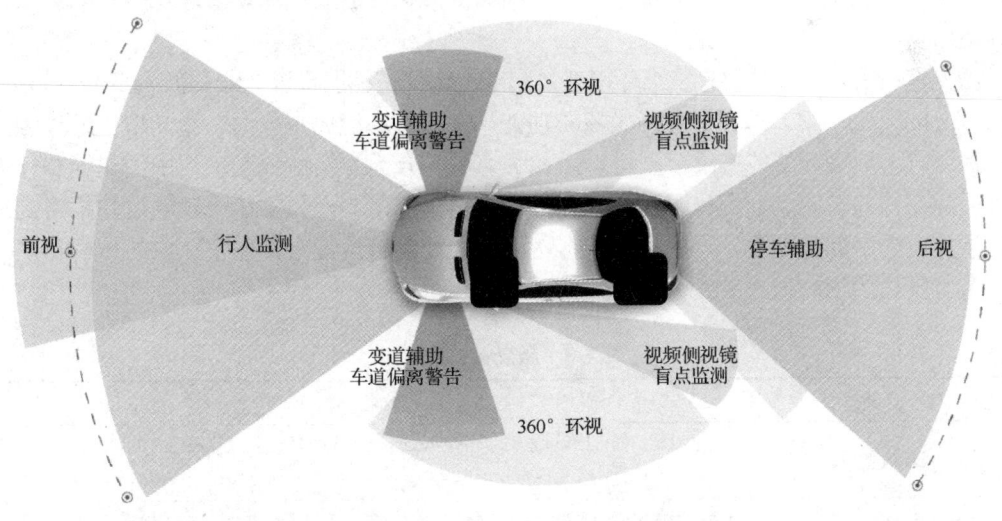

图1-9 举例：整车摄像头的配备及辐射范围

知识1-1-4 激光雷达的认知及应用

激光是原子（分子）系统受激辐射而产生放大的光，利用物质受激辐射原理和光放大过程产生出来的一种具有高亮度、高方向性的单色性和相干性的光,是继原子能、计算机和半导体后,人类又一重大发明。

激光雷达(Light Laser Detection and Ranging,Lidar)是激光探测及测距系统的简称,利用激光束作为发射光源,采用光电探测技术,获得数据并生成精准的数字工程模型。激光雷达具有分辨率和灵敏度高、抗观测背景干扰性强的特点,能够实现全天时工作。常用的激光雷达样式如图 1-10 所示。

图 1-10　常用的激光雷达样式

激光雷达的探测距离可达 300m 以上,可以获得极高的距离分辨率、速度分辨率和角度分辨率。通常激光雷达的距离分辨率可达 0.1m;速度分辨率能达到 10m/s 以内;角度分辨率不低于 0.1mrad,并可同时跟踪多个目标,直接获取探测目标的距离、角度、反射强度、速度等信息,生成目标多维度图像。而且,激光束主动探测,不依赖于外界光照条件或目标本身的辐射特性,它只须发射自己的激光束,通过探测发射激光束的回波信号来获取目标信息,但不易识别交通标志和交通信号灯。

随着自动驾驶的发展和智能驾驶辅助系统的普及,激光雷达的成本有所下降,但是相较于其他车载环境感知传感器,其价格还是太高。另外,恶劣天气和烟雾环境会影响激光雷达的性能。

激光雷达在自动驾驶中有三维环境感知和即时定位与地图构建(Simultaneous Localization and Mapping,SLAM)加强定位两大核心功能。在三维环境感知方面,激光雷达通过激光扫描可得到汽车周围环境的三维模型,运用相关算法可较为容易地探测出周围的车辆和行人,并进行障碍物的检测、分类和跟踪。SLAM 加强定位方面,激光雷达可以通过扫描得到的点云数据实现同步创建地图。因此,激光雷达在生成高精度地图中是非常重要的传感器。

激光雷达的应用如表 1-3 所示。

表 1-3　激光雷达的应用

功　　能	功能简介
三维环境感知	通过激光扫描可以得到汽车周围环境的三维模型,运用相关算法比对上一帧和下一帧环境的变化,可以较为容易地探测出周围的车辆和行人,并进行障碍物的检测、分类和跟踪
SLAM 加强定位	通过扫描得到的点云数据实现同步创建地图,生成高精度地图
车道偏离预警	激光雷达可以检测汽车行驶前方的车道线标识和潜在的障碍,也可计算在道路中的位置,如果汽车偏离车道航线,则系统发出警告
行人保护	检测车辆行驶前方是否有行人,及时发出警告信息,必要时制动
自适应巡航控制系统的启停	对周围环境的扫描可实现自动驾驶,并可自动调整速度,如有必要,制动停行

续表

功　　能	功　能　简　介
自动紧急制动	检测车辆行驶前方的所有静止物体和活动物体，并判断外形，必要时，自动紧急制动
预碰撞处理	通过扫描周围环境数据，不管即将发生什么样的碰撞，预碰撞功能在碰撞前发出警告
交通拥堵辅助	针对城市拥堵路况，能在上下班路上消除车辆频繁启停带来的烦恼

对于激光雷达的安装位置和装载数量，各品牌各有思路：有的认为激光雷达安装在车顶，可将探测范围拉远，用于满足高速场景的需求，只有看得远，尽早探测到前方目标物，才能给智能网联汽车留出足够多的反应和决策时间。但是，激光雷达工作时会产生热量，长时间暴晒有风险！若温度过高，会对激光雷达的性能和使用寿命产生影响，同时影响整车造型的美观和流畅性；另一种是装在车头前端保险杠或翼子板处，该方案的下视盲区和侧视盲区更小，对近距离、低矮物体的识别能力明显增强，这种布置方式是高速和城市驾驶场景应用的折中选择。

每种安装方案都各有利弊，激光雷达的位置布局取决于不同算法的需求，最后的功能好使才是最重要的！典型车型激光雷达的配置位置如图1-11所示。

图1-11　典型车型激光雷达的配置位置

知识1-1-5　超声波雷达的认知及应用

超声波是一种频率高于20kHz的声波（机械波），它的方向性好，反射能力强，易于获得较集中的声能。超声波的波长很短，只有几厘米甚至千分之几毫米。超声波采用直线传播方式，频率越高，衍射能力越弱，但反射能力越强，利用超声波的这种性质制成了超声波雷达。

超声波雷达利用超声波的特性，在超声波频率范围内发射40kHz、48kHz和58kHz等的超声波，通过接收反射后的超声波探知周围的障碍物情况，根据时间差算出障碍物距离，其测距精度是1～3cm。

超声波雷达及其在车辆上的安装位置如图1-12所示。

智能网联汽车上常见的超声波雷达有两种：第一种是安装在汽车前后保险杠上的，也就是用于探测汽车前、后障碍物的传感器，称为超声波停车助手（Ultrasonic Parking Assistant，UPA）传感器，频率较高，精度高，感测距离较短，测量距离一般为0.15～2.5m；第二种是安装在汽车侧面的，用于测量停车位长度的超声波雷达，称为自动泊车辅助（Automatic

Parking Assistant,APA)传感器,频率较低,精度一般,但感测距离较长,测量距离一般为0.30~5.0m。

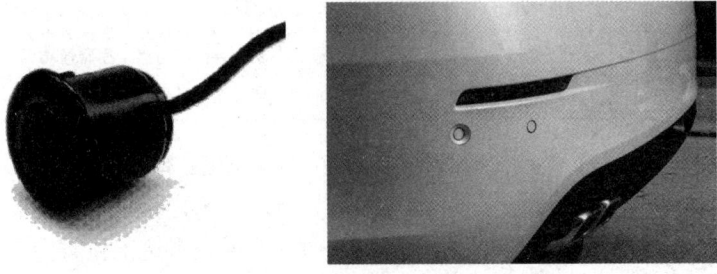

图1-12 超声波雷达及其在车辆上的安装位置

由于超声波雷达是利用超声波进行检测的,所以无论光照条件如何,在雪、雾和雨天气条件下,同样可以良好地工作。但是,超声波雷达在速度很高的情况下测量距离具有一定的局限性,只适用于低速情况;由于超声波具有一定的扩散角,超声波雷达只能测量距离,不可以测量方位,所以必须在汽车的前、后保险杠不同方位上安装多个超声波雷达;并且超声波雷达不容易探测到低矮、圆锥形、过细的障碍物或者沟坎等,存在探测盲区。常用的超声波雷达配置如图1-13所示。

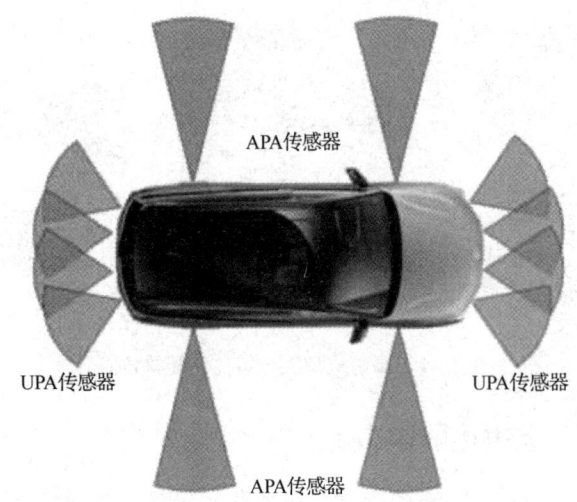

图1-13 常用的超声波雷达配置

超声波雷达早期主要用于车辆制动辅助系统和倒车雷达,帮助驾驶员检测障碍物,避免碰撞和擦蹭,目前在智能网联汽车上也应用在自动泊车和自动制动系统中。激光雷达的应用如表1-4所示。

表1-4 激光雷达的应用

功 能	类 型	功能简介
倒车辅助(PA)	UPA	超声波雷达通常与控制器和显示器结合使用,检测汽车前后方障碍物
自动泊车系统(APS)	UPA+APA	检测泊车库,得到探测距离与时间的关系,计算得到库位的近似长度。当检测的库位长度大于汽车泊入所需的最短长度时,则认为当前空间有车位

续表

功　能	类　型	功能简介
高速横向辅助	APA	探测两侧后方有无车辆驶近,可自主进行左右微调
自动代客泊车辅助(AVP)	APA+UPA	配合摄像头使用,解决从驾驶员下车点低速(小于20km/h)行驶至库位旁的问题

【任务实施】

子任务一：环境感知传感器中距离传感器的性能特点

同学们已经认识了毫米波雷达、摄像头、激光雷达和超声波雷达,那么各类传感器的性能特点是怎样的呢？

引导问题1-1-2：请讨论毫米波雷达、摄像头、激光雷达和超声波雷达的性能特点,同时查阅相关资料,对各传感器的性能用强、一般、弱进行评价,完成以下表格中的内容。

应用的技术或性能特点	超声波雷达	摄像头	激光雷达	毫米波雷达
远距离探测能力				
夜间工作能力				
全天候工作能力				
受气候影响				
恶劣环境(烟雾、雨雪)工作能力				
温度稳定度				
车速测量能力				
目标识别能力				
避免虚报警能力				
硬件低成本可能性				

子任务二：环境感知传感器中距离传感器的选择及配置

基于毫米波雷达、摄像头、激光雷达和超声波雷达的性能特点及应用情况,不同应用场景该如何选择合适的传感器配置呢？你是考虑到哪些性能特点和因素做出的选择？

引导问题1-1-3：请讨论自动驾驶存在哪些应用场景,查阅相关资料,同时结合自身理解,请制定适合各场景的距离传感器的配置方案,同时阐述方案思路。

_____
_____
_____
_____
_____

【知识拓展】

拓展知识一：常见自动驾驶场景中的传感器配置方案

1）自动泊车系统

如图 1-14 所示，该自动泊车系统的传感器方案包括 12 个超声波雷达、4 个环视摄像头和 1 个前视摄像头。可实现代客泊车功能、自动泊车功能及泊车辅助功能。

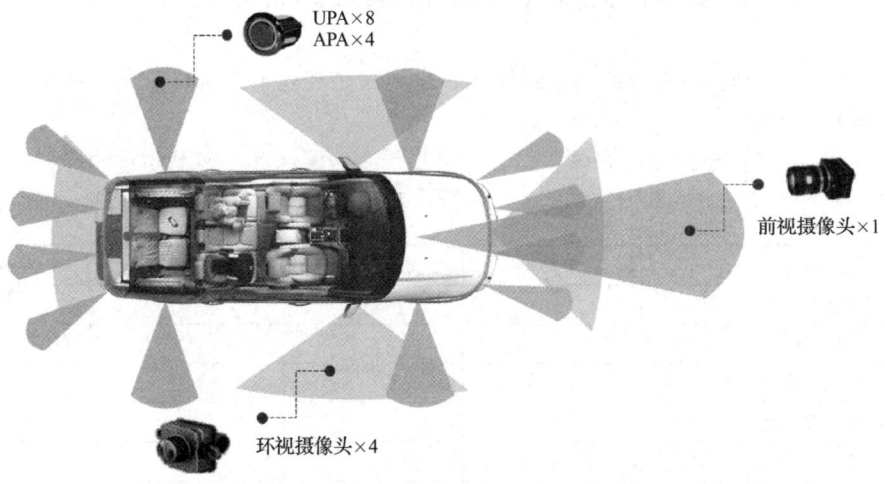

图 1-14 自动泊车系统的传感器方案

2）全景环视系统

如图 1-15 所示，全景环视系统包括安装于汽车四周的多个摄像头、显示器、中央处理器。如图 1-16 所示，摄像头分别拍摄汽车前、后、左、右的图像，图像被处理拼接后视频传输和输出，在显示器上生成汽车及其周边环境的全景图像信息。

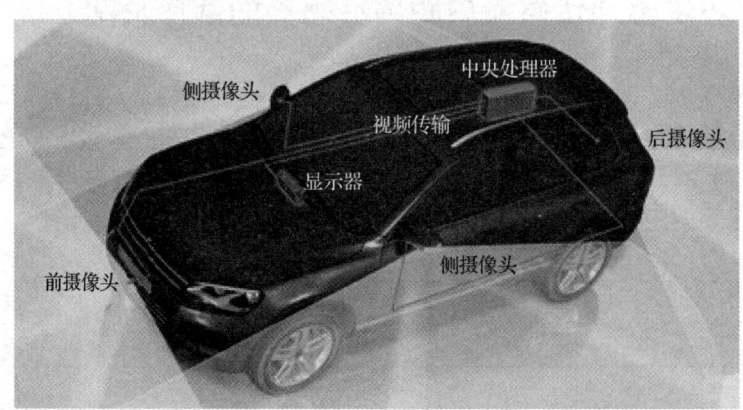

图 1-15 全景环视系统的传感器方案

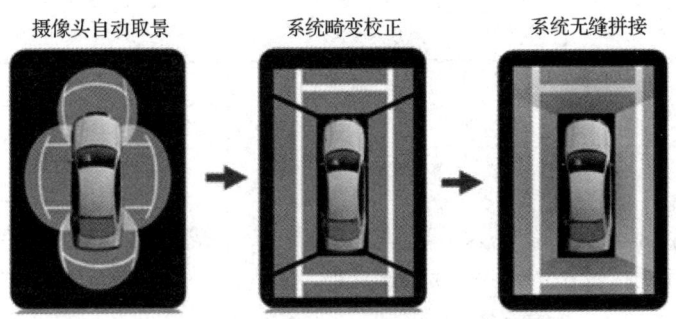

图 1-16 全景环视系统的原理图

3）盲区监测系统

如图 1-17 所示，该盲区监测系统使用了两个 77GHz 毫米波雷达，有着强抗干扰能力，不受温度、湿度、尘埃、光照等因素影响。

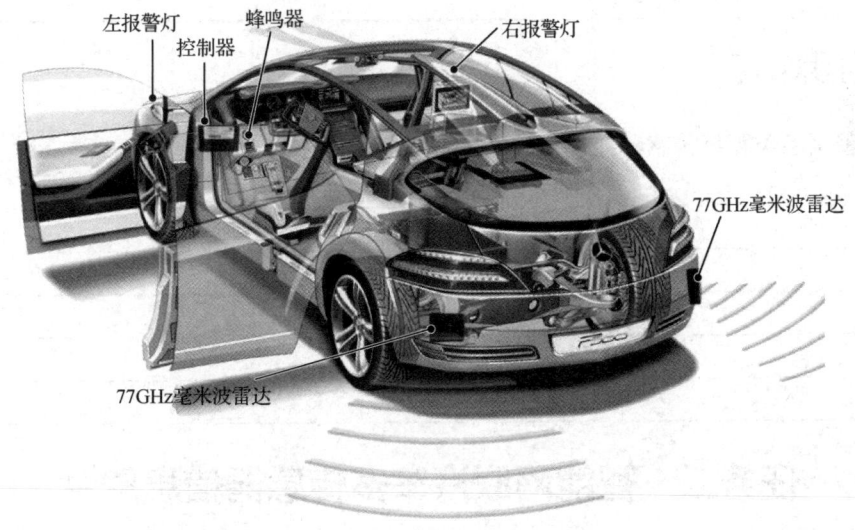

图 1-17 盲区监测系统传感器布置

【任务评价】

评价项目	评价内容	评价标准	分值	自评	互评	师评	综合得分
各类距离传感器的基础知识	距离传感器的概念、外观认知	能正确识别距离传感器	20				
距离传感器的应用	距离传感器的应用及选择	根据环境条件合理选择距离传感器	20				
距离传感器的选择	智能驾驶场景下，距离传感器的正确选择	能按照不同智能驾驶场景要求对传感器进行方案匹配	20				

续表

评价项目	评价内容	评价标准	分值	评价			综合得分
				自评	互评	师评	
安全生产	设备操作 场地 6S 安全意识	1. 安全正确操作设备； 2. 工作场地整洁，工件、量具等摆放整齐规范； 3. 做好事故防范措施，具备安全操作和环保意识	20				
职业素养	学习态度 团队合作 现场管理	1. 积极学习相关基础知识并参与任务计划； 2. 严格按照团队分工完成任务； 3. 服从安排，遵守实验室管理制度	20				

【自我审视】

单独使用各类距离传感器会出现什么弊端？请给出你的观点。

_____
_____
_____
_____
_____

任务二 智能网联汽车多传感器信息融合

【任务描述】

不同传感器的原理、功能、应用各异，在不同的场景下发挥着各自的优势，其获取的信息各不相同，不能互相替代。例如，相比于摄像头，毫米波雷达的分辨率较差，难以识别具体的物体形状，但其在恶劣的环境（如夜间、雨、雪、雾等）中仍然可以工作，并且可以得到距离信息。而摄像头虽然受环境影响较大，但是其分辨率高并且能获取丰富的图像信息，便于物体的识别。由此可见，仅通过单一传感器并不能满足驾驶场景需求，要实现自动驾驶就需要多个传感器相互配合，共同构成智能网联汽车的感知系统。

传感器在智能网联汽车上的配置与自动驾驶级别有关，自动驾驶级别越高，配置的传感器越多，对传感器的要求也越高，如图 1-18 所示。那么多个传感器是如何同时工作完成智能驾驶任务的呢？接下来的学习将告诉我们答案。

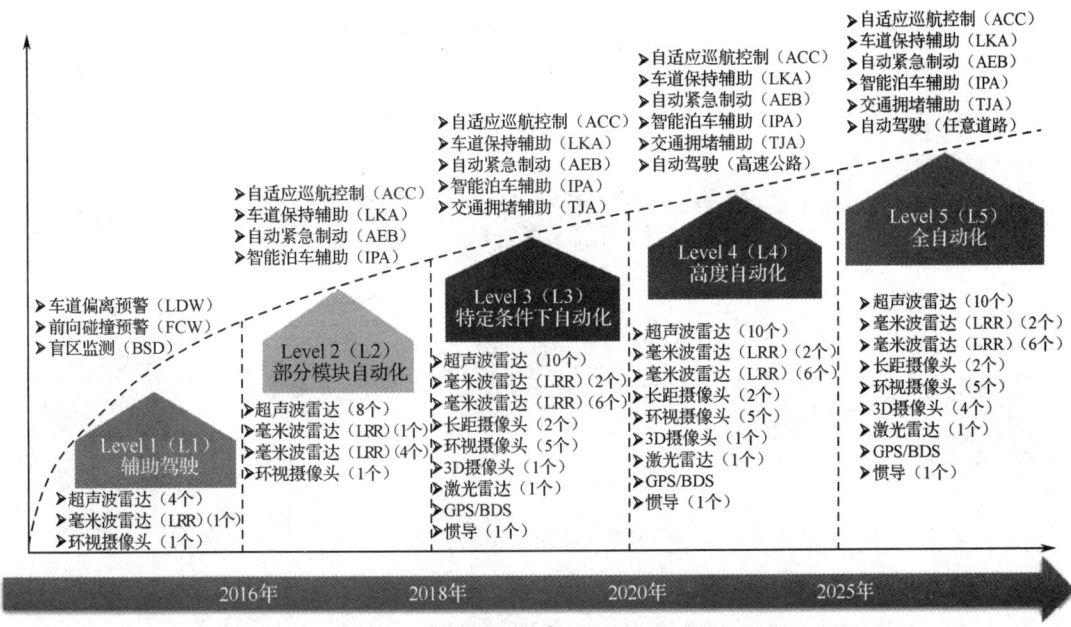

图 1-18 不同自动驾驶级别智能网联汽车所使用的传感器及数量

【问题探究】

引导问题 1-2-1：查询最新上市的智能网联汽车资料，选中其中一辆，请列出该车辆配置的智能传感器类型及个数，判断能够应用的自动驾驶场景。

_____
_____
_____
_____
_____

知识 1-2-1　多传感器信息融合的定义

从生物学的角度看，人类和其他动物对客观世界的认知过程，其实质就是对多源信息的融合过程。人类通过视觉、听觉、触觉等多种感官获得外界的多种信息，然后大脑依据某种准则对这些信息进行统一处理，从而获得了对该物体统一的理解和认识。传感器信息融合实际上就是模仿这种由感知到认知的过程。

多传感器信息融合（Multi-sensor Information Fusion，MSIF）是针对一个系统使用多个（种）传感器这一特定问题而提出的信息处理方法，可发挥多个（种）传感器的联合优势，消除单一传感器的局限性。把分布在不同位置的多个同类或不同类传感器所提供的数据资源加以综合，利用计算机技术对其进行分析，加以互补，实现最佳协同效果，获得对被观测对象的一致性解释与描述，提高系统的容错性，从而提高系统决策、规划、反应的快速性和正确性，使系统获得更充分的信息。换句话说，就是利用计算机技术将来自多传感器或多源的信息，在一定的准则下加以自动分析和综合，以完成所需要的决策和估计而进行的信息处理过程。

多传感器协同工作如图 1-19 所示。

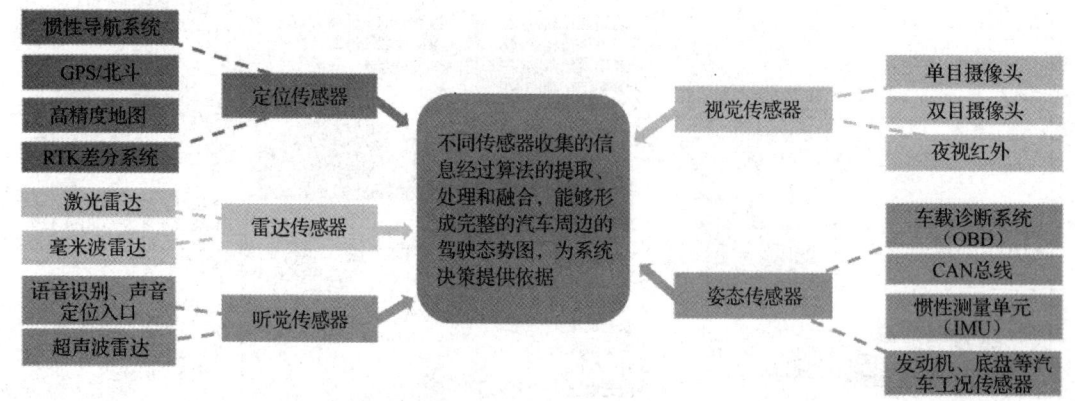

图 1-19　多传感器协同工作

多传感器信息融合还可以实现多个价格低廉的传感器代替价格昂贵的传感器设备，达到同样的功能，在保证性能的基础上还可以降低成本预算。

知识 1-2-2　传感器信息融合面临的问题

多个同类或者不同类的传感器分别获得不同局部和不同特点的信息，这些信息之间可能相互补充，也可能存在冗余和矛盾。所以，在多传感器信息融合的过程中，会出现以下几个关键问题。

（1）信息存在冗余性：信息的冗余性是指传递的信息被复杂化，即信息本可以用更简单的方式表达，传递更少的信息。但如果信息传输中有冗余的信号或符号，信道的传输效率就会降低，这就是冗余信息的消极作用。例如，智能网联汽车在进行环境感知时，对于环境的某个特征，可以通过多个传感器得到它的多份信息。这些信息有些是相对冗余的，并且具有不同的可靠性，如果全部传入中央决策进行处理就会增加中央处理器的负担。这时便需要通过融合处理，从中提取出更加准确、可靠的信息。但是，信息的冗余性是可以提高系统的稳定性，从而能够避免因单个传感器失效而对整个系统所造成的影响，这便是信息冗余性的积极作用。

（2）信息拥有互补性：不同种类的传感器可以为系统提供不同性质的信息，这些信息所描述的对象是不同的环境特征，它们彼此之间具有互补性。多种传感器联合互补，可避免单一传感器的局限性，最大程度地发挥各个（种）传感器的优势，能同时获取被检测物体的多种不同特征信息，以减少环境、噪声等干扰。

我们定义一个由所有特征构成的坐标空间，那么每个传感器所提供的信息只属于整个空间的一个子空间，与其他传感器形成的空间相互独立。正是因为如此，每个传感器观测到的数据都在各自的参考框架内，在对这些信息进行融合之前，必须将它们变换到同一时空框架中，并且要补偿由于时空配准导致的舍入误差。

（3）信息处理的及时性：各传感器的处理过程是相互独立，整个处理过程可以采用并行处理机制，使系统具有更快的处理速度，从而提供更加及时的处理结果。例如，激光雷达和摄像头的融合，激光雷达将反射回来的激光束经过处理后得到一个实时的三维模型，摄像头将捕获的像素处理成图像，它们再分别传递给决策层处理，这样决策层就能够少处理一部分信息，使整个系统有更快的处理速度。

针对以上问题，要求多传感器信息融合的车载系统能够解决单传感器时间域的关联问题，以及多传感器空间域上的关联问题：统一的同步时钟，可以保证传感器信息的时间一致性和正确性；准确的多传感器标定，可以保证相同时间下不同传感器信息的空间一致性，从而能够确定来源于同一目标源的数据。

引导问题 1-2-2：请讨论传感器信息融合的过程？

_____
_____
_____
_____
_____

知识 1-2-3　多传感器信息融合技术

多传感器的信息同步，要求传感器在硬件和软件均需同步。硬件同步是指：使用同一种硬件同时发布触发采集命令，实现各传感器采集、测量的时间同步，做到同一时刻采集相同的信息。软件同步包括了时间同步和空间同步，时间同步是指：时间戳同步，通过统一的主机给各个传感器提供基准时间，各传感器根据已经校准后的时间为独立采集到的信息加上时间戳信息，可以做到所有传感器时间戳同步，但由于各个传感器的采集周期相互独立，无法保证同一时刻采集相同的信息。空间同步是指：将不同传感器坐标系的测量值转换到同一个坐标系中，其中激光雷达在高速移动的情况下需要考虑当前速度下的帧内位移校准。

多传感器的融合技术有前融合技术和后融合技术。

（1）前融合技术是指在原始数据层面，对所有传感器的信息进行直接融合，然后根据融合后的信息实现感知功能，最后输出一个结果层的探测目标。所有传感器运行的是同一套算法，将来自超声波雷达、摄像头和毫米波雷达的不同原始数据统一处理，这种融合信息包含着十分丰富的信息，如 RGB 信息、纹理特征、三维信息等，这样极大地提高了感知的精确度。相当于一套环绕全车 360°的超级传感器通过一套复杂精密的超级算法完成整个感知过程。多传感器信息前融合技术如图 1-20 所示。

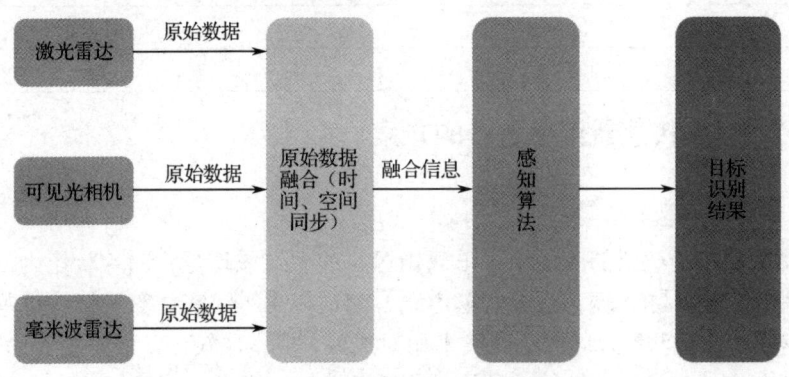

图 1-20　多传感器信息前融合技术

（2）后融合技术是指每个传感器都独立地输出探测数据信息，在对每个传感器的数据信息进行处理后，再对最后的感知结果进行融合汇总。超声波雷达、视觉摄像头、毫米波雷达等传感器分别通过不同的算法进行独立的感知，完成识别后生成独立的信息和目标列表。这些信息和目标列表经过校验和比对，生成最终目标列表。例如，摄像头会有独立的感知信息，生成一个自己探测到的目标列表，同样激光雷达也会根据探测得到的点云数据生成一个探测目标列表，最后将这些探测结果按照一种合适的算法做融合。在生成最终目标列表的过程中，传感器会通过算法过滤掉无效和无用的信息，并将一些物体合并，完成整个感知过程。多传感器信息后融合技术如图 1-21 所示。

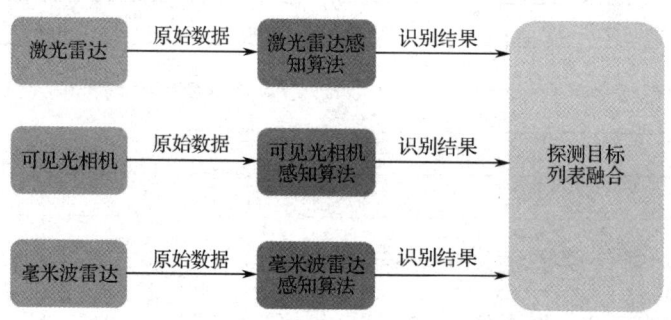

图 1-21 多传感器信息后融合技术

前融合技术在很多场景中的检测精度更高，有着更为广阔的发展前景。例如，针对同一个探测目标，激光雷达探测到了其中一部分，摄像头拍摄到了另一部分，在这种情况下，如果使用后融合技术，可能会因为只探测到了目标的某一部分，而不足以提供足够的信息让系统完成识别，最终就会被作为背景滤除。但是，使用前融合技术，融合是在原始数据层进行的，感知算法能获得此目标更多的信息，相当于该目标的两个部分都被探测到了，这样识别结果会更加可靠。简言之，在后融合过程中，低置信度信息会被过滤掉，造成原始数据的丢失。而这些滤除掉的低置信度信息，往往能够通过对原始数据融合来提高置信度。

引导问题 1-2-3：请思考两种传感器信息该如何融合？

知识 1-2-4 多传感器信息融合的方案

1）摄像头和毫米波雷达融合

在智能网联汽车传感器的应用中，车载摄像头的大致原理是将图片转化为二维数据，通过图像匹配进行识别，如车辆、行人、车道线、交通标志等，来估算目标物体与本车的相对距离和相对速度，实现测距。摄像头的技术相对成熟，成本比较低，采集到的信息非常丰富，最接近于人眼获取的信息。但性能受环境的影响非常大，不能全天候工作，在黑夜、雨雪、大雾等能见度较低的情况下,识别效率大幅降低,获取的信息也很有限。

毫米波雷达是工作在毫米波频段探测的雷达,其通过发射无线电信号并接收反射信号来测定与物体间的距离。毫米波频率通常为30~300GHz(波长为1~10mm),波长介于厘米波和光波之间,因此毫米波雷达兼有微波雷达和光电雷达的一些优点,非常适合于智能网联汽车领域的应用。毫米波雷达信号具有较强的穿透性,能够轻松地穿透保险杠上的塑料,故常被安装在汽车的保险杠内。毫米波雷达有较高分辨率,其信号穿透雾、烟、灰尘的能力强,测距精度受天气因素和环境因素影响较小,可以基本保证车辆在各种日常天气下的正常运行。但是难以识别行人、物体、道路标线和交通信号,易受电磁干扰,成本也比较高。

摄像头和毫米波雷达融合如图1-22所示。

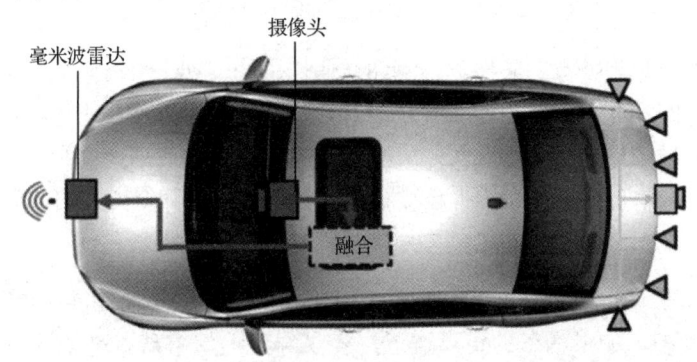

图1-22 摄像头和毫米波雷达融合

摄像头和毫米波雷达的融合,采用了目标跟踪法,将目标定位在图像帧中,在其周围绘制一个包围框,使用经过训练的深度神经网络,利用包围框的尺寸生成目标位置。在智能驾驶场景下,摄像头与毫米波雷达的融合主要有原始数据级融合、特征级别融合、目标级融合。

原始数据级融合:是雷达点云与图像像素的匹配,将雷达的点云数据坐标投影到图像像素,与图像像素联合标定匹配。但雷达分辨率较低,点云数量极少,且噪声较大,很难与图像匹配。

特征级融合:是将雷达的点目标投影到图像上,围绕该点生成一个矩阵的感兴趣区域,然后只在该区域内进行搜索,搜索到以后跟雷达点目标进行匹配。

目标级融合:主要是根据图像检测的目标数据源与雷达探测的目标数据源进行有效融合,目标级的融合数据损失最小,可靠性最高,但是需要大量的运算。

2)激光雷达和摄像头融合

在无人驾驶应用中,激光雷达是以发射激光探测目标的位置、速度等特征量的雷达系统,其工作原理是向目标发射探测信号(激光束),然后将接收到的从目标反射回来的信号(目标回波)与发射信号进行比较,做适当处理后,就可获得目标的有关信息。例如,目标距离、方位、高度、速度、姿态,甚至形状等参数,从而对障碍物、移动物体等目标进行探测、跟踪和识别。激光雷达的分辨率高、精度高,可以获得极高的角度分辨率和距离分辨率,抗有源干扰能力强,获取的信息量较丰富。但易受环境影响,在雨、雪和雾霾天气精度会下降,并且难以识别有颜色的交通标志和交通标志的含义,易受光信号影响(激光雷达接收的是光信号),成本高。

摄像头和激光雷达融合如图1-23所示。

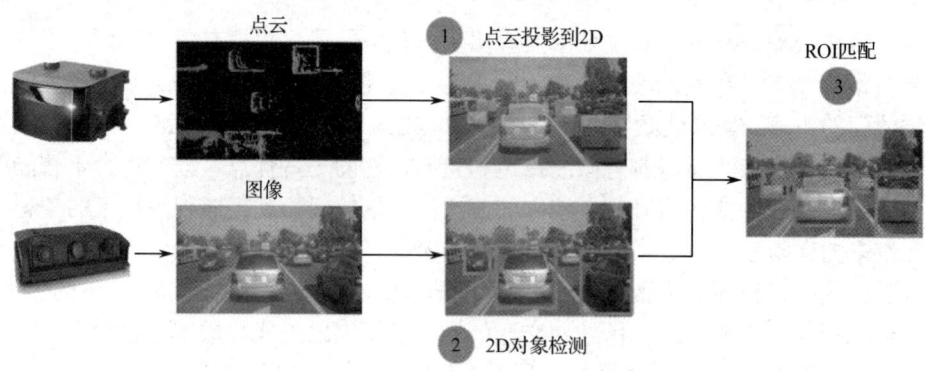

图1-23 摄像头和激光雷达融合

而摄像头可进行车道检测、障碍物检测和交通标志的识别,将摄像头与激光雷达融合后,对于汽车前方动态的物体,摄像头能够判断出前后两帧中是否为同一物体或行人,而激光雷达则可以在得到信息后测算前后两帧时间间隔内的物体或行人的运动速度和运动位移。将摄像头和激光雷达分别识别后得到的数据源再进行融合和标定,可以获得更好的、更加准确的结果。

3)激光雷达和毫米波雷达融合

对于车辆安全来说,最主要的判断依据就是两车之间的相对距离和相对速度信息,特别是车辆在高速行驶中,如果两车的距离过近,容易导致追尾事故。毫米波雷达凭借出色的测距、测速能力,被广泛地应用在自适应巡航控制、前向防撞预警(FCW)、盲点监测(BSD)、辅助停车(PA)、辅助变道(LCA)等汽车ADAS中,它体积小、重量轻、空间分辨率高,其信号穿透雾、烟、灰尘的能力强,弥补了激光雷达的不足。但是毫米波雷达的探测距离有限,无法对障碍物进行检测和分类识别,但是这正好是激光雷达的强项,激光雷达和毫米波雷达融合可以实现性能上的互补,降低使用成本。

【任务实施】

任务:理解传感器信息的融合

同学们掌握了多传感器信息融合的方法和组合方案,请查阅资料,查看近年上市新车型上传感器的安装位置及作用,思考为什么安装在那个位置,使用哪些传感器进行融合来完成特定场景的工作?

引导问题1-2-4:请查阅资料,分析选定车型传感器的安装位置及融合方案。

【知识拓展】

拓展知识一：传感器信息融合的算法

多传感器信息融合在硬件层面并不难实现，重点和难点都在算法上，拥有很高的技术壁垒。多传感器信息融合常用的算法大致可以分为两类：随机类算法和人工智能算法。随机类算法的杰出代表是卡尔曼滤波（Kalman filtering）法，此外还有加权平均法、贝叶斯估计（Bayesian estimation）法、D-S（Dempster-Shafer）证据理论等；人工智能算法的常用方法主要有专家系统、模糊逻辑理论、神经网络、遗传算法等。最常用的融合算法有加权平均法、卡尔曼滤波法、神经网络，这3种算法具有直观性、容错性及普适性。

1）加权平均法

加权平均法融合信息可以通过获取各种传感器信息的平均值来实现。若某一个传感器的信息比其他传感器更可信，则为该传感器分配更高的权重，以增加其对融合信息的贡献。加权平均法是原始信息级融合最简单、最直观的一种算法，可以对传感器接收到的冗余信息进行加权平均。

加权平均法可以对原始信息直接进行使用。通过加权平均法，可以在图像识别中对模糊图像进行处理，使图像识别更加清晰与准确。加权平均法在交通标志牌的识别中十分重要，不仅可以提高安全性，而且可以增强鲁棒性。

2）卡尔曼滤波法

卡尔曼滤波法是一种常用的自适应传感器信息融合算法，用于消除系统中的冗余，预测系统的状态。卡尔曼滤波法采用线性空间模型，系统的当前状态取决于先前的状态。

在预测阶段，估计值与观测值一同更新。如果有两个传感器分别发送数据，那么在利用第二个传感器的观测值来更新预测值前，可以将第一个传感器的读取值作为先验信息。卡尔曼滤波法在图像识别中是一种常见的融合算法，可以进行降噪，并增强鲁棒性。卡尔曼滤波法虽然是数据层面的融合，但对于传感器信息的融合而言非常重要。

3）神经网络

不同于卡尔曼滤波法，神经网络提供非线性传递函数和并行处理能力，可以帮助执行图像融合。神经网络由称为神经元的处理节点连接而成，建立神经网络数据融合模型，根据多传感器数据输入和输出之间的关系，分配神经元和互连权值。神经网络既有多层前馈型，也有递归型。

传统神经网络将图像一层一层映射，最后进行特征提取。目前，多用卷积神经网络进行融合。卷积神经网络可以看作特征提取与分类器的结合体，单从各个层的映射来看，类似于特征提取的过程，提取不同层次的特征。神经网络的容错性很强，能够用于复杂的非线性映射环境。神经网络强大的容错性及自学习、自组织、自适应能力等特性，可满足多传感器数据融合技术处理的要求。神经网络在数据模型中，主要根据当前系统所接收的样本相似性确定分类标准，这一过程表征为网络的权值分布。利用神经网络的信号处理能力和自动推理功能,可以实现多传感器信息融合。

拓展知识二:典型车型传感器配置实例

摄像头一般进行短程目标探测,多用于特征感知和交通检测;超声波雷达主要对短距离目标进行检测,适用于泊车;远程毫米波雷达的信号能够透过雨、雾、灰尘等视线障碍物对远距离目标进行检测,适用于前向避险;中程毫米波雷达和短程毫米波雷达主要对中、短程目标进行检测,适用于侧向和后向避险;激光雷达多用于三维环境建立和目标检测。

在选择环境感知传感器时,一般需要综合考虑多个方面的属性,结合这些属性参数和不同等级的自动驾驶功能实现需求,从多种传感器中综合考虑加以选择。不同的智能网联汽车,环境感知传感器的配置也是不一样的。

1)红旗 E-HS3

E-HS3 作为红旗首款纯电动车型 2019 年上市,搭载 L2 级自动驾驶。车顶的激光雷达用来扫描周围环境获得周围点云图,车辆前后配备毫米波雷达,用来检测车辆前后的障碍物,前侧单目摄像头用来感知前方物体信息(如红绿灯、车道线和障碍物等)。如图 1-24 所示为红旗 E-HS3 环境感知传感器布置。

图 1-24 红旗 E-HS3 环境感知传感器布置

2)小鹏 G9X

如图 1-25 所示,小鹏 G9X 车型配备 31 个传感器,其中包括 12 个超声波雷达、5 个毫米波雷达、2 个 M1 激光雷达和 11 个摄像头。同时,G9X 版车型搭载小鹏第二代智能辅助驾驶系统 XNGP,其终极产品形态是端到端打通的全场景智能辅助驾驶。基于新一代视觉感知融合技术、更强大的算力算法和决策规划能力的支持,XNGP 智能辅助驾驶系统重感知且不依赖高精度地图,有无高精度地图,都可以运行。

项目一　感知传感器概述

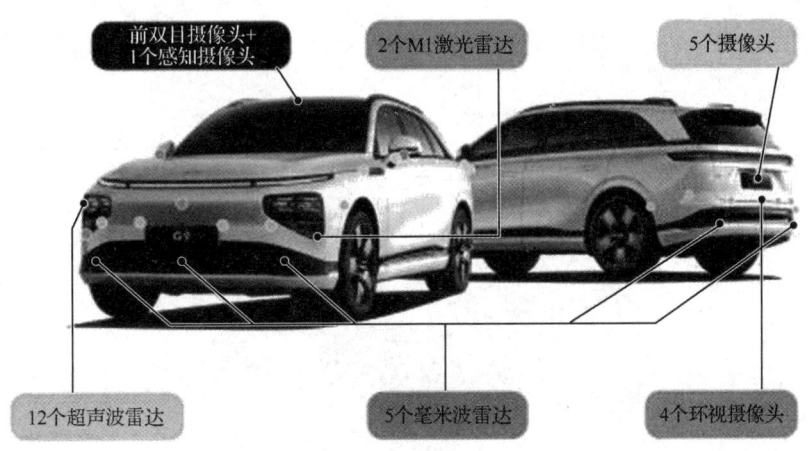

图 1-25　小鹏 G9X 环境感知传感器的布置

3）蔚来 ES6

如图 1-26 所示，蔚来 ES6 搭载 NIO Pilot 自动辅助驾驶系统，配备 23 个感知硬件，其中包括前向三目摄像头、4 个 360°环视摄像头、5 个毫米波雷达、12 个超声波雷达和 1 个车内驾驶状态检测摄像头。处理器使用的是 Mobileye EyeQ4 芯片，拥有 2.5TOPS 算力，高精度地图由百度提供。

图 1-26　蔚来 ES6 环境感知传感器布置

4）特斯拉

特斯拉认为摄像头足以完成汽车的智能驾驶，没必要花大成本安装激光雷达。特斯拉 MODEl 3 和 MODEl Y 全车均标配有 8 个摄像头：后面是一个倒车摄像头，前面是一个三目摄像头；侧后视摄像头装在翼子板上，位置靠前；侧前视摄像头装在 B 柱，位置在侧后视的安装位置之后 1m，侧前视摄像头和侧后视摄像头彼此重叠，如此就保障了无盲区；侧面还有一处是把手摄像头，以及 1 个 77GHz 毫米波雷达，如图 1-27 所示。

5）奥迪 A8

如图 1-28 所示，奥迪 A8 配备的自动驾驶系统中的传感器包括：12 个超声波雷达，位于前后方及侧方；4 个广角 360°摄像头，位于前后和两侧后视镜；1 个前视摄像头，位于内后视镜后方；4 个中距离毫米波雷达，位于车辆的四角；1 个长距离毫米波雷达，位于前方；1

23

个短距离毫米波雷达,位于前方;1个激光雷达,位于前方。奥迪 A8 配备的自动驾驶系统可达 L3 级的自动驾驶。

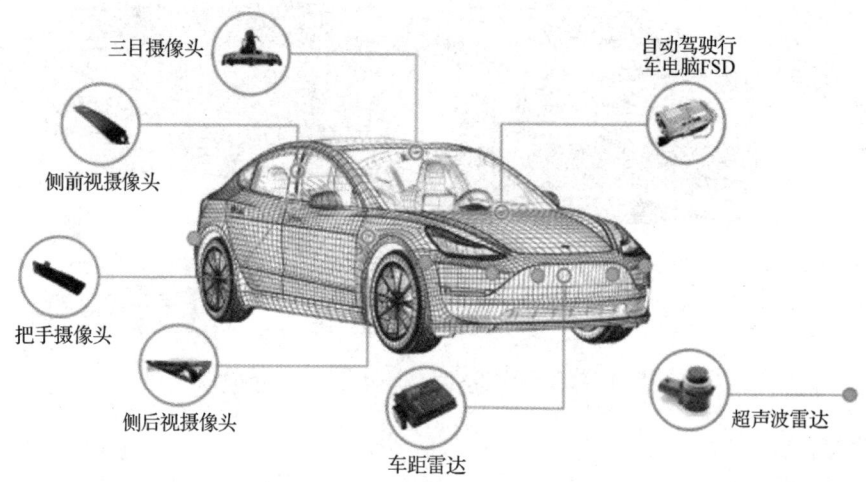

图 1-27　特斯拉环境感知传感器布置

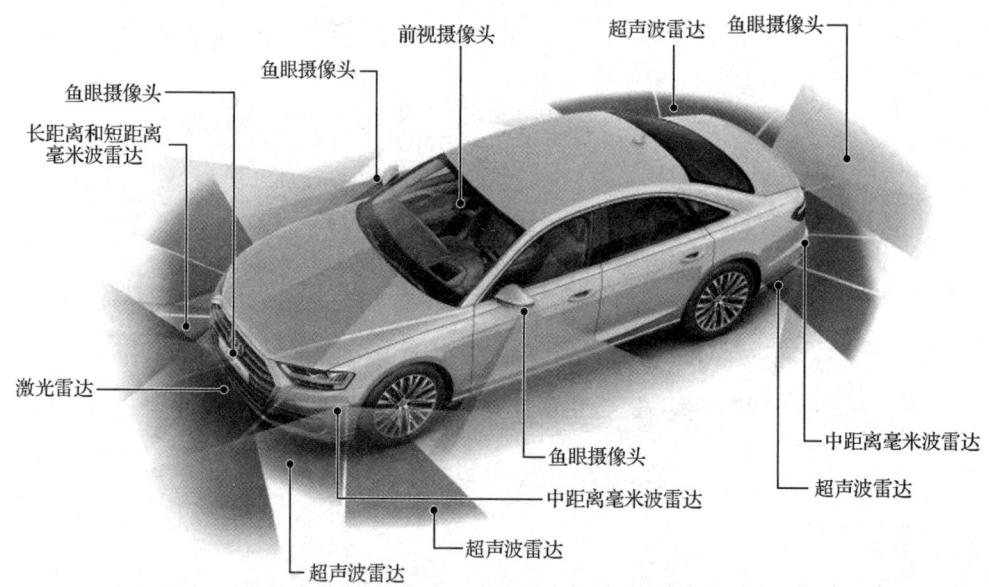

图 1-28　奥迪 A8 环境感知传感器布置

【任务评价】

评价项目	评价内容	评价标准	分值	评价			综合得分
				自评	互评	师评	
多传感器信息融合的基础知识	多传感器信息融合的概念和特点	能正确理解多传感器信息融合的过程	20				
多传感器信息融合的算法和技术	理解多传感器信息融合的技术	能正确理解多传感器信息融合的方案	20				

项目一 感知传感器概述

续表

评价项目	评价内容	评价标准	分值	评价			综合得分
				自评	互评	师评	
多传感器信息融合的整车应用	理解多传感器信息融合在整车上的应用	能通过车载传感器的类型正确理解传感器信息融合的作用	20				
安全生产	设备操作 场地6S 安全意识	1. 安全正确操作设备； 2. 工作场地整洁，工件、量具等摆放整齐规范； 3. 做好事故防范措施，具备安全操作和环保意识	20				
职业素养	学习态度 团队合作 现场管理	1. 积极学习相关基础知识并参与任务计划； 2. 严格按照团队分工完成任务； 3. 服从安排，遵守实验室管理制度	20				

【自我审视】

运用多传感器信息融合的方案，在整车上布置环境感知传感器，阐述你的感知融合方案，设计一台专属于你的智能网联汽车。

_____
_____
_____
_____
_____

绘制传感器位置：

任务三　Apollo 开发平台

【任务描述】

在国内，谈到自动驾驶，一定绕不开百度公司（以下简称百度），其是国内最早从事自动驾驶研发的科技公司，百度的 Robotaxi、卡车自动驾驶和乘用车自动驾驶，以及自动泊车应用于各类商业场景。百度自身的自动驾驶业务也在 Apollo 计划推出后走出了一条产业化道路。

百度以开放的模式，通过 Apollo 开发平台开放自动驾驶数据集，以及开放能力不断升级的自动驾驶算法 Apollo X.0（目前已迭代到 Apollo 8.0），降低自动驾驶的开发门槛。

那么这个强大的平台能给我们提供哪些功能？我们可以通过这个平台进行哪些学习呢？

【问题探究】

引导问题 1-3-1：作为一名工程师，你想从这样一个开源的平台中获取哪些功能及应用呢？我们一起来看下平台是否想你所想。

_____
_____
_____
_____
_____

知识 1-3-1　Apollo 8.0 的安装

Apollo 软件的安装方式有软件包（deb 包）安装方式和源码安装方式。其中，软件包安装方式不需要编译，更加快捷，但是对环境的支持比较单一；源码安装方式可在自定义环境内安装。

知识 1-3-2　Apollo 8.0 的平台架构

如图 1-29 所示，Apollo 8.0 开发平台的架构包括：硬件设备平台、软件核心平台、软件应用平台、云端服务平台。基于此一体的四层架构，开发者可以快速搭建一套属于自己的自动驾驶系统。

（1）硬件设备平台：帮助开发者解决 Apollo 自动驾驶系统搭建过程中的线控车辆，以及传感器等硬件设备问题。对于车辆硬件设备而言，包括认证线控车辆和开放车辆接口标准两个部分。对于其他硬件设备而言，包括传感器、计算单元等各类参考硬件和硬件标准。基于自动驾驶的硬件架构，一般采用激光雷达作为主要感知传感器，同时结合摄像头、GPS/IMU、毫米波雷达、超声波雷达等，通过计算平台，在工业 PC 上运行各种算法模块，通过线控技术控制车辆行驶。

图 1-29　Apollo 8.0 开放平台的架构

（2）软件核心平台：软件核心平台提供了自动驾驶车端软件系统框架与技术栈，其包括底层的操作系统、中间层的实时通信框架，以及上层的自动驾驶应用层，如感知、预测、规划、控制、定位等。

（3）软件应用平台：软件应用平台提供了面向不同应用场景的工程和自动驾驶应用模块的能力扩展。通过软件应用平台，开发者可以更方便地基于 Apollo 各模块能力进行裁剪组合并扩展。

（4）云端服务平台：云端服务平台提供了自动驾驶研发过程中的研发基础设施，提升自动驾驶研发效率。

云端服务平台通过云端的方式解决了数据利用效率的问题，通过与仿真结合，降低了实车测试成本，能够极大地提升基于 Apollo 的自动驾驶研发效率。从研发流程上讲，Apollo 车端通过数据采集器生成开放的数据集，并通过云端大规模集群训练生成各种模型和车辆配置，之后通过仿真验证，最后部署到 Apollo 车端，无缝连接。整个过程其实包含了 2 个迭代循环，一个是模型配置迭代，一个是代码迭代，都通过数据来驱动。

Apollo 开放平台架构的最底层是硬件设备平台，感知传感器（如摄像头、激光雷达、毫米波雷达等）是实现感知功能的基石。上一层是软件核心平台，包含计算平台用于计算传感器传递的各类信息，还包括用于人机交互的 HMI Device 和用于记录信息、技术迭代的黑匣子。再往上一层是软件应用平台，这部分是开源的，可以实现各种场景的应用。最上面一层是云端服务平台，车辆在道路上行驶需要和云端有一定的交互，云端计算出模型再把它下发到车辆上。

知识 1-3-3　感知模块的作用

智能网联汽车能够依据自身对周围环境条件的感知、判断，自主地进行运动控制，从而达到人类驾驶车辆的水平，其主要依靠自动驾驶系统。自动驾驶系统就是通过多种车载传感器（如摄像头、激光雷达、毫米波雷达、GPS、惯性测量单元等）来识别车辆所处的周边环境和状态，并根据所获得的环境信息（包含道路信息、交通信息、车辆位置和障碍物信息等），通过计算单元做出分析和判断，从而自主地控制车辆运动，最终实现自动驾驶。

在自动驾驶系统中，环境感知是车辆自主行驶的基础和前提，感知系统对车辆周围环境信息和车辆内外信息进行采集、处理与分析，理解车辆的周围环境，提取目标类型及目标状态，为下一步的规划、控制、执行提供信息。

图 1-30 为 Apollo 感知流程图，其中摄像头感知用于完成红绿灯检测、车道线检测、目标检测和跟踪功能，激光雷达和毫米波雷达感知主要是目标检测和跟踪，在这 3 种传感器完成目标检测和跟踪之后，进行感知融合。在感知融合中，将对所有目标进行进一步的处理，从而得到更加准确的目标类别、距离、尺寸和速度等。感知模块完成红绿灯检测、车道线检测和目标融合后，把感知信息发送给下游的规划等模块。

红绿灯检测
摄像头
（Camera）
车道线检测
目标检测
目标跟踪
激光雷达
（Lidar）
目标检测
目标跟踪
多传感器信息融合
Fusion
规划
毫米波雷达
（Radar）
目标检测
目标跟踪

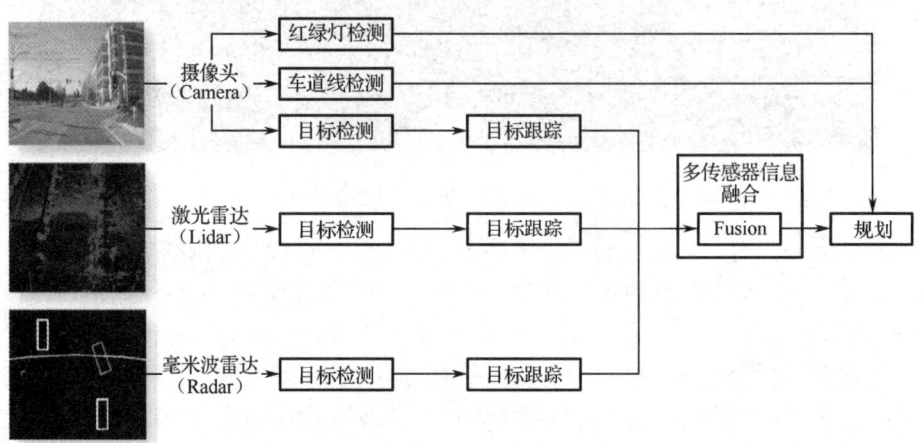

图 1-30　Apollo 感知流程图

知识 1-3-4　感知模块数据结构解析

车载传感器各有优缺点，在感知模块里，把各传感器的优点结合起来，在目标级别上进行融合，以达到最优的环境感知方案。下面应用 Apollo 开放平台进行感知数据包的播放，利用 Cyber 调试工具查看和分析感知模块的数据结构，操作步骤如下所示。

1. 雷达数据的查看

（1）在终端命令行窗口中输入并运行 cyber_recorder play -f databag/sensor_rgb.record -l 命令，播放感知数据包（见图 1-31）。

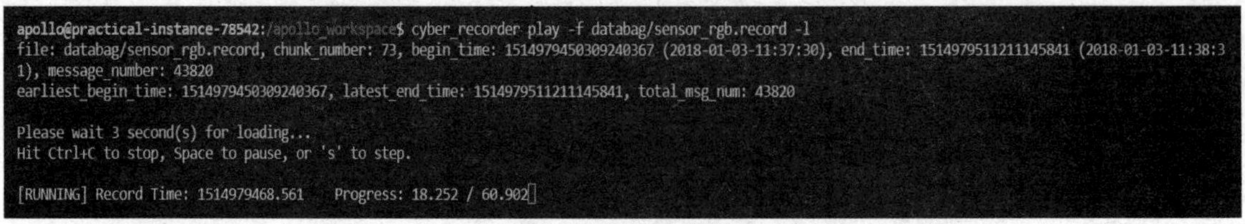

apollo@practical-instance-78542:/apollo_workspace$ cyber_recorder play -f databag/sensor_rgb.record -l
file: databag/sensor_rgb.record, chunk_number: 73, begin_time: 1514979450309240367 (2018-01-03-11:37:30), end_time: 1514979511211145841 (2018-01-03-11:38:31), message_number: 43820
earliest_begin_time: 1514979450309240367, latest_end_time: 1514979511211145841, total_msg_num: 43820
Please wait 3 second(s) for loading...
Hit Ctrl+C to stop, Space to pause, or 's' to step.
[RUNNING] Record Time: 1514979468.561   Progress: 18.252 / 60.902

图 1-31　播放感知数据包

（2）重新打开一个终端（见图 1-32）。

图 1-32　重新打开一个终端

（3）启动 cyber_monitor 工具（见图 1-33）。

图 1-33　启动 cyber_monitor 工具

（4）查看感知数据通道（Channels），找到激光雷达数据/apollo/sensor/velodyne64/compensator/PointCloud2（见图 1-34）。

图 1-34　感知数据通道（Channels）

（5）在/apollo/sensor/velodyne64/compensator/PointCloud2 上单击方向右键，即可查看该 Channel 的详情（见图 1-35）。

图 1-35　某 Channel 的详情

2. 感知模块运行数据的查看

（1）在终端命令行窗口中输入并执行 bash scripts/bootstrap_neo.sh 命令，启动 DreamView

（见图1-36）。

图1-36 启动DreamView

（2）单击左上角的dreamview按钮（见图1-37），打开DreamView界面（见图1-38）。

图1-37 单击dreamview按钮

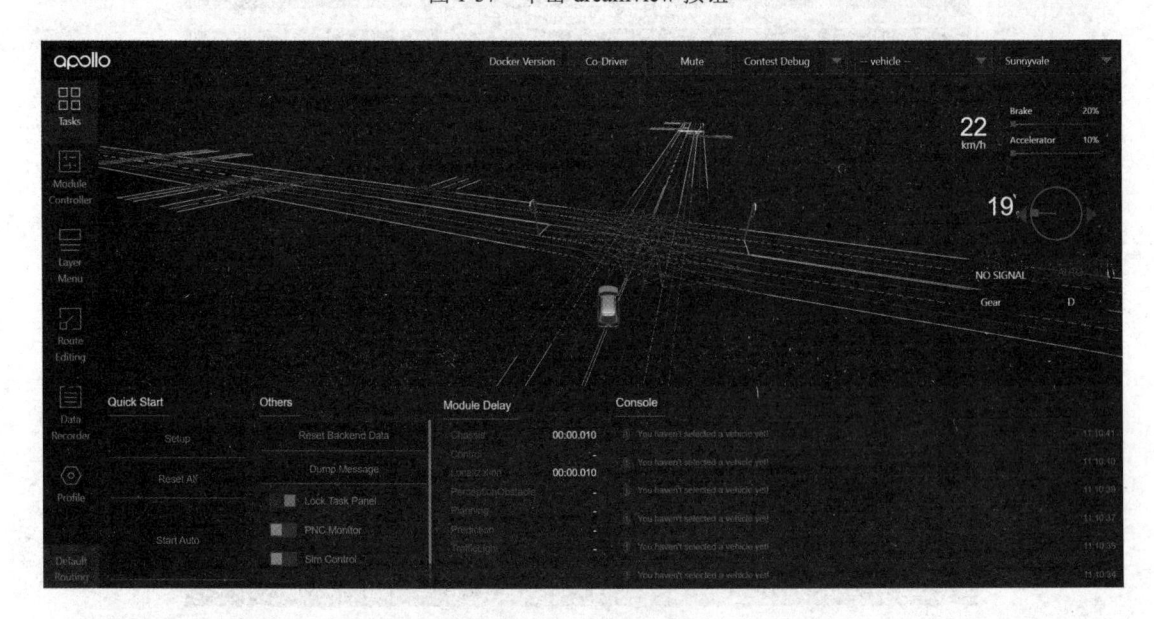

图1-38 DreamView界面

（3）在终端命令行窗口中输入并执行 cyber_recorder play -f databag/demo_3.5.record -l 命令播放数据包（见图1-39），查看感知模块运行的结果。

图 1-39 播放数据包

（4）重新打开一个终端，启动 cyber_monitor 工具，找到感知结果/apollo/perception/obstacles（见图 1-40）。

图 1-40 找到感知结果/apollo/perceptionly obstacles

（5）在/apollo/perception/obstacles 上单击方向右键，即可查看该 Channel 的详情（见图 1-41）。

图 1-41 /apollo/perception/obstacles Channel 的详情

*注：apollo/perception/obstacles Channel 是 Apollo 自动驾驶系统感知模块输出的包含障碍物等感知数据消息的通道。整个数据通道内的消息可以分为两部分：Apollo Cyber RT 框架定义的元数据和通道对应的消息格式（Message）所定义的消息。

（6）在 perception_obstacle 上单击方向右键（见图 1-42），即可查看该 Channel 的详情。

图 1-42　在 perception_obstacle 上单击方向右键

（7）perception_obstacle 为障碍物列表，列表中每个数据描述了障碍物的详细信息，具体如图 1-43 所示。

图 1-43　障碍物的详细信息

（8）图 1-44 中标记出来的障碍物是 perception obstacle 列表中 id 为 29813 的障碍物的数据信息。

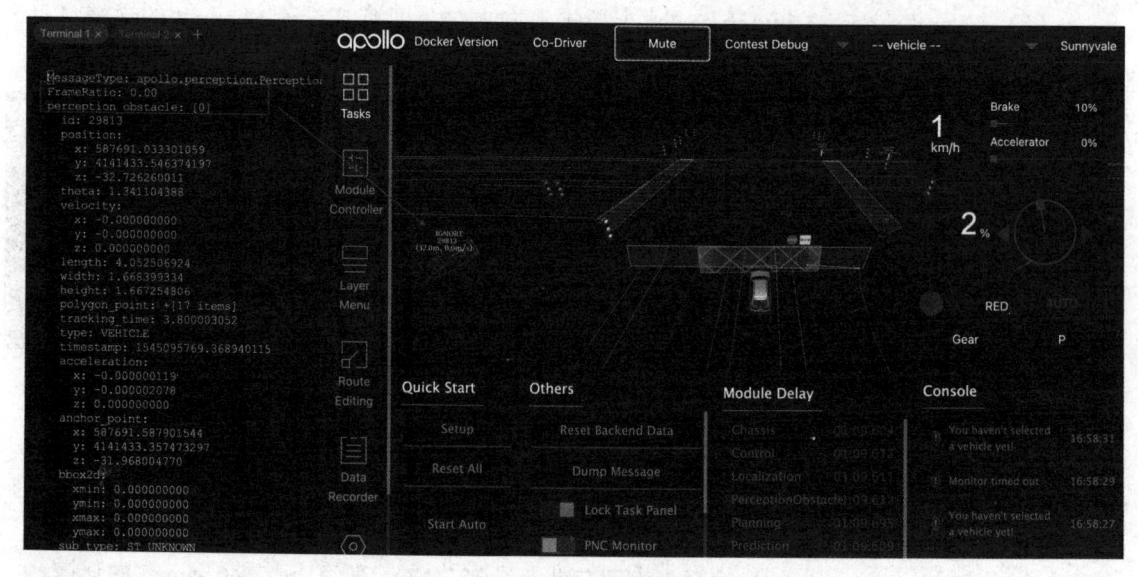

图 1-44　id 为 29813 的障碍物的数据信息

【任务评价】

评价项目	评价内容	评价标准	分值	评价			综合得分
				自评	互评	师评	
Apollo 开发平台的认知	Apollo 8.0 界面认知	能正确安装并使用 Apollo 8.0	30				
Apollo 开发平台的使用	Apollo 开发平台的功能认知	能正确找到相应的功能界面	30				
安全生产	设备操作场地 6S 安全意识	1. 安全正确操作设备； 2. 工作场地整洁，工件、量具等摆放整齐规范； 3. 做好事故防范措施，具备安全操作和环保意识	20				
职业素养	学习态度团队合作现场管理	1. 积极学习相关基础知识并参与任务计划； 2. 严格按照团队分工完成任务； 3. 服从安排，遵守实验室管理制度	20				

【自我审视】

思考本课程可以运用 Apollo 8.0 做哪些方面的应用，并能够完成感知数据的查看。

_____

_____

_____

_____

评价反思

项目完成后，学生进行自评，评价自己是否能完成各类传感器的认知，各类传感器的优缺点及应用，是否能理解多传感器融合的原理，并且能够根据整车上传感器的布置判断该车能够实现的智驾场景，同时能够进行 Apollo 8.0 的基础操作及按时完成实训工单的内容等。教师对学生进行评价的内容包括：实训报告撰写是否工整、规范，报告内容的真实性、重复性，实训结果分析是否合理，是否起到实训作用等。

（1）按照表 1-5，学生进行自我评价。

表 1-5　学生自评表

姓名：	组别：	学号：		
评价项目	评价标准	分　值	得　分	
各类距离传感器的认知	能正确区分激光雷达、毫米波雷达、摄像头及超声波雷达,并且知道各类传感器的常用布置方案	10		
各类距离传感器的性能特点	能正确理解各类距离传感器的性能和优缺点	10		
各类距离传感器的应用	能根据不同的智能驾驶场景正确选择传感器	10		
多传感器信息融合的原理	能正确描述多传感器信息融合方案的融合算法	10		
多传感器信息融合方案的理解	能根据整车上传感器的布置正确判断该车能够实现的智能驾驶场景	10		
Apollo 8.0 的基础操作	能正确完成 Apollo 8.0 的打开及界面基本操作	10		
工作态度	态度端正,无无故缺勤、迟到及早退现象	10		
协调能力	与小组成员、同学之间能合作交流,协调工作	10		
职业素养	能做到安全生产、文明实验,爱护公共设施	10		
创新意识	举一反三,能对所学知识创新应用	10		
		100		

（2）以小组为单位,同学们对激光雷达装配与调试项目中小组成员的表现进行互评,填写在表 1-6 中。

表 1-6　学生互评表

评价项目	分　值	等　级						评价对象					
								1	2	3	4	5	6
方案精准	15	优秀	15～10	良好	10～8	中等	8～5	差	<5					
团队协作	10	优秀	10～8	良好	8～6	中等	6～5	差	<5					
组织有序	10	优秀	10～8	良好	8～6	中等	6～5	差	<5					
工作质量	10	优秀	10～8	良好	8～6	中等	6～5	差	<5					
工作完整	10	优秀	10～8	良好	8～6	中等	6～5	差	<5					
工作规范	10	优秀	10～8	良好	8～6	中等	6～5	差	<5					
成果展示	15	优秀	15～10	良好	10～8	中等	8～5	差	<5					
实验完成度	20	优秀	20～15	良好	15～13	中等	13～10	差	<10					

（3）教师对各小组在项目制作过程中的表现及项目完成情况进行评价,填写在表 1-7 中。

表 1-7　教师综合评价表

评价项目		评价标准	分　值	得　分
考勤（10%）		无无故缺勤、迟到及早退现象	10	
过程评价（60%）	各类距离传感器的认知	能正确区分激光雷达、毫米波雷达、摄像头及超声波雷达,并且知道各类传感器的常用布置方案	8	

续表

评价项目		评价标准	分值	得分
过程评价（60%）	各类距离传感器的性能特点	能正确理解各类距离传感器的性能和优缺点	8	
	各类距离传感器的应用	能根据不同的智能驾驶场景正确选择传感器	8	
	多传感器信息融合的原理	能正确描述多传感器信息融合方案的融合算法	8	
	多传感器信息融合方案的理解	能够根据整车上传感器的布置正确判断该车能够实现的智能驾驶场景	10	
	Apollo 8.0 的基础操作	能正确完成 Apollo 8.0 的打开及界面基本操作	10	
	职业素养	能做到安全生产、文明实验，爱护公共设施	5	
	团队协作	与小组成员、同学之间能合作交流，协调工作	5	
结果评价（20%）	项目完整度	能按时完成项目	7	
	报告规范性	报告撰写规范、重复率	7	
	成果展示	能准确表达、汇报工作成果	8	
增值评价（10%）	横向增值	本项目各任务的成绩相比上一项目各任务增幅5分及以上	8	
综合评价	学生自评（15%）	小组互评（25%）	教师评价（55%）	增值评价（5%）	综合得分

练习提升

【知识巩固题】

1. 单项选择题

（1）智能网联汽车必须具有环境感知能力，不断采集汽车外部环境信息，采集的数据应该覆盖车体周围（　　）。

　　A．180° 　　　　B．270° 　　　　C．300° 　　　　D．360°

（2）用于采集汽车行驶环境的外部数据的传感器是（　　）。

　　A．环境感知传感器 　　　　B．转速传感器

　　C．温度传感器 　　　　D．压力传感器

（3）夜间工作能力弱但目标识别能力强的环境感知传感器是（　　）。

　　A．超声波雷达 　　B．摄像头 　　C．激光雷达 　　D．毫米波雷达

（4）受气候影响小且远距离探测能力高的环境感知传感器是（　　）。

　　A．超声波雷达 　　B．摄像头 　　C．激光雷达 　　D．毫米波雷达

（5）硬件成本最低的环境感知传感器是（　　）。

　　A．超声波雷达 　　B．摄像头 　　C．激光雷达 　　D．毫米波雷达

（6）可以跟踪目标，获得周围环境的深度信息，广泛应用于障碍物检测、环境三维信息获取、车距保持、车辆避障的环境感知传感器是（　　）。

　　A．超声波雷达 　　B．摄像头 　　C．激光雷达 　　D．毫米波雷达

(7) 智能网联汽车的终极目标是（　　）。
  A．辅助驾驶汽车   B．有条件自动驾驶汽车
  C．高度自动驾驶汽车   D．无人驾驶汽车

2．判断题

(1) 智能网联汽车融合了现代通信和网络技术。（　　）

(2) 复杂的环境感知任务能够通过单一的传感器实现。（　　）

(3) 毫米波雷达不仅抗干扰能力强，且具有较好的目标识别能力。（　　）

(4) 超声波雷达的数据处理简单、快速，一般能检测到的距离为1～5m，主要用于近距离障碍物检测，通常用于倒车辅助。（　　）

(5) 为了克服各种类型传感器的局限性、保证在任何时刻都能为车辆运行提供完全可靠的环境信息，需要用到传感器信息融合技术。（　　）

(6) 安装在汽车侧面的超声波雷达用于测量侧方障碍物距离称为自动泊车辅助（APA）传感器。（　　）

(7) 传感器的融合就是将多个传感器获取的数据、信息集中在一起综合分析，以便更加准确、可靠地描述外界环境，从而提高系统决策的正确性。（　　）

3．简答题

(1) 请说明智能网联汽车中传感器的分类。

(2) 毫米波雷达在自动驾驶中的应用有哪些？

(3) 超声波雷达在自动驾驶中的应用有哪些？

(4) 为什么要进行摄像头和毫米波雷达传感器的融合？

(5) 什么是智能网联汽车环境感知技术？

项目二
毫米波雷达的装配与调试

学习目标

【知识目标】

1. 熟悉毫米波雷达的组成、分类及特点；
2. 熟悉毫米波雷达的测距原理；
3. 掌握毫米波雷达的选型原则及装配方法；
4. 掌握毫米波雷达的外部参数（外参）标定方法；
5. 掌握毫米波雷达检测及识别障碍物的方法与基本流程；
6. 了解毫米波雷达在智能网联汽车中的应用；
7. 了解毫米波雷达的技术参数。

【能力目标】

1. 能正确完成毫米波雷达的选型和装配，能正确诊断和排除装调常见故障；
2. 能正确完成毫米波雷达外参标定，并能够读取毫米波雷达数据；
3. 能正确完成毫米波雷达障碍物检测及识别，并能诊断和排除常见故障。

【素质目标】

1. 形成团结协作的意识；
2. 养成创新意识和自主创新能力；
3. 养成精益求精、一丝不苟的精神；
4. 养成吃苦耐劳、勤奋努力的劳动精神；
5. 形成弘扬正能量的社会主义核心价值观。

情景导入

自汽车诞生之日起，驾驶安全问题就一直困扰着人类。车载雷达技术作为减少交通事故的有效手段，发展已经有 30 多年的历史。近年来，伴随着毫米波雷达射频器件片上集成技术

的发展，使车载雷达体积缩小、价格降低、性能大幅提升。相比其他传感器，毫米波雷达具有探测距离长、分辨率高、反应快、受恶劣天气影响小的特点，成为各主机厂研发高级辅助驾驶系统（ADAS）和自动驾驶技术的首选传感器。

早在20世纪90年代初，美国就开始在校车和长途巴士上安装24GHz频段的毫米波雷达系统，实现前向碰撞预警（Forward Collision Warning，FCW）和防撞制动（Collision Warning，CA）等主动安全功能。数据表明，毫米波雷达对降低追尾事故和减少伤亡的效果显著。随后，欧美各大车厂开始研发通过毫米波雷达实现基于安全和舒适驾驶目的自适应巡航控制（Adaptive Cruise Control，ACC）。从1995年开始，西方主要车企业陆续在其高端轿车上安装ACC系统。1999年，梅赛德斯率先在其S级轿车上安装了77GHz的ACC雷达。接下来其他车厂相继跟进，如宝马7系、捷豹、奥迪A8和大众的辉腾等系列也安装了用以实现ACC功能的77 GHz毫米波雷达。至此汽车的ADAS时代正式拉开序幕。

随着AI技术的兴起，近年来ADAS功能逐步趋向于自动驾驶场景。此时自动驾驶汽车对环境感知能力的要求也进一步提高，多种类型的空间探测传感器被引入系统。基于机器视觉算法的摄像头和高精度点云成像的激光雷达成为和毫米波雷达比肩的同行者。但在面对复杂的交通环境、天气及昼夜的变化，毫米波雷达卓越的性能更加抢眼，使之成为当前自动驾驶技术方案的标配。

毫米波雷达是智能网联汽车必备的传感器，用于探测车辆与障碍物之间的距离。作为一名技术人员，你需要了解毫米雷达的基本原理和应用，确保在规定时间内，完成毫米雷达的组装与测试工作，并且能够及时发现整个过程中的常见故障现象，给出处理意见。

毫米波雷达在智能网联汽车上起到哪些作用？毫米波雷达有哪些技术参数？如何安装效果更好？如何进行标定？带着这些问题，让我们进入本项目的学习。

且思且行

学生准备	1. 按照5～6人一组，完成异质分组，建立团队文化； 2. 完成毫米波雷达基础知识预习工作； 3. 安装CAN工具，并熟悉CAN报文的收发方法； 4. 安装MATLAB软件，并熟悉常用指令的使用方法
教师准备	1. 选定调试软件，并测试软件稳定性； 2. 设计实验任务单、技能评价单的样式； 3. 检查实训设备运行情况，确保设备电量充足； 4. 准备授课需要的各种硬件设备、工具及各种资料
资源准备	微课、二维三维动画、中国MOOC、视频、CAN工具、MATLAB软件、无人小车等

任务一 毫米波雷达的认识与装配

【任务描述】

一辆车辆经过车厂技术人员检查，发现前向毫米波雷达损坏，需要拆卸毫米波雷达，并进行更换。作为一名初级技术员，你应当如何完成毫米波雷达的拆卸和安装？带着这些问题，

进入本任务的学习。

【问题探究】

引导问题 2-1-1：通过查询资料，请简述毫米波雷达的定义及组成部件。

_____
_____
_____
_____
_____

知识 2-1-1　毫米波雷达定义

毫米波是指 30～300GHz 频段（波长为 1～10mm）的电磁波。毫米波的波长介于厘米波和光波之间，因此毫米波兼有微波制导和光电制导的优点。毫米波雷达，是工作在毫米波波段探测的雷达。毫米波的波长短、频率宽，易实现窄波束，分辨率高，不易受干扰。

常用的毫米波雷达样式如图 2-1 所示。

MR76车载前向雷达　　　SR73F-77GHz短距避障雷达　　　CAR28F特种车防碰撞雷达

图 2-1　常见的毫米波雷达样式

车载毫米波雷达的研究始于 20 世纪 60 年代，由于激光雷达的成本居高不下和数字信号处理技术的发展，毫米波雷达的研究一直得到重视，德国 ADC 公司最先研究出 76.5GHz 的 ASR100 雷达，采用机械扫描天线；日本以丰田为首的三家公司联合研制了世界公认的第一款相控阵雷达，能够对 7～150m 范围内的物体进行探测。

目前，世界各国对车载毫米波雷达分配的频段各有不同，主要有 24GHz、60GHz、77GHz、79GHz 几个频段。现阶段各国对毫米波雷达在智能网联汽车上的应用以 24GHz 毫米波雷达和 77GHz 毫米波雷达组合的形式出现。其中，24GHz 毫米波雷达主要负责短距离探测，应用于盲点监测系统和碰撞预警系统等；77GHz 毫米波雷达主要负责长距离探测，应用于自适应巡航系统、自动紧急制动系统和前碰撞预警系统等。

知识 2-1-2　毫米波雷达组成

毫米波雷达主要由外壳、天线、收发模块、信号处理模块等组成，如图 2-2 所示。

（1）天线：主要用于发射和接收毫米波信号，由于毫米波波长只有几毫米，而天线长度为波长 1/4 时，天线的发射和接收转换效率最高，因此天线尺寸需要做得很小，同时还可以使用多根天线来构成天线阵列。

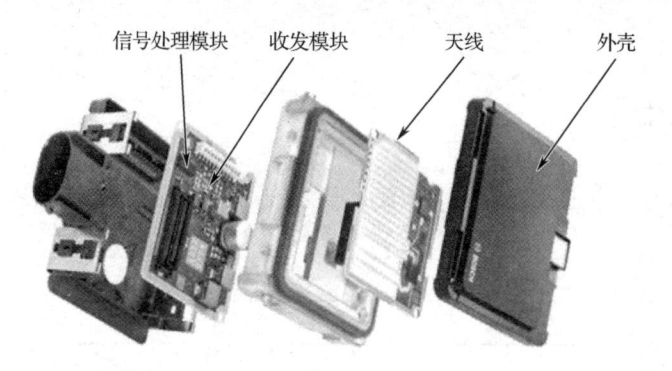

图 2-2 毫米波雷达的组成

目前主流的天线方案是采用微带阵列，即在 PCB 上敷上微带线，形成微带贴片天线，以满足低成本和小体积的需求，如图 2-3 所示。

（2）收发模块：收发模块是毫米波雷达的核心部分，主要负责毫米波信号的调制、发射、接收及回波信号的解调。包含了放大器、振荡器、开关、混频器等多个电子元器件，常采用单片微波集成电路（Monolithic Microwave Integrated Circuit，MMIC），也称为前端收发组件 MMIC，属于半导体集成电路的一种技术，能降低系统尺寸、功率和成本，还能嵌入更多的功能。如图 2-4 所示为包含收发模块和信号处理模块的电路板。

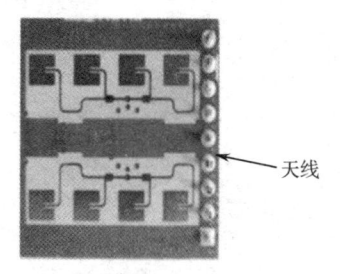

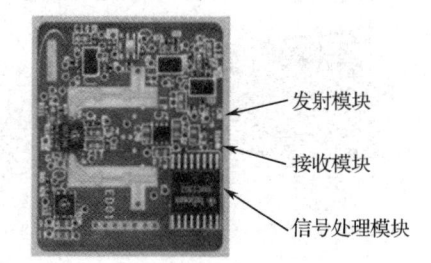

图 2-3 带毫米波雷达天线的 PCB

图 2-4 包含收发模块和信号处理模块的电路板

（3）信号处理模块：通过芯片嵌入不同的算法，对信号进行处理，实现对探测目标的分类识别，并利用回波信号计算出目标的距离、速度和角度等信息。

知识 2-1-3 毫米波雷达特点

毫米波的频率介于微波和红外线之间，因此兼有这两种波谱的优点，同时具有自己的特性。

（1）探测距离长：毫米波相对于激光和红外线，对水滴、尘埃和烟雾的穿透能力更强，在目前的智能网联汽车上使用的环境感知传感器中，毫米波雷达几乎是唯一可以全天候工作的传感器。车载毫米波雷达的探测距离一般为 150～200m，有些甚至能够达到 300m，能够满足高速行驶环境下对较大距离范围的环境监测需要。

（2）探测性能好：毫米波波长为 1～10mm，毫米波的频率介于红外波和厘米波之间，而周围噪声和干扰处于中低频区，基本上不会影响毫米波雷达的正常运行。所以既能像厘米波一样在全天候环境下使用，抗干扰能力强，不受物体表面形状、颜色的干扰；又能像红外波一样具有高分辨率，可以分辨距离更短的小目标。

（3）探测稳定、速度快：毫米波雷达的传播速度与光速一样，可以快速地测量出目标的距离、速度和角度等信息。毫米波具有很强的穿透能力，在雨、雪、大雾等恶劣天气中依然可以正常工作。与微波相比,具有体积小、重量轻和分辨率高的优点。

毫米波雷达的缺点如下所述。

(1)毫米波在空气中传播时会受到空气中氧气分子和水蒸气的影响,这些气体的谐振会对毫米波产生频率选择性吸收和散射,大气传播衰减严重,因此,在实际应用中,应找到毫米波在大气中传播时,由气体分子谐振吸收所致衰减为极小值的频率。

(2)毫米波雷达的覆盖区域呈扇形,有盲点区域,无法识别道路标线、交通标志和交通信号灯。

知识 2-1-4　毫米波雷达的测距原理

车载毫米波雷达通过天线向外发射毫米波,再接收目标反射信号,根据接收的时间差测得目标的位置数据和相对距离。经处理后快速准确地获取汽车车身周围的物理环境信息(如汽车与其他物体之间的相对距离、速度、角度、运动方向等),然后根据所探知的物体信息进行目标追踪和识别分类,进而结合车身的动态信息进行数据融合,最终通过中央处理单元(ECU)进行智能处理。经合理决策后,以声、光及触觉等多种方式告知或警告驾驶员,或及时对汽车做出主动干预,从而保证驾驶过程的安全性和舒适性,减少事故发生的概率。毫米波雷达系统的工作原理框图如图 2-5 所示。

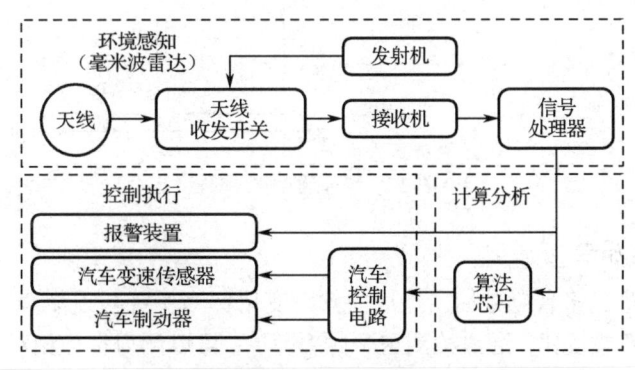

图 2-5　毫米波雷达系统的工作原理框图

根据测量原理的不同,车载毫米波雷达一般分为脉冲波(脉冲多普勒雷达)方式和调频连续波(FMCW)方式两种,如图 2-6 所示。

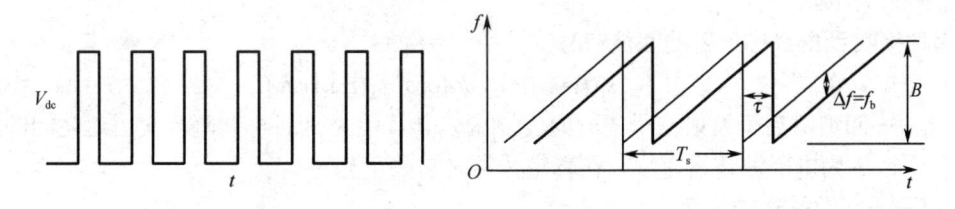

图 2-6　脉冲波(左)与调频连续波(右)方式

1. 毫米波雷达脉冲波方式测量原理

多普勒效应,是指当声音、光和无线电波等振动源与观测者以相对速度 v 运动时,观测者所收到的振动频率与振动源所发出的频率不同的现象。当目标向雷达天线靠近时,反射信

号的频率将高于发射信号的频率;反之,当目标远离雷达天线时,反射信号的频率将低于发射信号的频率。

1) 多普勒测距原理

多普勒测距原理如图 2-7 所示。雷达的振荡器产生一个频率随时间逐渐增加的电磁波,这个电磁波遇到障碍物后会反射并被接收,障碍物越远,收到回波的时间就越长,即时延 t_r 就越大。由于 $t_r = \dfrac{2R}{c}$,其中,R 是振荡器与障碍物的距离,c 是电磁波传播速度(在真空传播时等于光速),所以通过时延 t_d 就可以计算出雷达与障碍物的距离 R。

雷达分辨率是指雷达可以区分的两个物体的最近的距离,用光速/(雷达带宽×2)来计算。

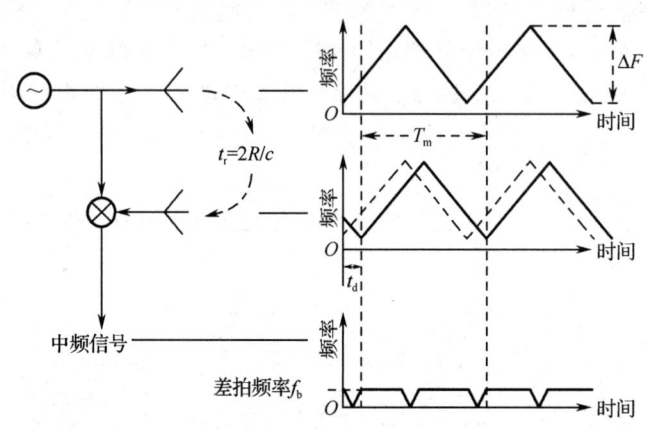

图 2-7 多普勒测距原理

2) 多普勒测速原理

多普勒频移原理:多普勒效应所造成的频率变化称为多普勒频移 f_b,它与相对速度 v 成正比,与振动的频率成反比,通过检测这个频率差 f_b,可以测得目标相对于雷达的移动速度。

假设毫米波雷达发射连续电磁波信号:

$$s(t) = A\cos(\omega_0 t + \phi_0) \tag{2-1}$$

式中:ω_0——初相;

　　　A——振幅。

雷达接收到由目标反射的回波信号:

$$s_r(t) = ks(t - t_r) = kA\cos[\omega_0(t - t_r) + \phi_0] \tag{2-2}$$

式中:t_r——回波滞后于发射信号的时间($t_r = 2R/c$),其中 R 为目标和毫米波雷达之间的距离,c 为电磁波传播速度,在真空传播时它等于光速;

　　　k——回波的衰减系数。

如果车辆前方目标相对静止(相对速度为零),则目标与雷达的距离 R 为常数。此时,回波与发射信号之间有固定相位差:

$$\omega_0 t_r = 2\pi f_0 \cdot \dfrac{2R}{c} = \left(\dfrac{2\pi}{\lambda}\right) 2R \tag{2-3}$$

它是电磁波往返于雷达与目标之间所产生的相位滞后。当目标与毫米波雷达之间有相对运动时，两者之间的距离 R 与时间成正比。

设目标相对毫米波雷达运动的速度为一定值 v_r，在 t 时刻，目标与毫米波雷达之间的距离：

$$R(t)=R-v_r t \qquad (2-4)$$

式中：$R(0)$——目标与毫米波雷达在零点时刻的距离。

由式（2-2）可知，在 t 时刻接收到的波形 $s_r(t)$ 上的某点，对应于 $(t-t_r)$ 时刻发射的波形上的某点。

在实际的工作状态中，毫米波雷达和目标之间的相对运动速度 v_r 远小于光速，所以时延 t_r 可近似表示为：

$$t_r = \frac{2R(t)}{c} = \frac{2}{c}(R_0 - v_r t) \qquad (2-5)$$

与发射信号相比，两者之间的相位差为：

$$\varphi = -\omega_0 t_r = -2\pi \frac{2}{\lambda}(R_0 - v_r t) \qquad (2-6)$$

相位差随时间线性变化，如果 v_r 为常数，则频率差可以表示为：

$$f_b = \frac{1}{2\pi}\frac{\mathrm{d}\varphi}{\mathrm{d}t} = \frac{2}{\lambda}v_r \qquad (2-7)$$

式中：f_b——多普勒频移。

f_b 与目标和毫米波雷达之间的相对运动速度成正比例关系，与毫米波雷达的工作波长 λ 成反比例关系。当目标靠近毫米波雷达时，f_b 大于 0，表明接收信号的频率大于发射信号的频率；而当目标背离毫米波雷达运动时，f_b 小于 0，表明接收信号的频率小于发射信号的频率。通过数字信号处理器，运用傅里叶变换可求得 f_b，从而可以求得毫米波雷达与目标之间的相对速度和相对距离。

3）多普勒测角度原理

毫米波雷达测量障碍物的角度是通过处理多个接收天线收到的信号时延来实现的。多普勒测角度原理如图 2-8 所示，振荡器 TX 发出的发射波频率为 f_0，遇到"目标"返回，回波频移为 f_b 并分别被两个接收线 RX1、RX2 收到。由于回波的路径不同，RX1、RX2 的回波信号有时间差，根据时间差可计算出角度。

采用脉冲方式的毫米波雷达需要在很短的时间（一般都是微秒的数量级）内发射大功率的脉冲信号，通过脉冲信号控制雷达发射装置发射出高频信号。因此，在硬件结构上比较复杂，成本高。脉冲方式测量原理简单，但由于受技术、元器件等方面的影响，实际应用中很难实现。

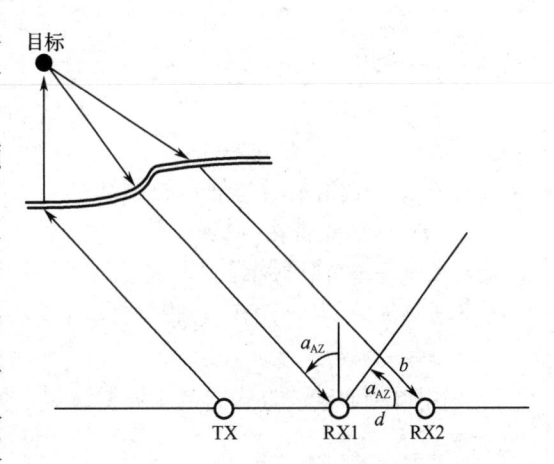

图 2-8 多普勒测量角度原理

除此之外，在高速公路上行驶的车辆，其回波信号难免会受到周围树木、建筑物的影响，使回波信号衰减，从而降低接收系统的灵敏度。

如果毫米波雷达收发信号采用的是同一根天线，在对回波信号放大处理之前，应将发射

信号与回波信号进行严格隔离,否则,由于发射信号窜入,会导致回波信号放大器饱和或者损坏。为了避免发射信号窜入接收信号,需进行隔离技术处理,一般有两种方式避免发射信号的窜入:①采用环形器;②收发采用不同的天线。这样就导致产品成本提高、硬件结构复杂。因此,在车用领域,脉冲波测量方式运用较少。

2. 毫米波雷达调频连续波方式测量原理

目前,大多数车载毫米波雷达都采用调频连续波方式,其测量原理如图2-9所示。

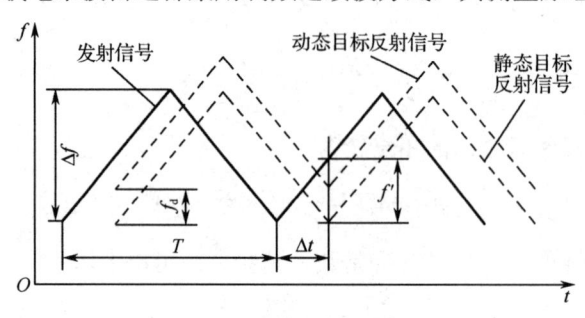

图 2-9 调频连续波测量原理

采用调频连续波方式的毫米波雷达结构简单,体积小,可以同时得到目标的相对距离和相对速度。它的基本原理是当发射的连续调频信号遇到前方目标时,会产生与发射信号有一定时延的回波,再通过雷达的混频器进行混频处理,而混频后的结果与目标的相对距离和相对速度有关。毫米波雷达测距和测速的计算公式为:

$$s = \frac{c\Delta t}{2} = \frac{ctf'}{4\Delta f} \tag{2-8}$$

$$v = \frac{cf_d}{2f_0} \tag{2-9}$$

式中:s——相对距离;
　　　c——光速;
　　　t——信号发射周期;
　　　f'——发射信号与信号的频率差;
　　　Δf——调频带宽;
　　　f_d——多普勒频率;
　　　f_0——发射信号的中心频率;
　　　v——相对速度。

采用调频连续波方式的毫米波雷达对于角度的测量原理与多普勒测角度原理相同,可参见上文。

引导问题2-1-2:请查询资料,讨论目前常用的毫米波雷达有哪些类型,并分析其优势和劣势。

_____

_____

_____

知识 2-1-5　毫米波雷达的分类

根据不同的分类原则，毫米波雷达可以有不同的分类方式，如图 2-10 所示。

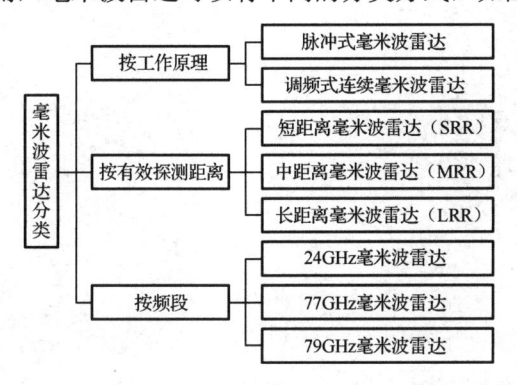

图 2-10　毫米波雷达的分类

1. 按工作原理进行分类

毫米波雷达按照工作原理的不同可分为脉冲式毫米波雷达与调频式连续毫米波雷达两类。脉冲式毫米波雷达通过发射信号与接收信号之间的时间差来计算距离；调频式连续毫米波雷达利用多普勒效应测量不同目标的距离和速度。

2. 按有效探测距离进行分类

根据毫米波雷达的有效探测距离，毫米波雷达可分为长距离毫米波雷达（LRR）、中距离毫米波雷达（MRR）和短距离毫米波雷达（SRR）。如图 2-11 所示，L3 级自动驾驶样车的车身周围布置了 2 个长距离毫米波雷达和 4 个中距离毫米波雷达，可实现车身 360°环境感知范围覆盖。

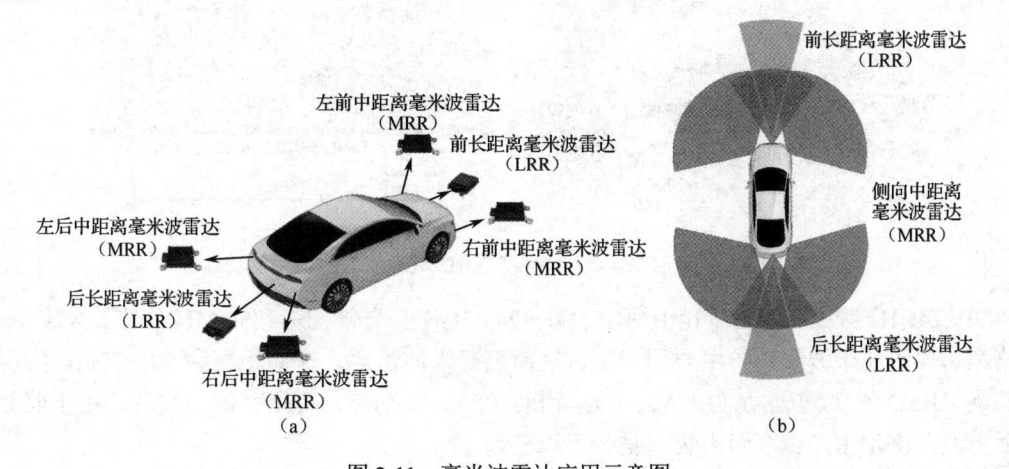

图 2-11　毫米波雷达应用示意图

在实际应用中，长距离毫米波雷达和中距离毫米波雷达通常布置在车辆前方，用于前方较远范围内目标的检测；短距离毫米波雷达通常布置在车辆的四角位置，用于侧前方、侧后方等范围内目标的检测，如图2-12所示。

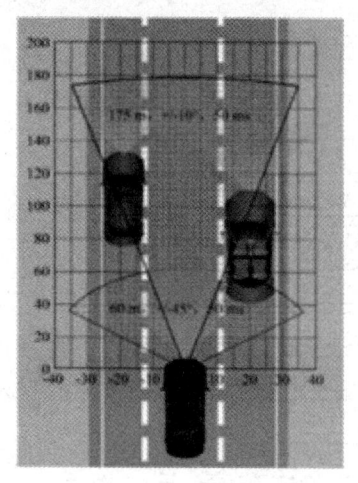

（a）中距离和长距离毫米波雷达　　　　　　（b）中距离和短距离毫米波雷达

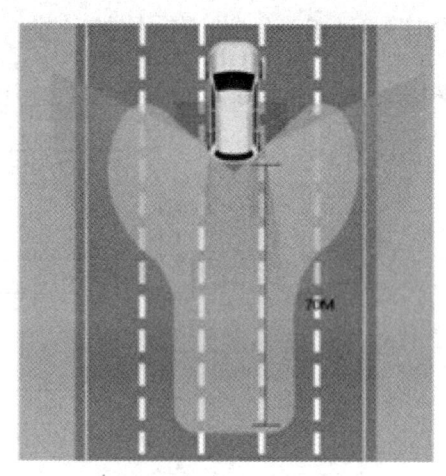

图2-12　各种毫米波雷达的探测范围示意图

3. 按频段分布进行分类

从毫米波雷达的频段分布上来看，应用在智能网联汽车领域的毫米波雷达主要有2个频段，分别是24GHz和77GHz，个别车企应用79GHz，但目前国内没有开放此频段，如图2-13所示。不同频段的毫米波雷达有着不同的性能。不同的频段，毫米波雷达的距离分辨率和精度也不同。一般来说，频率越高，距离分辨率和精度也越高。例如，24GHz毫米波雷达的距离分辨率为75cm，而77GHz毫米波雷达的距离分辨率则提高到了4cm，可以更好地探测多个彼此靠近的目标。

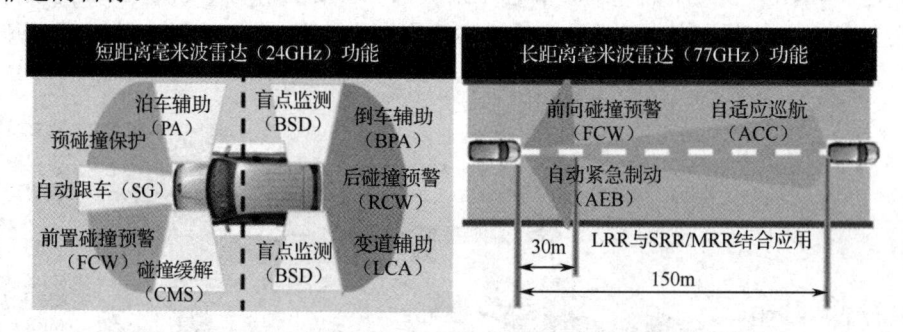

图2-13　24GHz毫米波雷达和77GHz毫米波雷达适用的功能

（1）24GHz频段：如图2-14所示，24.0～24.25GHz，窄带带宽250MHz，波长大于1cm，严格来讲属于厘米波雷达。主要用于中、短距离毫米波雷达，探测距离为50～70m，实现盲点监测（BSD）、变道辅助（LCA）、泊车辅助（PA）等功能，可用作侧向雷达，用于监测车辆后方及两侧车道是否有障碍物，是否可以变道。

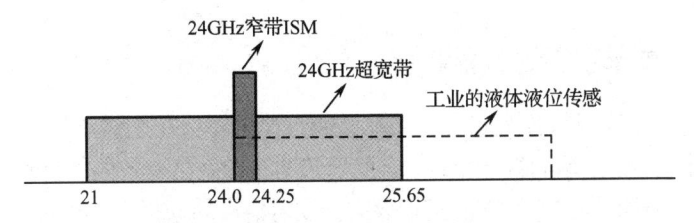

图 2-14　24GHz 毫米波雷达应用频段示意图

（2）77GHz 频段：如图 2-15 所示，76～77GHz 频段主要用于长距离毫米波雷达，探测距离为 150～280m，实现如自适应巡航控制（ACC）、前碰撞预警（FCW）、高级紧急制动（AEB）等功能。77GHz 毫米波雷达相较于 24GHz 毫米波雷达的波长更短，只有 3.9mm。频率越高，波长越短，分辨率、精度就越高。因此，精度更高的 77GHz 毫米波雷达正努力成为汽车领域的主流传感器。以自适应巡航控制（ACC）为例，当车速大于 25km/h 时，ACC 才会起作用，而当车速降低到 25km/h 以下时，就需要进行人工控制。当将所用雷达升级到 77GHz 毫米波雷达后，与 24GHz 毫米波雷达系统相比，识别率提高了 3 倍，速度和实测值、距离精度提高了 3～5 倍，对前车距离的监测更为准确、快速。并且该频段有等效同性各向辐射功率的优势，同时满足高传输功率和宽工作带宽，可以同时做到长距离探测和高距离分辨率。77GHz 毫米波雷达主要用作前向雷达，探测本车与前车的相对距离和相对速度。

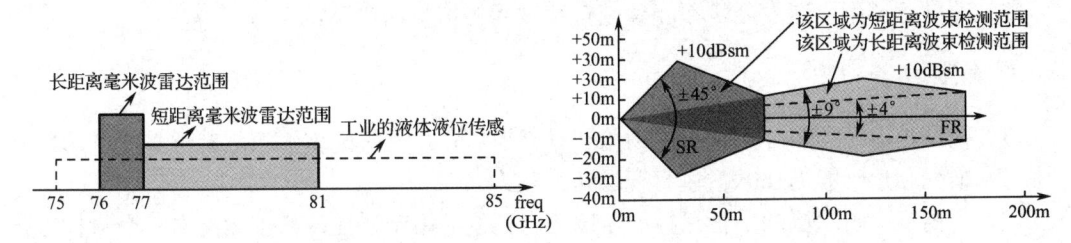

图 2-15　77GHz 毫米波雷达应用频段和探测区域示意图

【任务实施】

子任务一：毫米波雷达的选型

同学们掌握了毫米波雷达的分类及工作原理等基础知识，那么如何选择合适的毫米波雷达呢？需要考虑哪些关键选型指标呢？

引导问题 2-1-3：根据毫米波雷达的性能指标，查阅相关车企要求，请制定适合 L2+ 级别车辆使用的毫米波雷达方案？

知识 2-1-6 毫米波雷达性能指标

毫米波雷达的工作原理和分类想必大家都已经掌握,那么在工作项目中如何选择合适的毫米波雷达呢?熟悉毫米波雷达的性能指标,有助于帮助我们做出有效的综合评价,从而确定毫米波雷达的选型方案。毫米波雷达的性能指标取决于发射信号的选择,主要有以下参数指标。

1. 距离

(1)距离精度:用于描述毫米波雷达对单个目标距离参数估计的准确度,它是由回波信号的信噪比决定的。调频连续波(FMCW)雷达的有效噪声带宽与其调频时间成反比。

(2)最大探测距离:指毫米波雷达所能检测目标的最大距离。不同的毫米波雷达,最大探测距离是不同的。

(3)距离分辨率:即多个目标被毫米波雷达区分出来的最小距离,主要由信号的带宽决定。

2. 速度

(1)最大探测速度:能够探测到障碍物的最大相对速度。

(2)速度分辨率:速度分辨率随着帧持续时间的增加而提高。

3. 角度

(1)视场角:视场角分为水平视场角和垂直视场角,是指毫米波雷达能够探测到的角度范围。水平视场角一般为±60°,垂直视场角一般为±15°。

(2)角精度:表示测量单个目标的角度测量精度,用于描述毫米波雷达对单个目标方位角估计的准确度。

(3)最大探测目标数:最大能够探测的目标数量,一般为24~32个。

(4)角度分辨率:取决于毫米波雷达的工作波长和天线口径尺寸,以及 TX/RX 天线的数量。角度分辨率表示在角度维分离相同距离、速度目标的能力。毫米波雷达的角度分辨率一般较低,在实际情况下,由于距离、速度分辨率较高,因此目标一般可以在距离和速度维区分开。

知识 2-1-7 毫米波雷达的应用

毫米波雷达具有体积小,纵向目标探测距离与速度探测能力强,对于静态和动态目标均能做出高精度测量,全天候,不论昼夜,毫米波雷达发射的信号的穿透能力强,不受天气状况限制等特点,已被广泛应用于汽车领域。例如,盲点监测、变道辅助、自动巡航控制和停车辅助等。毫米波雷达在智能网联汽车中的应用及位置分布如表 2-1 所示。

表 2-1 毫米波雷达在智能网联汽车中的应用及位置分布

毫米波雷达类型	短距离毫米波雷达(SRR)	中距离毫米波雷达(MRR)	长距离毫米波雷达(LRR)
工作频段/GHz	24	77	77

续表

毫米波雷达类型	短距离毫米波雷达（SRR）	中距离毫米波雷达（MRR）	长距离毫米波雷达（LRR）
探测距离/m	小于60	100左右	大于200
功能 自适应巡航控制系统		☆（前方）	☆（前方）
功能 前车防撞预警系统		☆（前方）	☆（前方）
功能 自动制动辅助系统		☆（前方）	☆（前方）
功能 盲区监测系统	☆（侧方）	☆（侧方）	
功能 自动泊车辅助系统	☆（前方）（后方）	☆（侧方）	
功能 变道辅助系统	☆（后方）	☆（后方）	
功能 后碰预警系统	☆（后方）	☆（后方）	
功能 行人监测系统	☆（前方）	☆（前方）	
功能 驻车门辅助系统	☆（侧方）		

为满足不同探测距离的需要，智能网联汽车上往往会安装多个毫米波雷达，不同探测距离的毫米波雷达在车辆前方、侧方和后方发挥着不同的作用，如图2-16所示。在高级辅助驾驶系统（ADAS）中，实现自适应巡航，需要安装3个毫米波雷达，车辆前部中间安装77GHz的长距离毫米波雷达，探测距离为150~250m，角度约10°，车辆前部两侧各安装1个短距离毫米波雷达，探测距离为50~70m，角度约30°。如图2-17所示为毫米波雷达的应用。

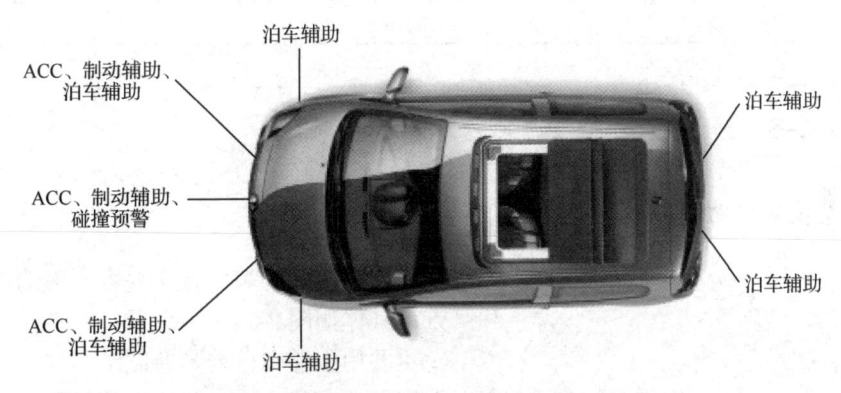

图2-16 不同位置毫米波雷达的功能

(a) 前向碰撞预警系统 　　(b) 自动紧急制动系统

图2-17 毫米波雷达的应用

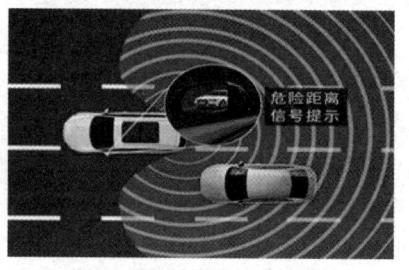

（c）后向碰撞预警系统　　　　　　（d）变道辅助系统：变道预警

图 2-17　毫米波雷达的应用（续）

子任务二：毫米波雷达的装配

安装毫米波雷达并调整安装位置，使毫米波雷达能够更精确地测量目标位置、运动状态和形状，熟悉毫米波雷达的安装步骤以及安装注意事项。

引导问题 2-1-4：请讨论毫米波雷达的安装位置？

_____
_____
_____
_____
_____

知识 2-1-8　毫米波雷达的安装要求及注意事项

1. 安装位置与功能

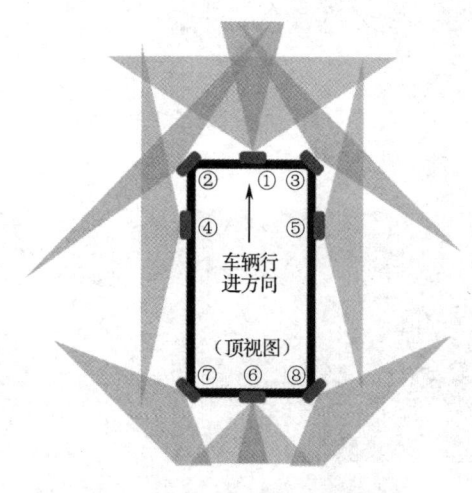

毫米波雷达的安装位置主要有车辆的前方、后方和侧方，具体如图 2-18 所示：

①主要用于前向自动紧急制动；

②③主要用于十字交叉路口碰撞预警；

④⑤主要用于两侧纵向碰撞预警/盲区监测/会车过程监控；

⑥主要用于后向自动紧急制动；

⑦⑧主要用于侧后向盲区监控/并线辅助。

图 2-18　毫米波雷达的安装位置

2. 毫米波雷达的安装要求

正向毫米波雷达一般安装在车辆的中轴线上，外露或隐藏在保险杠内部。毫米波雷达波束的中心平面要求与路面基本平行，考虑到毫米波雷达的系统误差、结构安装误差、车辆载荷变化后，需要保证其与路面夹角的最大偏差不超过 5°。

另外，在某些特殊情况下，如当正向毫米波雷达无法安装在车辆的中轴线上时，允许其安装在正 Y 向最大偏置距离为 300mm 的位置处。偏置距离过大会影响雷达的有效探测范围。

侧向毫米波雷达在车辆的四角处呈左右对称安装，前侧向毫米波雷达与车辆的行驶方向呈 45°夹角，后侧向毫米波雷达与车辆的行驶方向呈 30°夹角，毫米波雷达波束的中心平面与路面基本平行，角度最大偏差仍需控制在 5°以内。

毫米波雷达在 Z 方向上的探测角度一般只有±5°。毫米波雷达的安装高度不能太高，也不能太低。其中，安装得太高，会导致下盲区增大；安装得太低，会导致毫米波雷达波束射向地面，地面反射带来杂波干扰，影响毫米波雷达的判断。因此，毫米波雷达的安装高度（地面到雷达模块中心点的距离），一般建议为 500（满载状态）～800mm（空载状态），如图 2-19 所示。

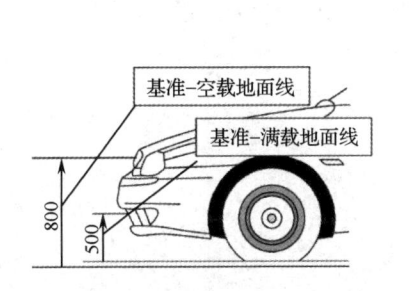

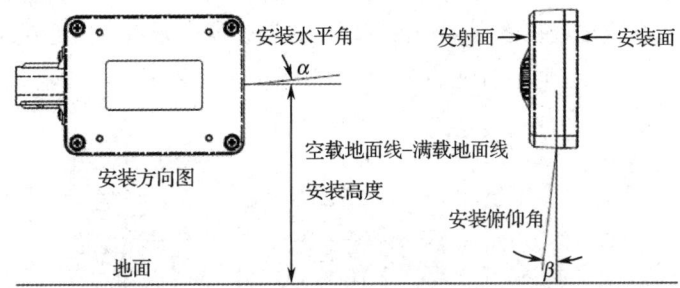

图 2-19 毫米波雷达的安装位置

在安装毫米波雷达时，车辆应保持水平，避免倾斜，如图 2-20 所示为毫米波雷达的安装角度。

1）毫米波雷达的安装原则（外置安装）

（1）尽量远离车身内的信号天线。

（2）远离大的用电设备频繁启动的位置。

（3）天线面朝外（正方向），接插件口朝向驾驶员。

（4）不支持热插拔，如果系统内部检测发现错误，可能会导致毫米波雷达的功能不能正常使用，甚至导致毫米波雷达重启。

（5）确保不会造成固定位置的变形，拧紧力矩不能超过 7N·m。

（6）禁止在毫米波雷达的天线面打胶。

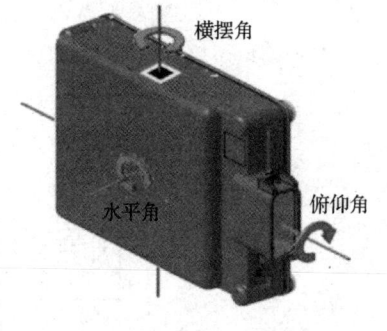

图 2-20 毫米波雷达的安装角度

2）毫米波雷达的安装原则（内置安装）

（1）第二发射面的角度大于毫米波雷达的发射角度。

（2）保险杠材料必须是电解质传导系数很小的材料，减少对毫米波雷达波束的扭曲和衰减，不能有金属或金属材料涂层。

（3）选择曲面光滑的区域，避开拐角或厚度变化的区域。

（4）保险杠厚度是毫米波雷达信号波长一半的整数倍。

3. 毫米波雷达电气接口

以纳雷科技自主研发的 SR73F 毫米波雷达为例，该毫米波雷达提供 CAN 总线通信模式。

SR73F 毫米波雷达详细的接口定义（配置连接线）如表 2-2 所示。

表 2-2　SR73F 毫米波雷达详细的接口定义（配置连接线）

序　号	定　义	范　围	线缆颜色
1	CAN_H	-58～58V DC	黄色
2	CAN_L	-58～58V DC	绿色
3	GND		黑色
4	POWER	6～32V DC	红色

智能网联汽车感知实训台所用的 Nuvo-8108GC 处理器拥有两路 CAN 总线输出，通过 CAN 线缆连接 Nuvo-8108GC 与 SR73F 毫米波雷达，连接示意图如图 2-21 所示。

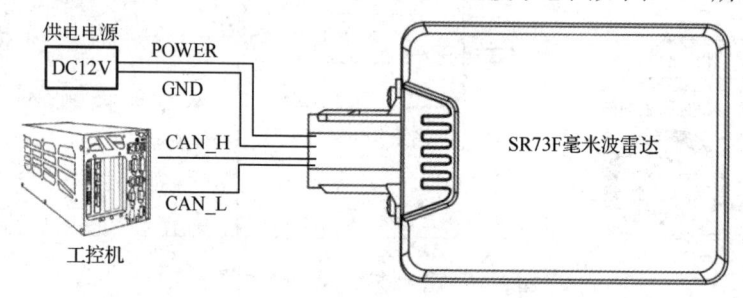

图 2-21　连接示意图

整辆车上若使用了多个毫米波雷达，则这多个毫米波雷达彼此之间可通过 CAN 信号通信，同时也通过 CAN 总线与自动驾驶控制器进行交互，如图 2-22 所示。

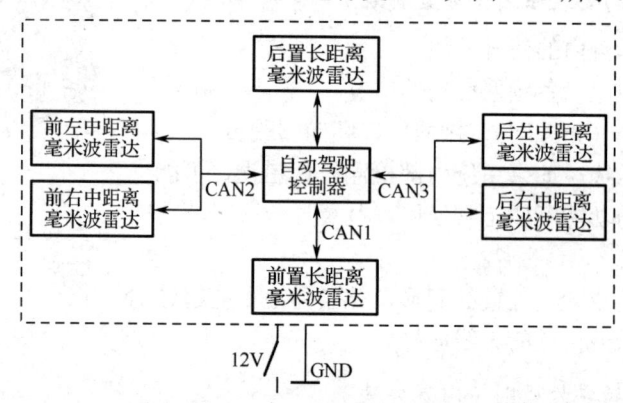

图 2-22　多毫米波雷达通信架构

毫米波雷达的安装方向：
（1）毫米波雷达的前方不能有金属类物质遮挡；
（2）毫米波雷达的安装方向不能装反。
引导问题 2-1-5：有一个毫米波雷达需要安装在车上，请制作安装流程，并完成毫米波雷达的安装任务。

一、实验准备

（1）实训设备：智能网联汽车感知实训台。

（2）人员分工：组长 1 名，记录员 1 名，操作人员 1 名，检验人员 1 名。

（3）注意事项：注意人身和设备安全；场地面积足够，无障碍物；除操作人员外，其他人员位于指定区域，设备上电之前需经过检验人员检验无误后才可进行。

二、毫米波雷达的安装

（1）在感知实验台传感器储物柜中取出毫米波雷达及安装工具，毫米波雷达样例如图 2-23 所示。

（2）用十字螺丝刀将 4 个 M3 的螺丝与毫米波雷达固定底板固定，如图 2-24 所示。

图 2-23　毫米波雷达样例 　　　　　　　　图 2-24　毫米波雷达的底座安装

（3）将装配好的毫米波雷达安装到 U 型滑道上。需垂直安装，印有文字的面同感知实训台后方方向一致，俯仰角误差为 0°～2°（向上仰小于 2°，不能向下倾斜），翻滚角误差为±2°（毫米波雷达左右两侧的平齐程度），航向角误差为±2°（毫米波雷达是否正对前方），如图 2-25 所示。

（4）用 M10 内六角螺栓将毫米波雷达的底座与 U 型滑道固定，并用 M6 内六角扳手锁紧。通过调节螺栓的松紧来改变毫米波雷达的垂直位置，如图 2-26 所示为装配完成后的毫米波雷达。

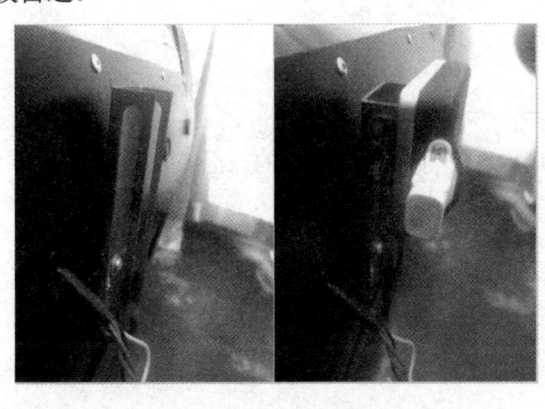

图 2-25　毫米波雷达的滑道安装 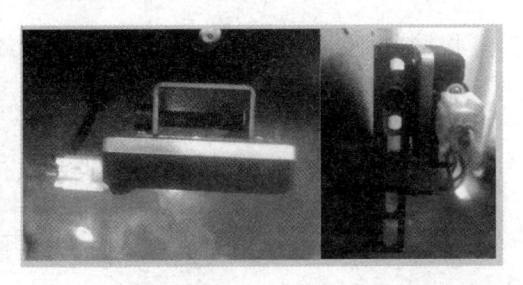　　　　　图 2-26　装配完成后的毫米波雷达

（5）根据 SR73F 毫米波雷达的使用说明书可知，其探测角度为 120°，如图 2-27 所示，其探测区域如图 2-28 所示。

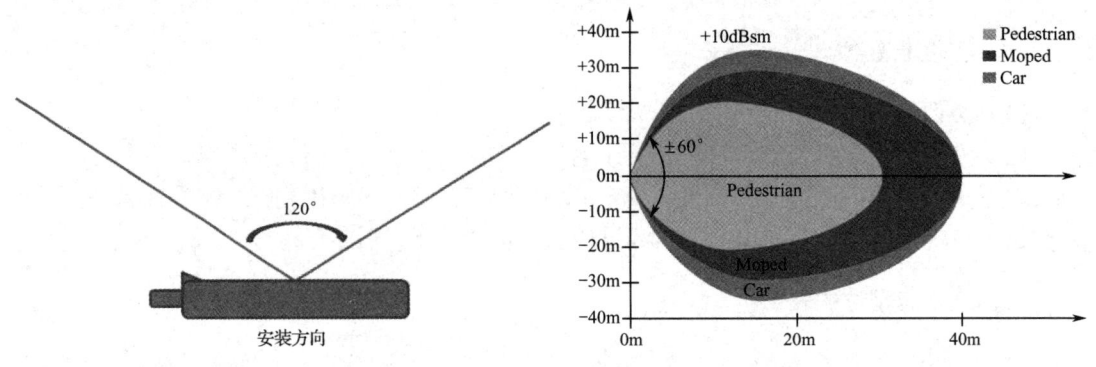

图 2-27　毫米波雷达的安装方向及探测角度
图 2-28　毫米波雷达的探测区域

（6）将 CAN 线缆的另一端连接至 Nuvo-8108GC 的 CAN 模块上。

（7）检查电气连接是否正常。

操作要点如下：

（1）安装毫米波雷达时，毫米波雷达的发射面（平整面）面对探测区域，且不要被任何金属物体覆盖、遮挡；

（2）毫米波雷达距地面需有 0.4～1.5m 的高度，发射面朝正前方，如图 2-29 所示。

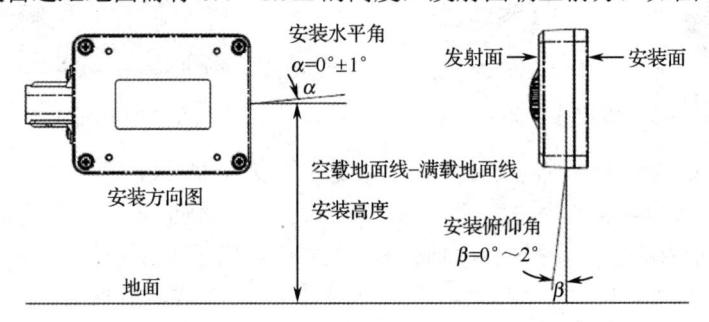

图 2-29　毫米波雷达的安装示意图

操作记录如下：

（1）毫米波雷达数量是否正常_____；

（2）电气连接是否正常_____。

三、毫米波雷达常见问题及故障诊断

根据实训台电气连接图（见图 2-30）可知，可能导致故障发生的原因有：

（1）毫米波雷达电源+断路故障；

（2）毫米波雷达 CAN_H 通信断路故障；

（3）毫米波雷达 CAN_L 通信断路故障。

① 故障（1）诊断步骤如下所示。

步骤 1：根据图 2-30 可知，毫米波雷达是 4 线时，红线为供电电源+、黑线为电源接地-、黄线为 CAN_H、绿线为 CAN_L；

步骤 2：给实训台正常上电后，先将万用表调到"蜂鸣档"校表，校表完成后将万用表调到直流电压 20V 档位，使用万用表分别测量毫米波雷达的 4 根线，系统正常情况下，红线有 12V 电压，经测量无电压输入；

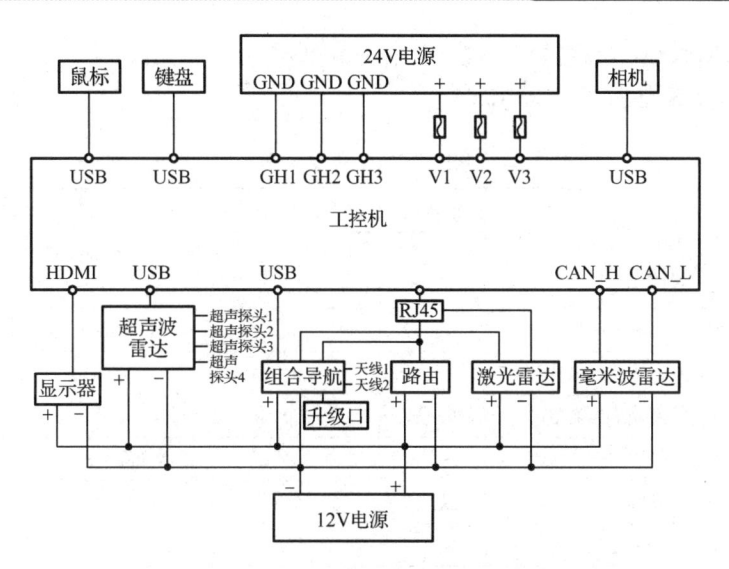

图 2-30 实训台电气连接图

步骤 3：给实训台断开电源，测量毫米波雷达电源测量端口至 12V 供电电源之间的线束，经测量，毫米波雷达电源至 12V 供电电源线束之间断路，恢复后故障排除。

② 故障（2）诊断步骤如下所示。

步骤 1：根据图 2-30 可知，毫米波雷达是 4 线的，红线为供电电源+、黑线为电源接地-、黄线为 CAN_H、绿线为 CAN_L；

步骤 2：给实训台正常上电，先将万用表调到"蜂鸣档"校表，校表完成后将万用表调到直流电压 20V 档位，使用万用表分别测量毫米波雷达的 4 根线，系统正常情况下，黄线有电压存在，经测量无电压输出；

步骤 3：给实训台断开电源，测量毫米波雷达 CAN_H 测量端口至工位机 CAN 口之间的线束，经测量，毫米波雷达 CAN_H 测量端口至工位机 CAN 口线束之间断路，恢复后故障排除。

③ 故障（3）诊断步骤如下所示。

步骤 1：根据图 2-30 可知毫米波雷达是 4 线的，红线为供电电源+、黑线为电源接地-、黄线为 CAN_H、绿线为 CAN_L；

步骤 2：给实训台正常上电，先将万用表调到"蜂鸣档"校表，校表完成后将万用表调到直流电压 20V 档位，使用万用表分别测量毫米波雷达的 4 根线，系统正常情况下，绿线有电压存在，经测量无电压输出；

步骤 3：给实训台断开电源，测量毫米波雷达 CAN_L 测量端口至工位机 CAN 口之间的线束，经测量，毫米波雷达 CAN_L 测量端口至工位机 CAN 口线束之间断路，恢复后故障排除。

【知识拓展】

拓展知识一：毫米波雷达全球供应商

在全球毫米波雷达市场上，占主导地位的是德国、美国、日本等国家。目前毫米波雷达技术主要被博世（Bosch）、大陆（Continental）、天合汽车集团（TRW）、法雷奥（Valeo）、

海拉（Hella）、德尔福（Delphi）、电装（Denso）、奥托立夫（Autoliv）、富士通（Fujitsu）等厂商所掌握，详见表2-3。

表2-3 毫米波雷达供应商的产品技术参数

公司	毫米波雷达产品	频率/Hz	最大探测距离/m	视场角/°
博世	LRR4（长距离毫米波雷达）	76～77	250	±6（200m）；±10（100m）；±15（30m）；±20（5m）
	前向MMR（中距离毫米波雷达）	76～77	160	±6（160）；±9（100m）；±10（60）
	后向MMR（中距离毫米波雷达）	76～77	80	±5（70m）；±75（短距离）
大陆	ARS441（长距离毫米波雷达）	76～77	250	9（250m）；±45（70m）；75（20m）
	ARS510（长距离毫米波雷达）	76～77	200	4（200m）；±9（120m）；±45（45～70m）
	SRR520（短距离毫米波雷达）	76～77	100	±90
	SRR320（短距离毫米波雷达）	24	95	±75
海拉	24GHz毫米波雷达	24	70	±82.5
德尔福	ESP2.5毫米波雷达	77	175	±10（175m）；±45（60m）
	MRR（中距离毫米波雷达）	77	160	±45
	SRR2（短距离毫米波雷达）	77	80	±75

大陆公司的毫米波雷达产品比较丰富，在现有车辆的安全系统和无人驾驶领域都有广泛应用。

博世公司的毫米波雷达产品主要包括长距离毫米波雷达和中距离毫米波雷达。而且博世的雷达方案集成度非常高，主要针对主机厂的应用，定制性比较强。

相比国外企业，毫米波雷达在国内受芯片技术的限制仍属于起步阶段，但发展十分迅速。目前，国内24GHz（中、短距离）毫米波雷达已实现量产，77GHz（长距离）毫米波雷达也已实现技术突破。主要公司有理工雷科、纳雷科技、行易道、智波科技等。考虑综合因素，本项目选用纳雷科技SR73F毫米波雷达作为选型。纳雷科技SR73F及理工雷科CAR28F毫米波雷达的核心参数如图2-31所示。

SR73F-77GHz短距避障雷达

产品应用：FCW
发射频率：77GHz
波束宽度：112°（方位面）×14°俯仰面
测距范围：0.2～40m
测速范围：±18m/s
接口：CAN

CAR28F特种车防碰撞雷达

产品应用：FCW
发射频率：24GHz
波束宽度：56°（方位面）×40°俯仰面
探测距离（行人）：20m
探测距离（乘用车）：30m
接口：CAN

图2-31 纳雷科技SR73F及理工雷科CAR28F毫米波雷达的核心参数

拓展知识二：4D 毫米波雷达

4D 毫米波雷达指的是具备"高清"特质的毫米波雷达，也被称为成像雷达。

"4D"指在原有距离、方位、速度的基础上增加了对目标的高度维数据解析，能够实现"3D+高度"四个维度的信息感知；而"成像"概念是指其具备超高的分辨率，可以有效解析目标的轮廓、类别、行为。如图 2-32 所示为 4D 毫米波雷达与目前常用毫米波雷达的测量对比。

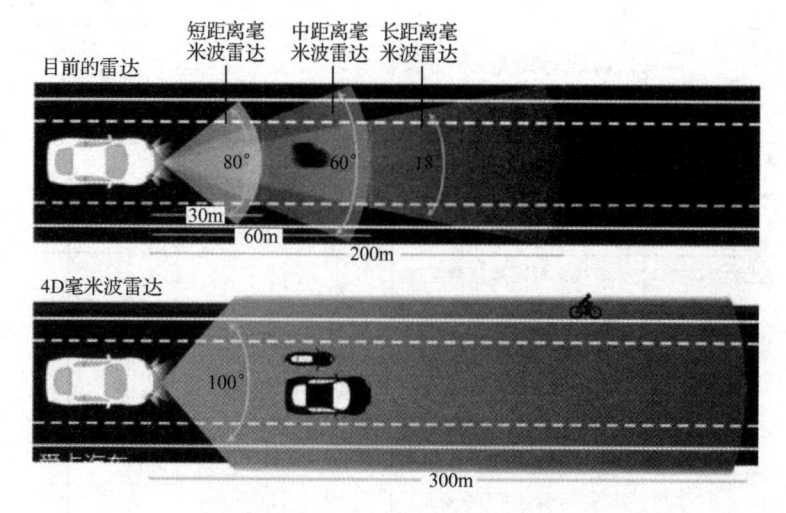

图 2-32 4D 毫米波雷达与目前常用毫米波雷达的测量对比

同样面对前方障碍物，毫米波雷达只能接收到有限的返回信息点，仅能判断出前方有障碍物，而 4D 毫米波雷达则可以接收数十倍的返回信息点，能进一步探测出物体的形状，甚至结合算法识别出物体。这意味着，相比于传统的毫米波雷达，4D 毫米波雷达可以适应更多复杂路况。

4D 毫米波雷达通过改良天线列阵布局，解决了传统毫米波雷达无法测量高度维、无法识别静止物体的问题，其叠加芯片及算法能力实现了感知维度和精度上的双重提高。4D 毫米波雷达重新布局天线列阵，从 3D 毫米波雷达的线阵改进为特殊面阵，从而实现对目标方位、距离、速度、高度四维数据的精准获取。同时通过增加天线数量和改良 AI 算法的方式提升雷达虚拟通道数，提升毫米波雷达的分辨率。随着虚拟通道数的增加，4D 毫米波雷达获取的点云图像更为稠密，可以较为清晰地描绘出车辆、行人的轮廓，产品应用场景上限打开。

组件上，4D 毫米波雷达与传统 3D 毫米波雷达基本一致。成本上，芯片数量的增多和软件算法的升级让 4D 毫米波雷达成本增加。硬件端，4D 毫米波雷达的核心组成部分与传统 3D 毫米波雷达保持一致，组件包括高频 PCB、收发天线、射频单元（RF）、模数转换器（ADC）、数字信号处理器（DSP）、微控制器（MCU）、雷达板等器件。由于产品性能和功能上的差异，射频芯片的数量与性能差距明显。反映到成本端，4D 毫米波雷达的硬件成本较传统 3D 毫米波雷达明显增加。同时，4D 毫米波雷达引入深度学习框架，从算法上提升产品的感知性能，算法开发成本使软件成本增加。

短期内搭载 4D 毫米波雷达的车型数量稳步提升，仍将和 3D 毫米波雷达共存。长期伴随

价格下探有望实现 3D 毫米波雷达的全替换。从替换逻辑来看，4D 毫米波雷达作为升级的增量零部件，会经历上车/价格带下探/渗透率提升的过程。目前已上市车型中，长安深蓝 SL03 和飞凡 R7 作为智能化的领军车型率先搭载。长期来看，4D 毫米波雷达的引入将带动自动驾驶架构升级，有望伴随自动驾驶升级实现快速放量。

【任务评价】

评价项目	评价内容	评价标准	分值	评价			综合得分
				自评	互评	师评	
毫米波雷达基础知识	毫米波雷达的定义、组成及测距原理	能正确描述毫米波雷达的定义、组成及测距原理	20				
毫米波雷达的选型	毫米波雷达的选型指标、选型注意事项	能合理选择毫米波雷达	20				
毫米波雷达的装配	毫米波雷达的装配	能按照标准顺序装配毫米波雷达，并完成调试	20				
安全生产	设备操作场地 6S 安全意识	1. 安全正确操作设备； 2. 工作场地整洁，工件、量具等摆放整齐规范； 3. 做好事故防范措施，具备安全操作和环保意识	20				
职业素养	学习态度团队合作现场管理	1. 积极学习相关基础知识并参与任务计划； 2. 严格按照团队分工完成任务； 3. 服从安排，遵守实验室管理制度	20				

【自我审视】

请问毫米波雷达实际应用到智能网联汽车中会面临哪些困境?请给出你的观点。

_____
_____
_____
_____
_____

任务二　基于毫米波雷达的障碍物检测及识别

【任务描述】

障碍物的检测是指从监测数据中提取潜在的障碍物物体，得到它们的方位、尺寸、形状、朝向等信息。根据任务安排，需要您基于毫米波雷达完成障碍物的检测及识别，请查阅资料运用 MATLAB 软件完成基于毫米波雷达的障碍物检测及识别任务，在工作过程中注意总结不同软件操作时的区别，并做好记录。

【问题探究】

引导问题 2-2-1：通过前面所学知识及资料查阅，请分析毫米波雷达的应用场景有哪些？

_____
_____
_____
_____
_____

知识 2-2-1　MATLAB 环境下的毫米波雷达障碍物检测

在 MATLAB 仿真环境下，雷达检测函数是 radarDetectionGenerator，其调用格式为：

```
sensor=radarDetectionGenerator
sensor=radarDetectionGenerator（Name,Value）
```

其中，Name 和 Value 为雷达属性；sensor 为雷达检测器。例如：

```
radarDetectionGenerator（'Detection Coordinates','Sensor Cartesian','MaxRange'，200）
```

表示利用笛卡儿坐标创建雷达检测器，最大检测距离为 200m。毫米波雷达检测器的调用格式为：

```
dets=sensor(actors,time)
[dets,num ValidDets]=sensor(actors,time)
[dets,num ValidDets,is ValidTime]=sensor(actors,time)
```

其中，actors 为交通参与者的姿态；time 为当前仿真时间；dets 为毫米波雷达检测结果；num ValidDets 为有效检测次数；is ValidTime 为有效检测时间。

MATLAB 自动驾驶工具箱提供了毫米波雷达检测器模块，如图 2-33 所示。毫米波雷达检测器模块的输入是其他交通参与者的姿态（Actors），输出是雷达检测信号（Detections）。

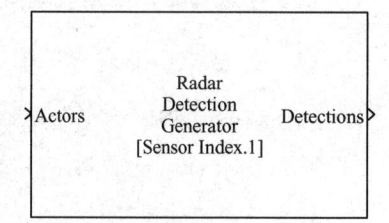

图 2-33　毫米波雷达检测器模块

子任务一：MATLAB 环境下毫米波雷达障碍物的检测及识别仿真实验

随着自动驾驶技术的发展，基于毫米波雷达的障碍物检测及识别方法也层出不穷。MATLAB 软件具有 MATLAB 自动驾驶工具箱，提供了毫米波雷达检测器模块，请同学们运用 MATLAB 软件完成毫米波雷达障碍物的检测及识别仿真实验。本子任务包括 3 个小任务。

一、实验准备

（1）实验设备：智能网联汽车感知实训平台、计算机。
（2）小组成员：5~6 人一组，明确任务分工。
（3）确保毫米波雷达正常工作。
（4）注意事项：注意人身和设备安全；实验场地合适；给设备上电前，需经过老师检查确认。

二、小任务一，利用雷达检测器函数检测雷达前方 50m 的车辆

（1）在 MATLAB 命令行窗口中输入并执行图 2-34 中所示的程序。

```
1  car=struct('ActorID',1,'Position',[50,0,0]);    %创建车辆
2  radarSensor=radarDetectionGenerator;             %创建雷达检测器
3  time=2;                                          %设置仿真时间
4  dets=radarSensor(car,time)                       %对车辆进行检测
```

图 2-34　MATLAB 命令行窗口中需要输入并执行的程序

（2）输出结果如图 2-35 所示。
（3）测量结果储存在 MATLAB 的工作区。如图 2-36 所示，车辆的测量值为 49.1388，误差约为 1.7%，满足测量精度要求。

图 2-35　输出结果

图 2-36　车辆的测量值

三、小任务二，对驾驶场景中的车辆进行检测

（1）在 MATLAB 命令行窗口中输入并执行以下命令：

```
drivingScenarioDesigner('Ego Vehicle Goes Straight_Vehicle From Left Turs Left.mat')
```

输出的驾驶场景如图 2-37 所示。该驾驶场景表示主车自南向北行驶，直行穿过十字路口，包含一个毫米波雷达；另一辆车从十字路口的左侧驶来，在十字路口处进行左转弯，且行驶在主车前面。

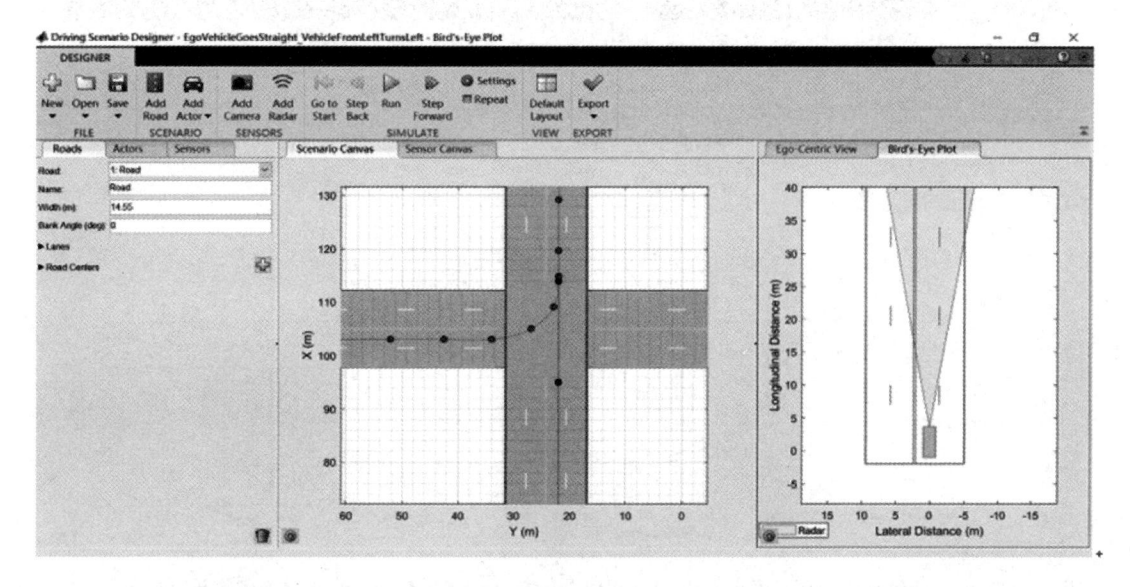

图 2-37 输出的驾驶场景

（2）在应用程序的工具栏中选择 Export>Export Simulink Model，生成驾驶场景和雷达检测器的仿真模型，如图 2-38 所示。

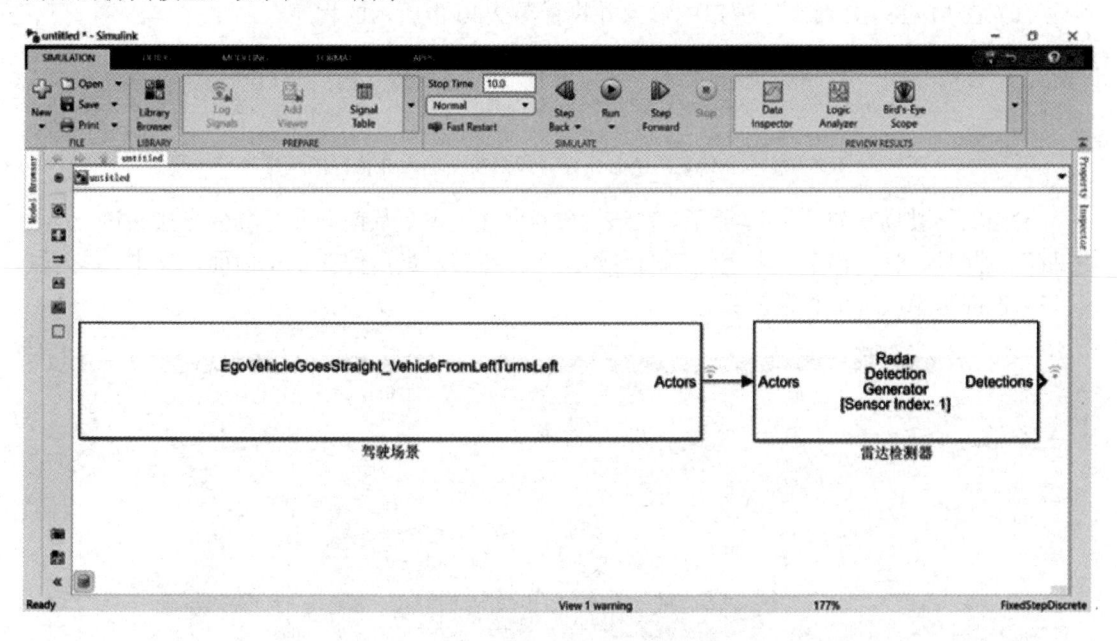

图 2-38 驾驶场景和雷达检测器的仿真模型

（3）单击"BIRD-EYE-SCOPE"标签，打开"BIRD-EYE-SCOPE"标签页。在该标签页中，先单击"Find Signals"图标，再单击"Run"按钮，此时车辆开始移动，毫米波雷达开始对障碍物进行检测，如图 2-39 所示，检测结果储存在 MATLAB 的工作区。

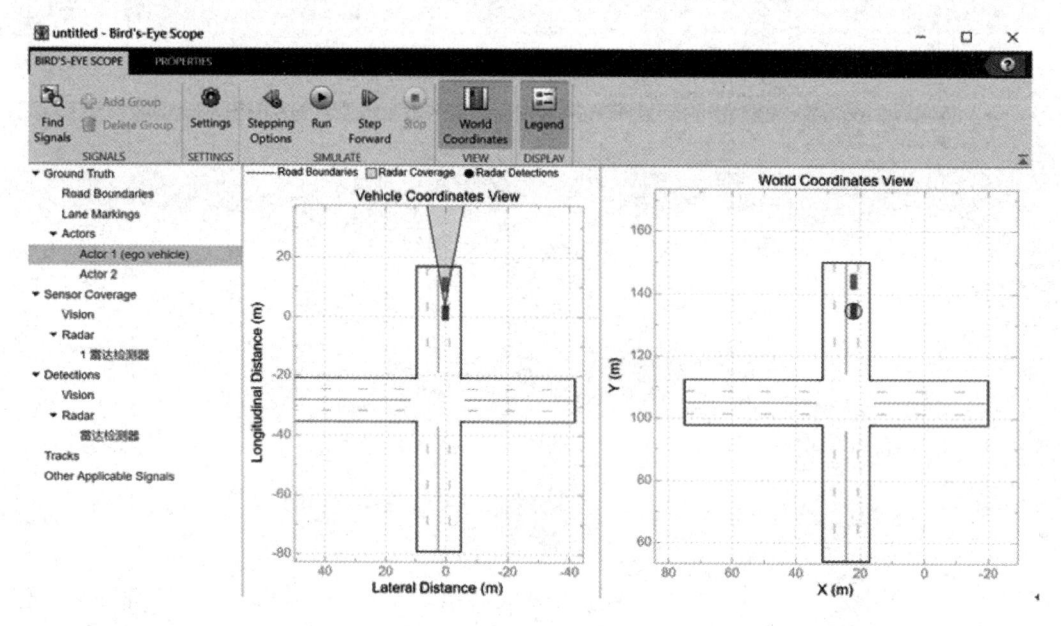

图 2-39 "BIRD-EYE-SCOPE"标签页（车辆开始移动，毫米波雷达开始对障碍物进行检测）

四、小任务三，利用毫米波雷达和摄像头融合进行检测

（1）在 MATLAB 命令行窗口中输入并执行图 2-40 中所示的程序。

```
1  addpath(genpath(fullfile(matlabroot,'examples','driving')))    %添加路径
2  drivingScenarioDesigner('LeftTurnScenario.mat')                %读取驾驶场景
```

图 2-40 在 MATLAB 命令行窗口中需要输入并执行的程序

输出的驾驶场景如图 2-41 所示。在该驾驶场景中，主车从南向北行驶并直接通过一个十字路口。同时，另一辆车从十字路口的左侧驶入并左转，最后停在主车前面。其中，主车上安装了前向毫米波雷达和摄像头。

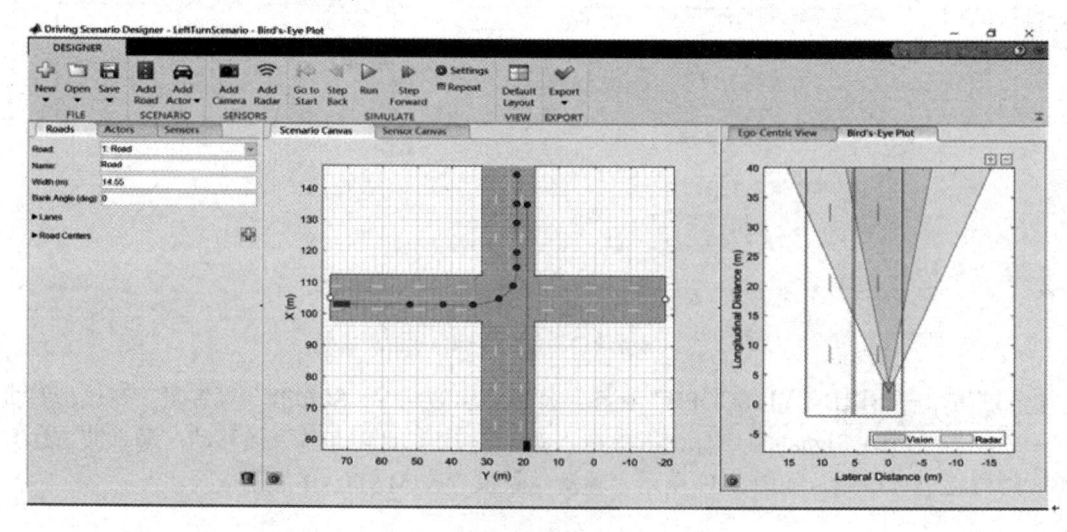

图 2-41 输出的驾驶场景

（2）单击"Run"按钮模拟场景，车辆开始移动，毫米波雷达开始对障碍物进行检测，如图 2-42 所示。

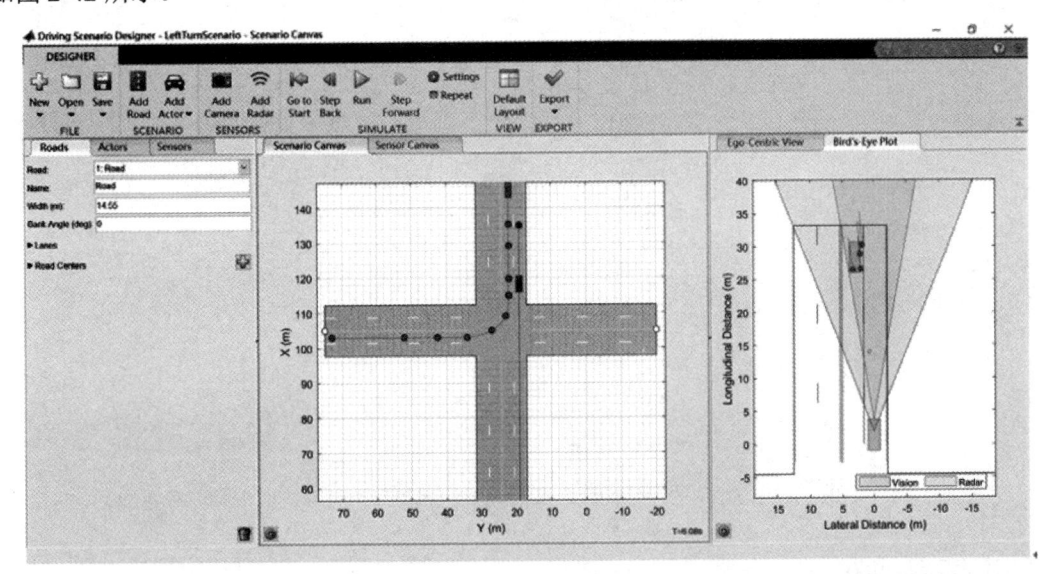

图 2-42　车辆开始移动，毫米波雷达开始对障碍物进行检测

（3）在应用程序的工具栏中选择 Export>Export Simulink Model，从应用程序生成仿真模型，如图 2-43 所示。

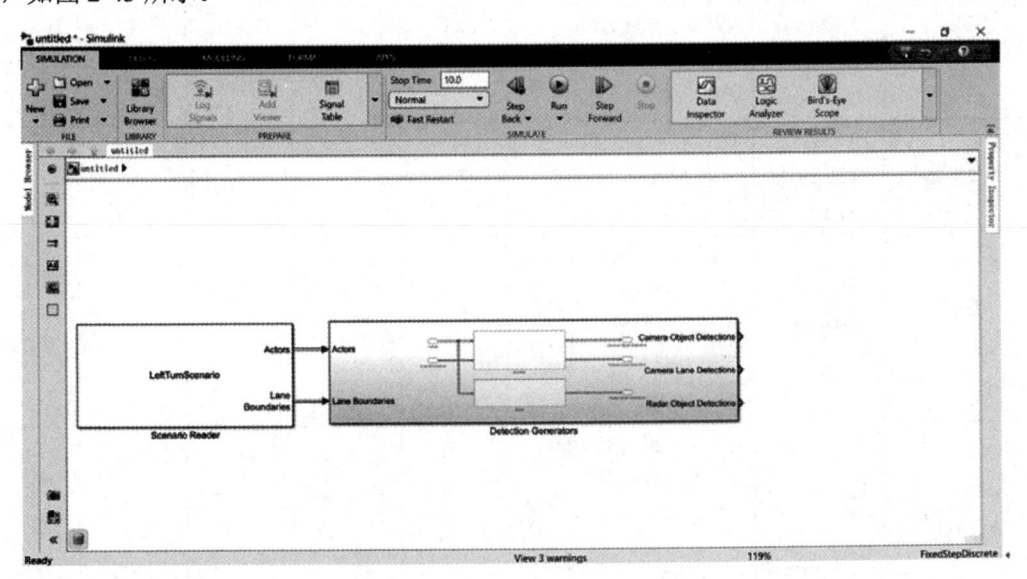

图 2-43　仿真模型

（4）单击"BIRD-EYE SCOPE"标签，打开"BIRD-EYE-SCOPE"标签页。在该标签页中，先单击"Find Signals"图标，再单击"Run"按钮，此时车辆开始移动，毫米波雷达开始对障碍物进行检测，毫米波雷达和摄像头融合检测车辆与车道线，如图 2-44 所示。检测结果储存在 MATLAB 工作区。

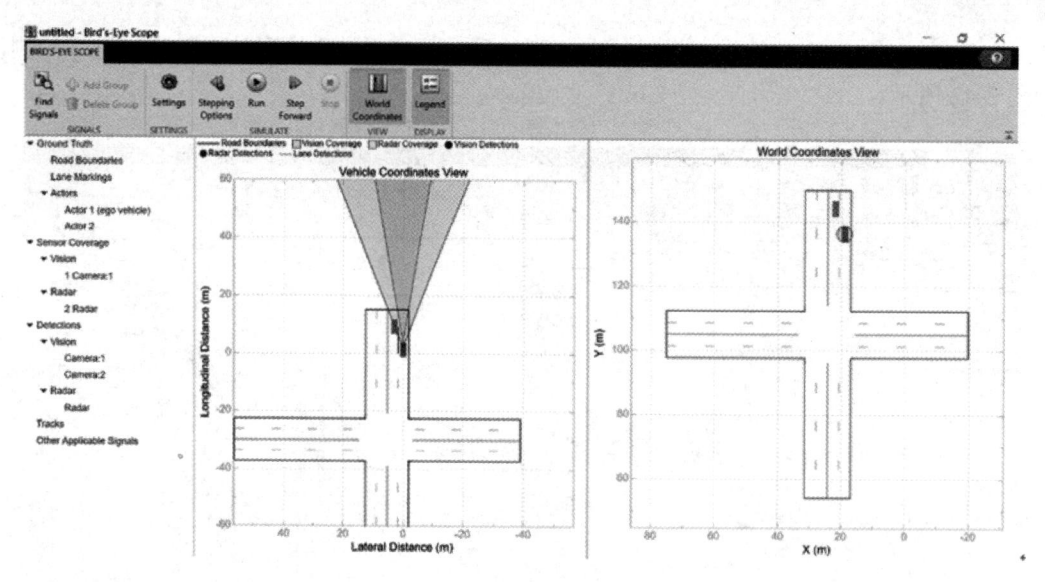

图 2-44 "BIRD-EYE-SCOPE"标签页（毫米波雷达和摄像头融合检测车辆与车道线）

【任务评价】

评价项目	评价内容	评价标准	分值	评价 自评	评价 互评	评价 师评	综合得分
小任务一	读取测量值	满足测量精度要求	15				
小任务二	MATLAB 建模十字路口	建模成功	20				
小任务三	毫米波雷达和摄像头融合检测建模	建模成功	25				
安全生产	设备操作场地 6S 安全意识	1. 安全正确操作设备；2. 工作场地整洁，工件摆放整齐规范；3. 做好事故防范措施，具备安全操作和环保意识	20				
职业素养	学习态度团队合作现场管理	1. 积极学习相关基础知识并参与任务计划；2. 严格按照团队分工完成任务；3. 服从安排，遵守实验室管理制度	20				

【自我审视】

使用 MATLAB 软件进行毫米波雷达障碍物检测，在操作时遇到什么困难？请给出你的观点。

子任务二：Apollo 环境下毫米波雷达障碍物的检测及识别仿真实验

一、实验步骤

（1）在 Apollo Docker 环境下，输入并执行以下命令，启动 DreamView：

bash scripts/bootstrap.sh

（2）在浏览器中输入网址 localhost:8888，打开 DreamView 界面。在 DreamView 界面的菜单栏中选择模式、车型和地图。其中，模式选择 Dev Kit Perceptiong Plat，车型选择 Dev Kit，地图选择 Sunnyvale Big Loop。

（3）启动 Localization 模块。在 Apollo Docker 环境下，输入并执行以下命令，启动 Localization 模块：

/bazel-bin/modules/tools/sensor_calibration/fake_tf_pose_publisher

（4）在 Apollo Docker 环境下，输入并执行以下命令，启动 cyber_monitor 工具：

cyber_monitor

（5）使用快捷键 Ctrl+Alt+T 启动新的命令行终端窗口，在命令行终端窗口中输入并执行以下命令（见图 2-45 和图 2-46），启动 CAN Bus 驱动：

cd socketcan
bash start.sh
ifconfig

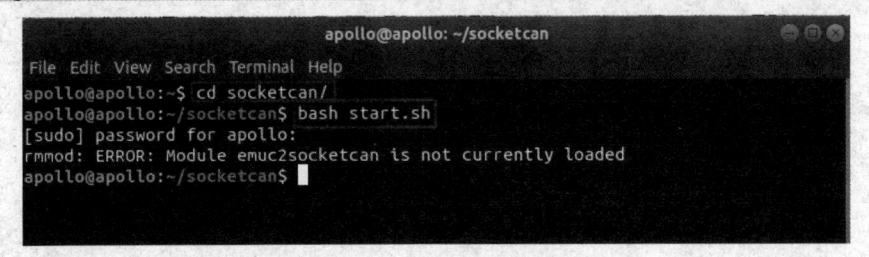

图 2-45　输入并执行的命令（1）

注意：此命令在 Apollo Docker 环境外执行，即不进入 Apollo Docker。其中，使用命令 cd socketcan 实现切换到 socketcan 目录下；使用命令 bash start.sh 启动 start shell 脚本。由于执行脚本需要 root 权限，故需要输入用户密码。使用命令 ifconfig，查看输出是否有 CAN 信息。若有，表示 CAN Bus 启动成功。

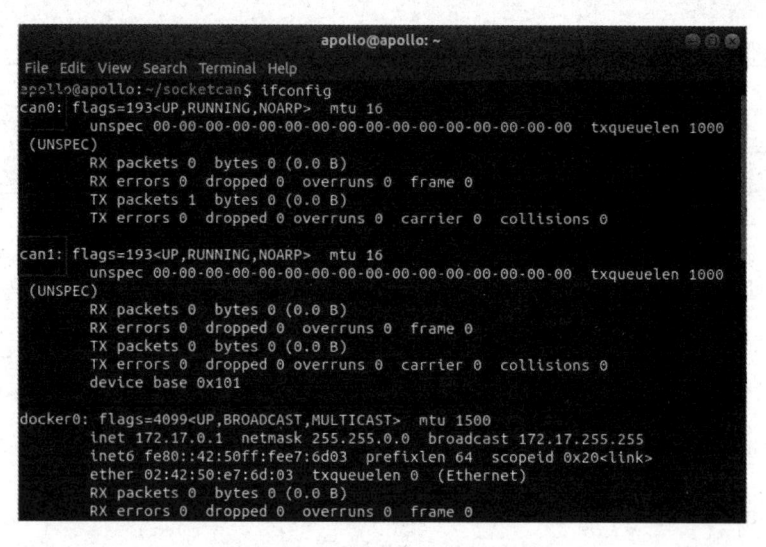

图 2-46 输入并执行的命令（2）

（6）单击 DreamView 中的"Module Controller"标签，在"Module Controller"标签页的 Modules 模块中单击"Radar"按钮，启动 Radar 模块（见图 2-47）。

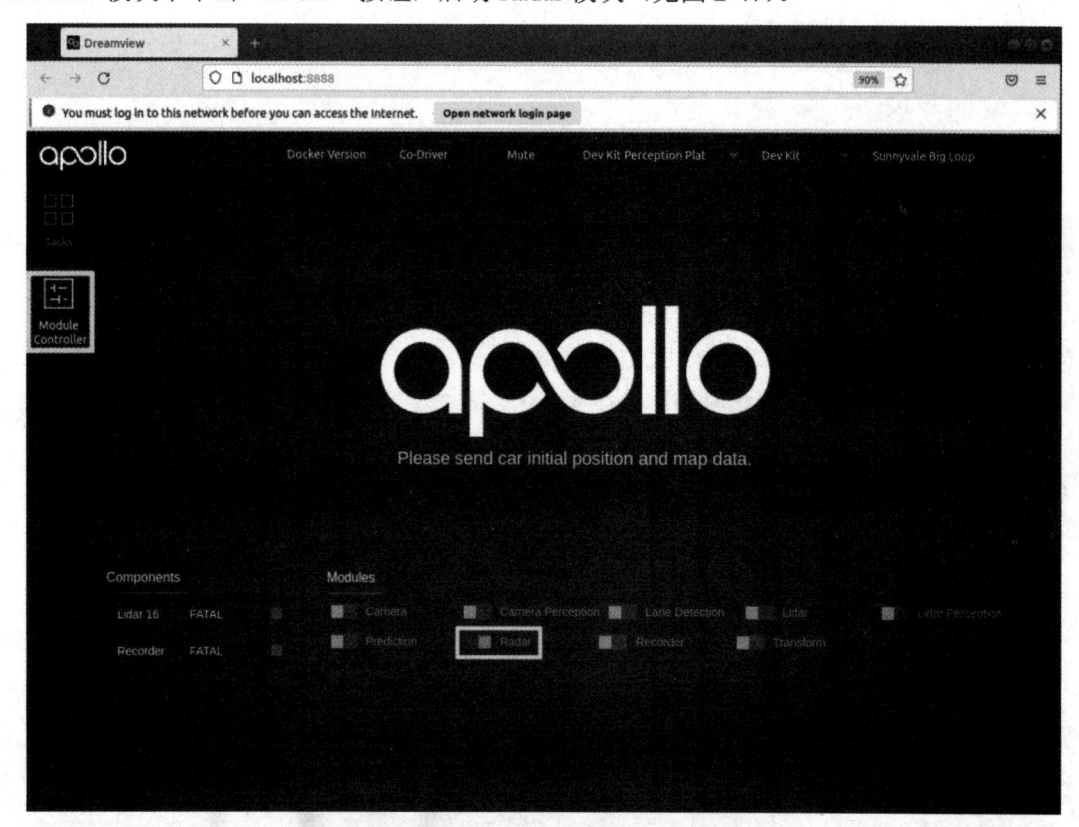

图 2-47 启动 Radar 模块

（7）使用 cyber_monitor 工具查看与毫米波雷达有关的通道是否有信息（见图 2-48）。

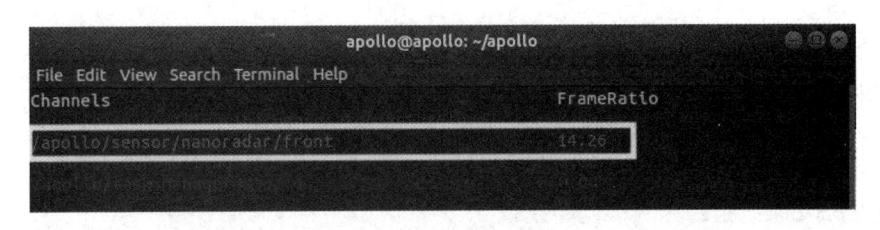

图 2-48 查看与毫米波雷达有关的通道是否有信息

（8）进入/apollo/sensor/nanoradar/front 通道，查看毫米波雷达的感知数据（见图 2-49）。

在/apollo/sensor/nanoradar/front 通道中，可以看到 contiobs:+[13 items]，表示检测到了 13 个障碍物，选中这一行，按右方向键即可查看检测到的障碍物信息（见图 2-50）。

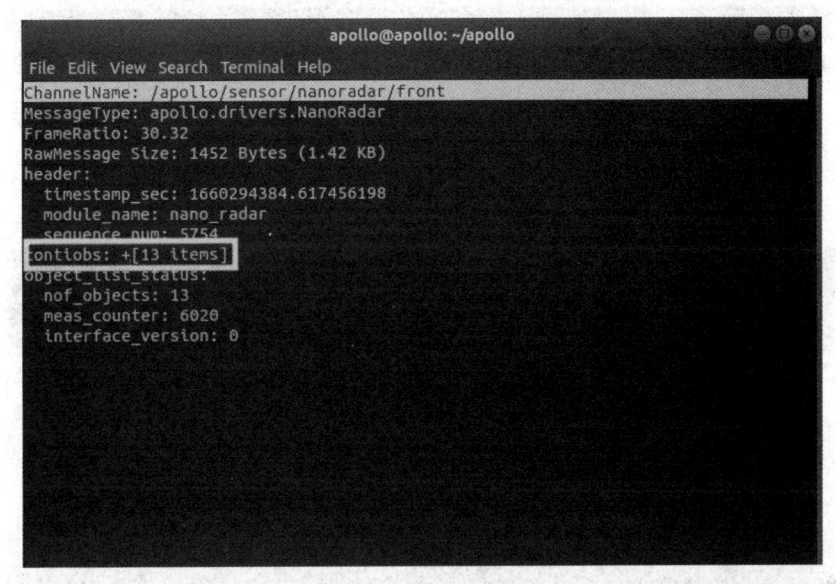

图 2-49 毫米波雷达的感知数据

图 2-50 障碍物信息

图 2-50 中：
① contiobs:[0]：表示检测到的障碍物。
② obstacle_id：障碍物 ID。
③ longitude_dist：距目标的纵向距离。
④ lateral_dist：距目标的横向距离。
⑤ longitude_vel：目标的纵向速度。
⑥ lateral_vel：目标的横向速度。

（9）回到 cyber_monitor 命令行终端窗口（见图 2-51），使用快捷键 **Ctrl+C** 结束 cyber_monitor 工具，并关闭 cyber_monitor 命令行终端窗口。

图 2-51 cyber_monitor 命令行终端窗口

（10）回到启动 Localization 模块的命令行终端窗口（见图 2-52），使用快捷键 **Ctrl+C** 结束 Localization 模块的运行。

图 2-52 启动 Localization 模块的命令行终端窗口

（11）回到 DreamView 界面，单击"Tasks"标签页中的"Reset All"按钮（见图 2-53），并关闭浏览器。

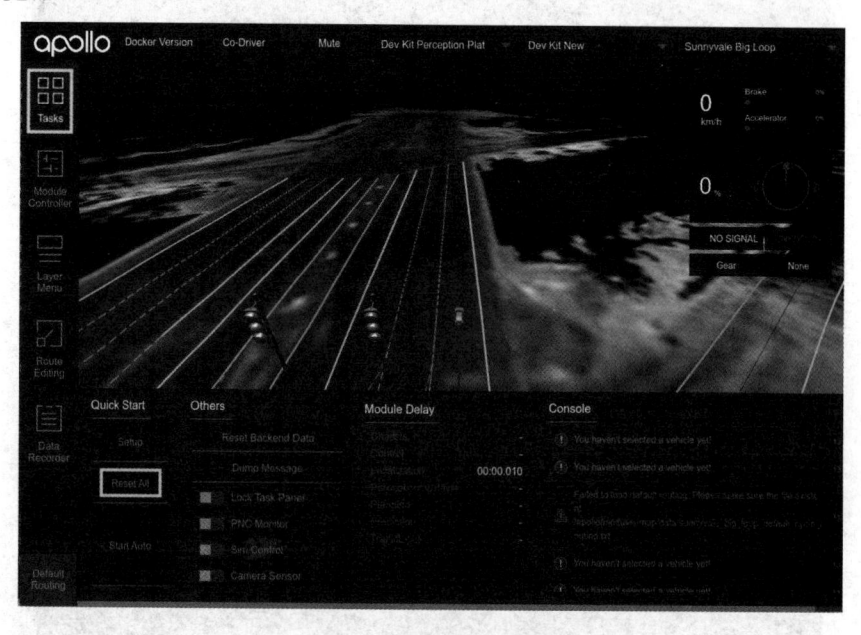

图 2-53 DreamView 界面

（12）在命令行终端窗口中输入并执行以下命令，关闭 DreamView：

bash scripts/bootstrap.sh stop

命令执行完后，若出现"Successfully stopped module monitor"，表示成功关闭 DreamView（见图 2-54）。

图 2-54　成功关闭 DreamView

（13）关闭命令行终端窗口。

二、结束实验

正确关闭 IPC，关闭 24V、12V 电源，关闭电源总开关。

三、常见故障诊断

（1）在 cyber_monitor 工具中，信息通道不变绿，无数据：请确认传感器是否正常供电。

（2）在 cyber_monitor 工具中找不到需要的信息通道：请使用 Page Up 或者 Page Down 键进行翻页后再查找。

任务三　毫米波雷达的标定

【任务描述】

安装完毫米波雷达后，需对其进行标定，使智能网联汽车能够精确测量目标的位置、运动状态和形状，探测、识别、分辨和跟踪目标。根据任务安排，需要完成对毫米波雷达的外参标定，在实施标定之前，需要学习毫米波雷达外参标定的流程和相关术语的含义，确保在任务规定的时间内完成对毫米波雷达的外参标定。在工作过程中注意总结知识要点，观察标定时系统的界面，思考所学知识点与实物完成标定工作时的应用关系。

【问题探究】

引导问题 2-3-1：讨论毫米波雷达的标定原理。

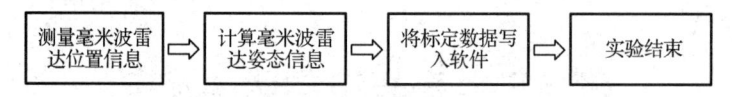

知识 2-3-1　毫米波雷达的外参标定

毫米波雷达的外参标定包括位置标定和姿态标定两部分。

（1）位置标定：指毫米波雷达坐标系原点在激光雷达坐标系中的偏移量。其中，毫米波雷达坐标系是以毫米波雷达的几何中心为坐标原点的。激光雷达坐标系如图 2-55 所示，其中 x 轴的正方向指向车头方向，y 轴的正方向指向车辆的左侧。以垂直于 xy 平面并通过坐标原点的轴为 z 轴，z 轴的正方向为垂直向上。

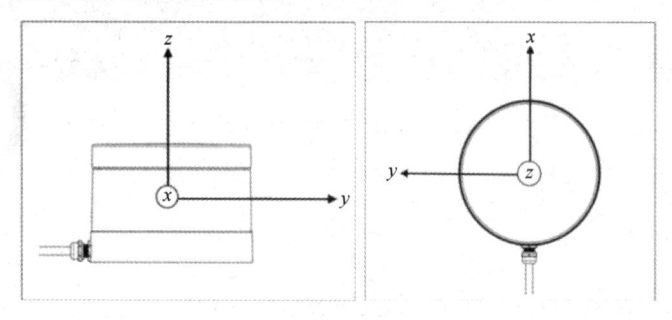

图 2-55　激光雷达坐标系

（2）姿态标定：指激光雷达坐标系通过绕坐标轴旋转到毫米波雷达坐标系所对应的旋转角度。在 Apollo 平台中采用专门工具将姿态标定中的旋转角度转化为四元数表示。

毫米波雷达的外参标定流程如图 2-56 所示。

测量毫米波雷达位置信息 ⇒ 计算毫米波雷达姿态信息 ⇒ 将标定数据写入软件 ⇒ 实验结束

图 2-56　毫米波雷达的外参标定流程

引导问题 2-3-2：请在无人小车上完成毫米波雷达的标定。

一、实验准备

（1）实验设备：无人小车。

（2）小组成员：5～6 人一组，明确任务分工。

（3）注意事项：注意人身和设备安全；面积足够大的场地，无障碍物；给设备上电前，需经过老师检查确认。

二、测量毫米波雷达与激光雷达坐标系的初始化外参

图 2-57　激光雷达

（1）在无人小车上，找到激光雷达（见图 2-57），并确认其坐标。激光雷达坐标系的原点在距离传感器底座上方的中心轴上。

激光雷达安装在_____。

（2）在无人小车（见图 2-58）上找到毫米波雷达的安装位置。

（3）对于无人小车来说，因为毫米波雷达安装在激光雷达的 xoz 平面上，所以毫米波雷达的 y 轴偏移量为_____。

（4）测量毫米波雷达坐标系与激光雷达坐标系的 x 轴偏移量。记录为_____。

（5）测量并计算毫米波雷达坐标系与激光雷达坐标系的 z 轴偏移量。记录为_____。

注意：z 轴偏移量为激光雷达与毫米波雷达底座的距离再加上激光雷达坐标系的原点到其底座的距离（63.5mm），如图 2-59 所示，同时考虑毫米波雷达安装在激光雷达 z 轴的负方向上，所以记录数值要加负号。

图 2-58　无人小车

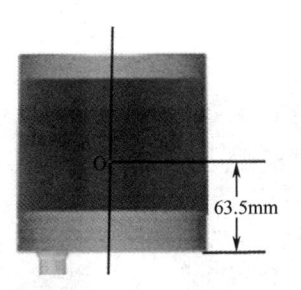

图 2-59　激光雷达坐标系的原点在距离传感器底座上方 63.5mm 处的中心轴上

小贴士：

通过观察，发现无人小车的激光雷达坐标系（Lidar）和毫米波雷达坐标系（Radar）是一样的，不需要旋转，所以绕 3 个轴的旋转角度都是 0°，如图 2-60 所示。

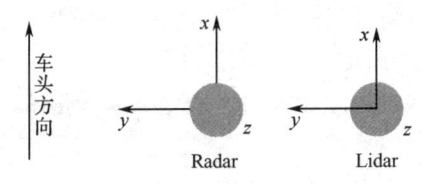

图 2-60　Lidar 和 Radar

三、记录初始化外参

测量毫米波雷达原点在激光雷达坐标系中各个坐标轴的偏移量（单位是米），并做记录。
Transtation X：（　　）；Y：（　　）；Z：（　　）；
Rotation X：（　　）；Y：（　　）；Z：（　　）；W：（　　）。

小提示：

由于无人小车的毫米波雷达安装在固定位置，其姿态描述是可以确定的，所以用户无须测量该值，可直接使用如下的默认值，即

Rotation X：0.0；Y：0.0；Z：0；W：1。

四、毫米波雷达的外参标定

（1）按下工控机（IPC）（见图 2-61）的电源开关，启动 IPC。在用户登录界面中，进入 Ubuntu 系统。

（2）在终端命令行窗口中输入并执行以下命令，切换到 perception_plat 目录下：

cd　perception_plat

（3）启动外参标定软件 SensorCalibrationTool（见图 2-62），并切换到毫米波雷达外参标定栏。

① 在终端命令行窗口中输入并执行以下命令，启动外参标定软件 SensorCalibrationTool：

sudo ./qt_tool/SensorCalibrationTool ./qt_tool/conf/conf.txt

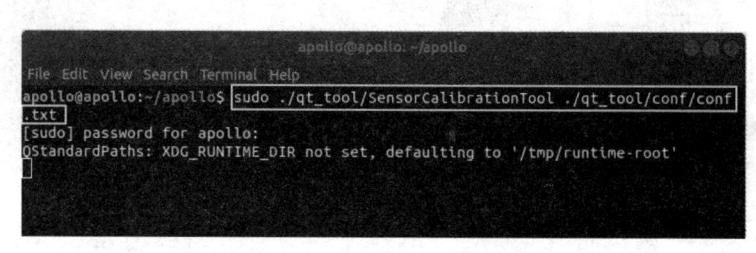

图 2-61　IPC

图 2-62　启动外参标定软件

② 输入密码"apollo"。

③ 在启动的外参标定软件中单击"毫米波外参标定"标签，进入"毫米波外参标定"标签页（见图 2-63）。

（4）将测量到的数据填写到对应的位置姿态栏中，并单击"设置"按钮，将毫米波雷达的外参配置到 Apollo 自动驾驶系统中（见图 2-64）。

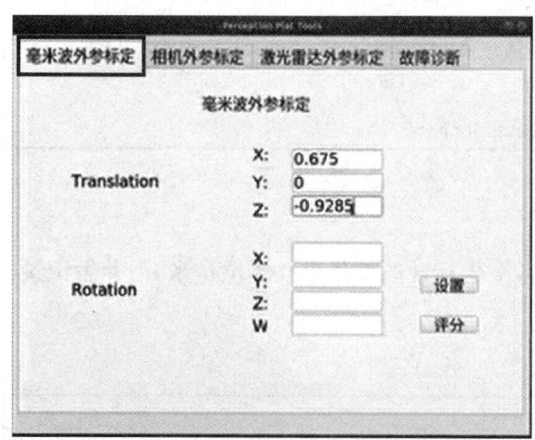

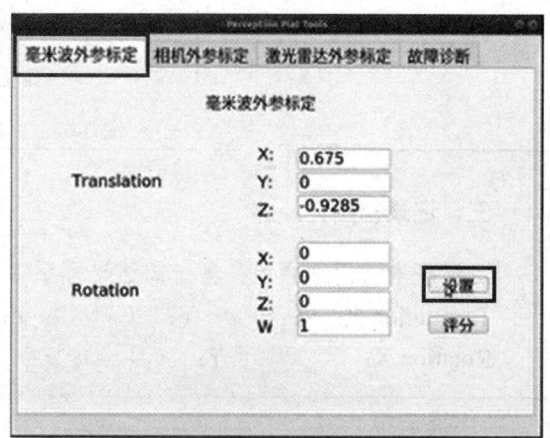

图 2-63　"毫米波外参标定"标签页（1）

图 2-64　"毫米波外参标定"标签页（2）

① 按下"设置"按钮后，毫米波雷达的外参会被写入 Apollo 自动驾驶系统中对应的外参文件中。

② 设置完成后，可以通过单击"评分"按钮查看设置的参数是否正确。

（5）关闭外参标定软件，关闭电源总开关。

知识 2-3-2　毫米波雷达的产品标定

毫米波雷达的视场（Field of View，FOV）是定值，其安装角度的偏差会导致视场边缘的目标丢失，探测距离缩短，或探测到不应该探测的目标而导致误报警等。为了消除安装误差，使毫米波雷达的工作范围与整车姿态相匹配，一般需要对毫米波雷达进行标定，常用的标定包括以下 3 种：
- 在线标定（错位监测和调整-MM&A）；
- 下线标定（End Of Line Alignment，EOL）；
- 服务标定（Service Alignment，SA）。

毫米波雷达标定的校准范围如表 2-4 所示。

表 2-4　毫米波雷达标定的校准范围

方　　向	目　　标
横摆角-水平（alpha）	±4°
俯仰角-垂直（beta）	±5°

1. 在线标定（错位监测和调整-MM&A）

通常情况下，在线标定的功能已经由毫米波雷达的厂家提前植入在其控制器内，无须用户干预。在毫米波雷达正常运行期间，毫米波雷达自带的控制系统将对传感器校准状态进行连续的错位监测和调整。该监测将补偿温度影响，以及由于车辆负载变化或受到意外机械冲击而导致的传感器部件外壳和车辆底盘之间的错位。传感器部件可以在横摆角（水平）和俯仰角（垂直）两个方向上自行调整，整个调整过程需要几分钟。俯仰角错位可以比横摆角错位更快地被检测到。横摆角错位监测基于静止的目标（不使用道路波束），俯仰角错位监测取决于车辆行驶时的交通状况（例如，前方移动目标的最大精度）。在一定范围内的错位可以由毫米波雷达自行补偿，若错位超过最大限值，则通过 CAN 线发送相关的故障报文，由系统（如自适应巡航系统）判定下一步措施。

2. 下线标定（End of Line Alignment，EOL）

在整车下线时，可以对毫米波雷达进行下线标定，目的是确保毫米波雷达在装车下线后都有一个完全校准的测量精度。如表 2-5 所示为某毫米波雷达的下线标定校准范围。

在对毫米波雷达进行下线标定时，车辆必须静止、空载、没有驾驶员，且可调悬架必须处于默认模式下。

表 2-5　某毫米波雷达的下线标定校准范围

下线标定校准范围		远场	近场
横摆角精度	标准	0.1°	0.2°
	最差	0.2°	0.4°
	最大错位	±0.3°	±3°
俯仰角精度	标准	0.2°	0.2°
	最差	0.4°	0.4°
	最大错位	±3.0°	±3.0°

在对毫米波雷达进行下线标定时，需要金属板反射器，该金属板反射器需要垂直于车辆驱动矢量进行精确调整。必须确保金属板反射器在水平和垂直方向上正确对齐。车辆驱动矢量和金属板反射器之间的任何错位都将导致下线标定校准程序失败（装置错位）。也可以使用角反射器代替金属板反射器。毫米波雷达和金属板反射器之间的距离 a 应当满足 $a>0.8m$，如图 2-65 所示。

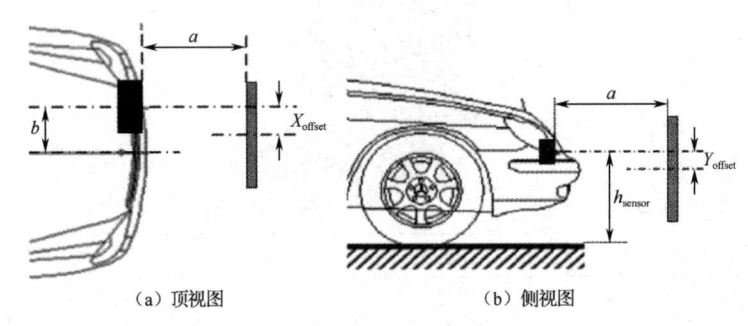

（a）顶视图　　　　（b）侧视图

图 2-65　在对毫米波雷达进行下线标定时的安装图

根据附图规定，传感器装置前方区域内所有材料的所有对象应覆盖吸波材料。金属板反射器的安装推荐尺寸见表 2-6。

表 2-6　金属板反射器的安装推荐尺寸

参数	需求
h_{sensor}	0.3～1.2cm
X_{offset}	相对于金属板反射器中心的水平传感器安装公差
Y_{offset}	相对于金属板反射器中心的垂直传感器安装公差
Y_{Gap}	大于 3cm 金属板反射器底边距地面的距离
P_h	$0.15cm+0.2\times a+2\times Y_{offset}$
P_w	$0.30cm+0.2\times a+2\times Y_{offset}$

毫米波雷达的下线标定功能应由车辆通信接口上的诊断命令触发，该命令激活下线标定校准模式。收到激活下线标定校准模式的诊断命令后，毫米波雷达应在 3s 内自动校准，无须任何进一步的外部干预。完成下线标定校准程序后，毫米波雷达发送一个反馈信号，连接在车辆通信接口的 CAN 工具上会收到一条 CAN 报文，报告下线标定校准程序的成功或失败。对于下线标定校准，不需要对装置进行任何机械调整。毫米波雷达的下线标定校准流程如图 2-66 所示。

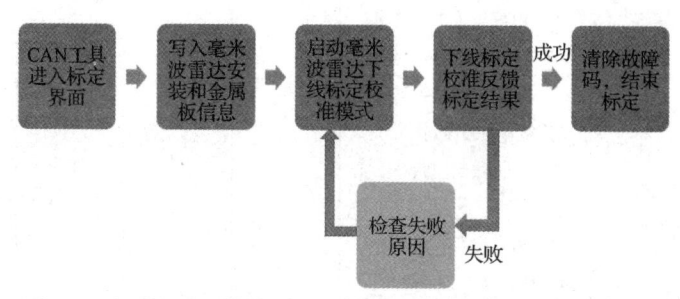

图 2-66 毫米波雷达的下线标定校准流程

3. 服务标定（Service Alignment，SA）

服务标定功能提供了在车辆维修后重新校准设备，以及更换传感器后首次校准的方法。与下线标定相比，无须特殊设备，但因此需要一段时间才能完成重新标定。标定功能将在路试期间执行，而在完成之前毫米波雷达的功能不可用。维修人员利用专用诊断设备与毫米波雷达建立连接，通过 CAN 线发送启动和终止传感器的服务标定程序。整个过程需要驾驶车辆几分钟，校准驾驶完成后，传感器标定完成，否则将用错误消息通知它无法补偿错位。

服务标定的具体流程如下。

（1）通过专用工具给毫米波雷达发送 CAN 指令，激活服务标定模式。注意：当毫米波雷达处于服务标定模式且尚未完成时，应禁用所有设备功能（如 ACC、EBA 等）。

（2）毫米波雷达接收到服务标定的 CAN 命令后进入自动标定校准过程，此时驾驶车辆需满足以至少 20km/h 的速度行驶 15min。

（3）服务标定的 CAN 报文参见毫米波雷达的产品技术手册。

【任务评价】

评价项目	评价内容	评价标准	分值	评价			综合得分
				自评	互评	师评	
毫米波雷达外参标定	毫米波雷达外参标定原理	能正确描述为什么要进行毫米波雷达的外参标定	10				
毫米波雷达的标定场景	标定场景的分类和适用情况	能合理描述毫米波雷达的标定场景	20				
毫米波雷达的数据监测实验	毫米波雷达的数据监测	能按照标准顺序监测毫米波雷达的测试数据	30				

续表

评价项目	评价内容	评价标准	分值	评价			综合得分
				自评	互评	师评	
安全生产	设备操作场地 6S 安全意识	1. 安全正确操作设备； 2. 工作场地整洁，工件、量具等摆放整齐规范； 3. 做好事故防范措施，具备安全操作和环保意识	20				
职业素养	学习态度团队合作现场管理	1. 积极学习相关基础知识并参与任务计划； 2. 严格按照团队分工完成任务； 3. 服从安排，遵守实验室管理制度	20				

【自我审视】

请问成功对毫米波雷达进行下线标定的原因是什么？请给出你的观点。

_____

_____

_____

_____

评价反思

项目完成后，学生进行自评，评价自己是否能完成毫米波雷达的选型与装配，是否能完成毫米波雷达的标定及障碍物检测，以及按时完成实训工单内容等。教师对学生进行评价的内容包括：实训报告撰写是否工整规范，报告内容的真实性、重复性，实训结果的分析是否合理，是否起到实训作用等。

（1）按照表 2-7，学生进行自我评价。

表 2-7 学生自评表

姓名：	组别：	学号：	
评价项目	评价标准	分 值	得 分
毫米波雷达的组成与原理	能正确描述毫米波雷达的组成、分类及测距原理	10	
毫米波雷达的选型	能根据应用场景正确选择毫米波雷达的型号	10	
毫米波雷达的装配	能按照正确的操作流程装配毫米波雷达	10	
毫米波雷达障碍物的检测与识别	能正确完成毫米波雷达障碍物的检测与识别	15	
毫米波雷达数据监测	能正确完成毫米波雷达的数据监测	15	

续表

评价项目	评价标准	分值	得分
工作态度	态度端正，无无故缺勤、迟到或早退现象	10	
协调能力	与小组成员、同学之间能合作交流，协调工作	10	
职业素养	能做到安全生产、文明实验，爱护公共设施	10	
创新意识	举一反三，能对所学知识创新应用	10	
		100	

（2）以小组为单位，同学们对毫米波雷达装配与调试项目中小组成员的表现进行互评，填写在表2-8中。

表2-8 学生互评表

评价项目	分值	等级								评价对象					
										1	2	3	4	5	6
方案精准	15	优秀	15~10	良好	10~8	中等	8~5	差	<5						
团队协作	10	优秀	10~8	良好	8~6	中等	6~5	差	<5						
组织有序	10	优秀	10~8	良好	8~6	中等	6~5	差	<5						
工作质量	10	优秀	10~8	良好	8~6	中等	6~5	差	<5						
工作完整	10	优秀	10~8	良好	8~6	中等	6~5	差	<5						
工作规范	10	优秀	10~8	良好	8~6	中等	6~5	差	<5						
成果展示	15	优秀	15~10	良好	10~8	中等	8~5	差	<5						
实验完成度	20	优秀	20~15	良好	15~13	中等	13~10	差	<10						

（3）教师对各小组在项目制作过程中的表现及项目完成情况进行评价，填写在表2-9中。

表2-9 教师综合评价表

评价项目		评价标准	分值	得分
考勤（10%）		无无故缺勤、迟到及早退现象	10	
过程评价（60%）	毫米波雷达的组成与原理	能正确描述毫米波雷达的组成及测距原理	8	
	毫米波雷达的选型	能正确选择毫米波雷达的型号	8	
	毫米波雷达的装配	能按照正确的操作流程装配毫米波雷达	8	
	毫米波雷达标定	能正确完成毫米波雷达的外参标定	13	
	毫米波雷达障碍物的检测与识别	能正确完成毫米波雷达障碍物的检测与识别	15	
	职业素养	能做到安全生产、文明实验，爱护公共设施	5	
	团队协作	与小组成员、同学之间能合作交流，协调工作	5	
结果评价（20%）	项目完整度	能按时完成项目	7	
	报告规范性	报告撰写规范、重复率	7	
	成果展示	能准确表达、汇报工作成果	8	

续表

评价项目		评价标准	分 值	得 分
增值评价（10%）	横向增值	本项目各任务的成绩相比上一项目各任务增幅5分及以上	8	
综合评价	学生自评（15%）	小组互评（25%）　　教师评价（55%）　　增值评价（5%）	综合得分	

练习提升

【知识巩固题】

1．单选题

（1）毫米波雷达是指工作在（　　）频段的电磁波。

　　A．30～300GHz　　　　　　　B．0～1000GHz

　　C．1000GHz 以上　　　　　　D．没有固定频段

（2）毫米波雷达的工作波长范围为（　　）。

　　A．0～100mm　　B．1～10mm　　C．200～500mm　　D．1000mm 以上

（3）（　　）不是在智能网联汽车中常用的毫米波频率。

　　A．24GHz　　　B．77GHz　　　C．79GHz　　　D．200GHz

（4）（　　）不是毫米波雷达的优点。

　　A．探测距离远　　　　　　　B．探测性能好

　　C．探测稳定、速度快　　　　D．成像清晰

（5）（　　）是毫米波雷达的缺点。

　　A．成本太高

　　B．受天气影响大

　　C．无法识别道路标线、交通标志和交通信号灯

　　D．探测距离短

（6）（　　）不是毫米波雷达测量的目标信息。

　　A．距离　　　　B．速度　　　　C．加速度　　　　D．方位角

（7）（　　）功能不属于毫米波雷达的应用场景。

　　A．ACC　　　　B．盲点检测　　C．停车辅助　　　D．车道线识别

（8）一般的毫米波雷达的最远探测距离为（　　）。

　　A．80m　　　　B．200m　　　　C．500m　　　　D．1000m

2．填空题

（1）毫米波雷达根据测量原理的不同，一般分为_____方式和_____方式两种。

（2）毫米波雷达主要由外壳、_____、_____、_____等组成。

（3）按探测距离分，毫米波雷达可以分为_____、_____、长距离。

（4）4D 毫米波雷达的"4D"是指在原有距离、方位、速度的基础上增加了对目标的____维数据解析。

（5）为了消除安装误差，使雷达波的工作范围与整车姿态相匹配，一般需要对毫米波雷达进行标定，常用的标定包括_____、_____、_____。

（6）EOL 校准需要金属板反射器，该反射器需要垂直于车辆驱动矢量进行精确调整。必须确保金属板反射器在____和____方向上正确对齐。

（7）毫米波雷达的在线标定主要实现在_____和_____两个方向上的自行调整。

（8）毫米波雷达的外参标定包括_____和_____。

3．判断

（1）在安装毫米波雷达时，车辆应保持水平，避免倾斜。（ ）

（2）在对大陆公司的毫米波雷达进行售后标定时，无须启动车辆。（ ）

（3）安装在车辆正前方的毫米波雷达可用于前向自动紧急制动系统。（ ）

（4）调频连续波（FMCW）毫米波雷达使用多普勒效应测量目标的距离。（ ）

（5）毫米波雷达虽然能同时识别多个目标，但不能够在烟雾、灰尘、恶劣天气、夜晚等环境中使用。（ ）

4．简答题

（1）简述毫米波雷达的工作原理。

（2）简述毫米波雷达测量距离、速度和方位角的测量原理。

（3）试列举毫米波雷达在智能网联汽车中的应用。

（4）简述毫米波雷达的下线标定流程。

项目三 摄像头的装配与调试

学习目标

【知识目标】

1. 熟悉摄像头的组成、分类及特点;
2. 掌握摄像头的选型原则及装配方法;
3. 掌握摄像头内部参数(内参)标定的基本原理与方法;
4. 掌握摄像头外部参数(外参)标定的基本原理与方法;
5. 掌握摄像头检测及识别障碍物的方法与基本流程;
6. 了解摄像头在智能网联汽车中的应用;
7. 了解摄像头的技术参数。

【能力目标】

1. 能正确完成摄像头的选型和装配,能正确诊断和排除装调常见故障;
2. 能正确完成摄像头的内参标定,并能判断标定结果;
3. 能正确完成摄像头的外参标定,并能判断标定结果;
4. 能正确完成摄像头的障碍物检测及识别,并能诊断和排除常见故障;
5. 能正确完成摄像头在封闭园区的自动驾驶实践。

【素质目标】

1. 形成团结协作的意识;
2. 养成创新意识和自主创新能力;
3. 养成精益求精、一丝不苟的精神;
4. 养成吃苦耐劳、勤奋努力的劳动精神;
5. 形成弘扬正能量的社会主义核心价值观。

项目三 摄像头的装配与调试

情景导入

摄像头作为自动驾驶感知设备，具有非常出色的成像能力，其成像原理是环境光线通过镜头或者镜头组进入摄像头，摄像头成像元件将进入的环境光线转化为数字信号，数字信号通过影像运算芯片储存在存储设备中。与激光雷达点云数据相比，摄像头数据是稠密的，是有颜色信息的。摄像头输出图像信息，通过对图像建模，可实现对周围环境物体的感知，进而影响后续的路径规划和车辆控制。

在汽车自动驾驶领域，摄像头必不可少。车辆在自动驾驶过程中，摄像头主要实现车道线识别及交通信号检测等功能，并且可以单独使用或与毫米波雷达、激光雷达结合使用，实现对目标距离、障碍物、道路信息等的检测，如图 3-1 所示。

图 3-1 摄像头的应用

摄像头在智能网联汽车中起到了哪些作用？摄像头有哪些技术参数？如何安装摄像头效果更好？摄像头如何进行标定及障碍物的检测？带着这些问题，让我们进入本项目的学习。

且思且行

学生准备	1. 按照 5～6 人一组，完成异质分组，建立团队文化； 2. 完成摄像头基础知识的预习工作； 3. 安装 Apollo 软件，并熟悉常用指令的使用方法； 4. 安装 MATLAB 软件，并熟悉常用指令的使用方法
教师准备	1. 选定调试软件，并测试软件稳定性； 2. 设计实验任务单、技能评价单的样式； 3. 检查实训设备的运行情况，确保设备电量充足； 4. 准备授课需要的各种硬件设备、工具及各种资料
资源准备	微课、二维三维动画、中国 MOOC、视频、Apollo 软件、MATLAB 软件、Apollo D-KIT Lite（无人小车）等

任务一 摄像头的认识与装配

【任务描述】

在智能网联汽车中,摄像头可应用于目标检测、车道线识别及交通信号检测等。在无人小车的交付过程中,需要完成摄像头的安装与测试等工作。作为一名技术员,你需要掌握摄像头的基本原理和应用,确保在规定时间内,完成摄像头的组装与测试工作,并且能够及时发现在整个过程中的常见故障现象,给出处理意见。

作为一名工装调试现场应用工程师,您对摄像头了解多少呢?摄像头有哪些技术参数呢?如何进行摄像头的选型及装配呢?带着这些问题,进入我们本任务的学习。

【问题探究】

引导问题 3-1-1:通过查询资料,请简述摄像头的定义及组成部件。

_____
_____
_____
_____
_____

知识 3-1-1 摄像头的定义

视觉是生物界获取外部环境信息的一种方式,是自然界生物获取信息的有效手段,是生物智能的核心组成之一。人类 80% 的信息都是依靠视觉获取的,因此,摄像头在智能网联汽车技术的应用方面是不可或缺的部分。

摄像头是指利用光学元件和成像装置获取外部环境信息的仪器,是整个机器视觉系统信息的直接来源,主要由一个或者两个图形传感器组成。摄像头的主要功能是获取足够的机器视觉系统要处理的最原始图像。常见的车载摄像头样式如图 3-2 所示。

图 3-2 常见的车载摄像头样式

在智能网联汽车中,摄像头是智能网联汽车的"眼睛",它利用计算机视觉技术,模仿人眼视觉机理,通过处理摄像镜头捕捉的图像,获得引导信息,辅助车辆驾驶。摄像头技术的实质就是图像处理技术,通过截取物体表面的信号绘制成图像,从而呈现在研究人员的面前。

知识 3-1-2　摄像头的组成

目前,摄像头主要由光源、镜头、图像传感器、模/数(A/D)转换器、图像处理器、图像存储器等组成,其主要功能是获取足够的机器视觉系统要处理的原始图像,如图 3-3 所示。

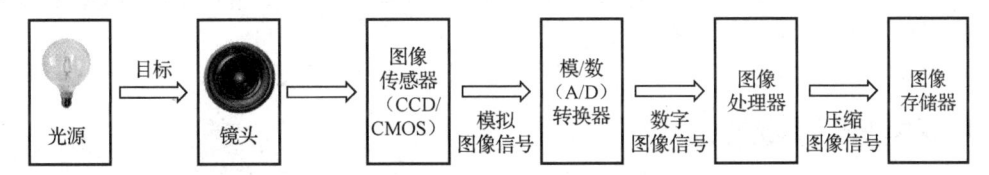

图 3-3　摄像头的组成

（1）光源：光源是一个物理学名词,能自己发光且正在发光的物体叫作光源,如太阳、打开的电灯、燃烧的蜡烛等都是光源。

（2）镜头：镜头是机器视觉系统中必不可少的光学部件,直接影响成像质量的优劣,影响算法的实现和效果。

（3）图像传感器：图像传感器是利用电荷耦合元件（Chagre Couled Device,CCD）或互补性金属氧化物半导体元件（Complementary Metal-Oxide Semiconductor,CMOS）的光电转换功能,将感光面上的光像转换为与光像成相应比例关系的电信号。图像传感器的任务本质上是采集光源并将其转换成平衡噪声、灵敏度和动态范围的数字图像。图像是像素的集合,暗光产生暗像素,亮光产生比较亮的像素。

（4）模/数（A/D）转换器：模/数转换器是指将传感器获得的模拟信号转变为数字信号的电子元件。通常的模/数转换器是将一个输入的电压信号转换为一个输出的数字信号。

（5）图像处理器：图像处理器是指适用于转换、合成等图像处理（矩阵计算）使用的专用处理器,即指通过取样和量化过程将一个以自然形式存在的图像变换为适合计算机处理的数字形式,包括图片直方图、灰度图等的显示,以及图片修复（指通过图像增强或复原,改进图片的质量）。

（6）图像存储器：图像存储指的是各种图形和影像在存储器中最多可以存储多少帧的视频信号。

知识 3-1-3　摄像头的特点

1. 摄像头的优点

（1）信息量极为丰富：不仅包含视野范围内物体的距离信息,而且还有该物体的颜色、纹理、深度和形状等信息。

（2）多任务检测：在视野范围内可同时实现道路检测、车辆检测、行人检测、交通标志检测、交通信号灯检测等。

（3）实时获取场景信息：提供的信息不依赖于先验知识,如 GPS 导航依赖地图信息,有较强的适应环境的能力。

（4）成本：成本适中。

2．摄像头的缺点

（1）与激光雷达相比，测距精度低。
（2）分辨率低。
（3）响应速度不快，在毫秒到秒之间。
（4）受环境光照强度影响大。
（5）恶劣天气适应性差。

3．摄像头的工艺要求

摄像头在工艺上的首要特性是快速，以 140km/h 的速度为例，汽车每秒要移动 40m，为避免两次图像信息获取间隔期间自动驾驶的距离过长，要求摄像头具有不低于 30 帧/秒的影像捕捉率，在汽车制造商的规格中，甚至提出了 60 帧/秒和 120 帧/秒的要求。

4．摄像头的功能要求

（1）高动态：在较暗和明暗差异较大的环境下仍能实现识别。
（2）中低像素：为降低计算处理的负担，摄像头的像素并不需要非常高，目前 30 万～120 万像素已经能满足要求。
（3）角度要求：对于环视和后视摄像头，一般采用 135°以上的广角镜头；前置摄像头一般采用 55°的范围。
（4）安全性：相比工业级和生活级摄像头，车载摄像头在安全级别上的要求更高，尤其是前置摄像头的安全级别要求更高。
（5）温度要求：车载摄像头的温度范围为-40～80℃。
（6）防磁抗震：汽车启动时会产生极高的电磁，车载摄像头必须具备极高的防磁抗震的可靠性。
（7）寿命长：寿命要在 8～10 年才能满足要求。

引导问题 3-1-2：请查询资料，讨论目前常用的摄像头有哪些类型，并分析其优势和劣势。

_____
_____
_____
_____
_____

知识 3-1-4　摄像头的分类

智能网联汽车中的摄像头按视野覆盖位置可分为前视、环视（侧视+后视）及内视摄像头。根据汽车摄像头模块的不同，又有单目、双目、多目摄像头等多种类型。其中，前视摄像头的类型主要为单目和双目，其中双目摄像头拥有更好的测距功能，但成本较单目摄像头贵 50%左右。环视摄像头是广角镜头，在汽车四周装配多个，对同一时刻的多个图像进行拼接实现全景图，加入算法可实现道路线感知；而后视摄像头是广角或鱼眼镜头，主要为倒车后置镜头。

（1）单目摄像头：单目摄像头（见图 3-4）一般安装在车辆前端，用于探测车辆前方的环境，识别道路、车辆、行人等。单目摄像头的工作原理是先识别后测距，即首先通过图像匹配对图像进行识别，然后根据图像的大小和高度进一步估计障碍物和车辆的移动时间。由于摄像头的成像图是透视图，即越远的物体成像越小，同样大小的物体，在近处时需要用大量的像素点描述，在远处时可能只有几个像素点，因此对单目摄像头来说，物体越远，测距的精度越低。单目摄像头无法判断具有同样像素点数量物体的大小、远近关系，因此一般采用多目摄像头。

图 3-4 单目摄像头

（2）双目摄像头：双目摄像头（见图 3-5）一般安装在车辆前端，其工作原理是先对物体与车辆之间的距离进行测量，然后对物体进行识别。在距离测量阶段，先利用视差直接测量物体与本车辆之间的距离，原理与人眼相似。当两只眼睛注视同一物体时，会有视差，分别闭上左右眼看物体时，会感觉有位移，这种位移大小可以用来测量目标物体的距离。在目标识别阶段，双目摄像头仍然使用与单目摄像头相同的符号特征提取和机器学习算法来进一步识别目标。与单目摄像头相比，双目摄像头更适用于获取单目摄像头无法准确识别的信息。由于目标距离越远、视差越小，所以双目摄像头在 20m 内的测距精度较高，随着距离增加，精度会下降。

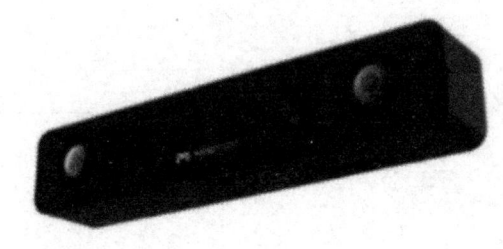

图 3-5 双目摄像头

（3）三目摄像头：三目摄像头除了包含单目摄像头具有的功能，还增加了一个负责远距离探测的长焦镜头和一个负责增强近距离范围的鱼眼镜头，使视野更为广阔。如图 3-6 所示为特斯拉安装的三目摄像头，根据焦距的不同，每个镜头感知的范围也不相同，分别为前视窄视野镜头（最远感知 250m）、前视主视野镜头（最远感知 150m）、前视宽视野镜头（最远感知 60m）。

图 3-6　三目摄像头

（4）环视摄像头：一般在汽车周围架设能覆盖车辆周边所有视场范围的 4~8 个广角镜头，将同一时刻采集到的多路视频影像处理成一幅车辆周边的车身俯视图，最后在中控台的屏幕上显示，让驾驶员清楚查看车辆周边是否存在障碍物，并了解障碍物的相对方位与距离，帮助驾驶员轻松停泊车辆。环视摄像头使用起来不仅非常直观，而且不存在任何盲点，可以提高驾驶员从容操控车辆泊车入位或通过复杂路面，有效减少刮蹭、碰撞、陷落等事故的发生。

【任务实施】

子任务一：摄像头的选型

摄像头的工作原理和分类想必大家都已经熟悉，那么在工作项目中如何选择合适的摄像头呢？熟悉摄像头的性能指标，有助于我们做出有效的综合评价，从而确定摄像头的选型方案。

引导问题 3-1-3：请讨论摄像头的性能指标有哪些？请分析无人小车所使用的摄像头（LI-USB30-AR023ZWDR 6mm/12mm）的参数？

_____
_____
_____
_____
_____

知识 3-1-5　摄像头指标

（1）图像分辨率/解析度（Resolution）：摄像头的图像分辨率/解析度也就是常说的多少像素的摄像头。在实际应用中，摄像头的像素越高，拍摄出来的图像品质就越好。但也并不是像素越高就越好。对于同一画面，像素越高的摄像头，它解析图像的能力也越强，但其记录的数据量相对也会很大，对存储设备的要求也就高很多，因而在选择摄像头时宜采用当前的主流产品。由于受到摄像头价格、电脑硬件、成像效果等因素的影响，现在市面上的摄像头基本在 30 万像素这个档次。还有就是由于 CMOS 传感器成像效果在高像素上并不理想，因此统治高像素摄像头的市场仍然是 CCD 传感器。值得注意的一点是，有些分辨率的标识是指这些产品利用软件所能达到的插值分辨率,虽然说也能适当提高所得图像的精度,但和硬件分辨率相比还有一定的差距。

(2)摄像头灵敏度:灵敏度是以 32000K 色温、2000lx 照度的光线照在具有 89%～90%的反射系数的灰度卡上,用摄像头拍摄,图像电平达到规定值时,所需的光圈指数 F。F 越大,灵敏度越高。

勒克斯(lux,法定符号为 lx)是照度的单位,被光均匀照射的物体,在 $1m^2$ 面积上所得的光通量是 1lm 时,它的照度是 1lx。适宜阅读和缝纫等的照度约为 500lx。

灵敏度越高,最低照度越低,摄像头的质量也越高。如果照度太低或太高时,摄像头拍摄出的图像质量就会变差。照度太低可能会出现惰性拖尾,照度太高会出现图像"开花"现象。

(3)摄像头信噪比:所谓信噪比,指的是信号电压对于噪声电压的比值,通常用 S/N 符号来表示。信噪比又分亮度信噪比和色度信噪比。当摄像头摄取亮场景时,监视器显示的画面通常比较明快,观察者不易看出画面的干扰噪点,而当摄像头摄取较暗的场景时,监视器显示的画面就比较昏暗,观察者此时很容易看到画面中雪花状的干扰噪点。摄像头的信噪比越高,干扰噪点对画面的影响就越小。

车载中可以接受的摄像头信噪比是 40dB,当信噪比达到 55dB 的时候,这时候基本看不出来干扰噪点。

(4)最低照度:最低照度,即图像传感器对环境光线的敏感程度,或者说是图像传感器正常成像时所需要的最暗光线。

(5)动态范围:动态范围指摄像头拍摄的同一个画面内,能正常显示细节的最亮和最暗物体的亮度值所包含的那个区间。动态范围越大,过亮或过暗的物体在同一个画面中都能正常显示的程度也就越大。

知识 3-1-6 摄像头的选型

目前量产车辆上的前视摄像头按照镜头的个数分为单目摄像头、双目摄像头和三目摄像头。单目摄像头产品成熟稳定,缺点在于无法有效检测物体的距离(或者说精度不高);双目摄像头模拟人类的眼睛,具备检测物体距离的能力;三目摄像头则利用多个镜头不同的视距和视角组合,为自动驾驶提供更多环境信息,但是增加的镜头使需要处理的图像信号变多,信号融合也越复杂。不管几目摄像头,难点都在于目标检测的精度和稳定性。

博世摄像头产品分为单目摄像头和双目摄像头。博世第二代多功能摄像头(MPC2)集成 FPGA 芯片,视距为 120m,水平视角(FOV)为 50°,每秒拍摄 3 幅图像,可识别颜色,可用于车道保持辅助、车道偏离预警、交通标志识别、自动远光灯控制等常见功能。博世双目摄像头由于具备探测物体距离的能力,因此可以构建周边的 3D 感知环境(3D 测量范围为 55m 左右),可用于自动紧急制动、自适应巡航、自动紧急避让、交通拥堵辅助等功能。博世的摄像头还可以与毫米波雷达产品组合使用,提供更加全面的环境感知。

摄像头是机器视觉系统的眼睛,而摄像头的心脏是图像传感器。传感器的选择取决于准确性、输出、灵敏度、机器视觉系统的成本,以及对应用要求的充分理解。对传感器主要性能的基本理解能够帮助开发人员迅速缩小他们的查找范围,找到合适的传感器。

大多数机器视觉系统的用户认识到摄像头是系统的关键要素,经常把它当作机器视觉系

统的"芯片"。摄像头本身是一个复杂的系统，包括镜头、信号处理器、通信接口，以及最核心的部分——把光子转换成电子的器件（图像传感器）。镜头和其他部件共同配合来支持摄像头的功能，传感器最终决定摄像头的最高性能。

在指定的应用中，3个关键要素决定了传感器的选择：动态范围、速度和响应度。动态范围决定机器视觉系统能够抓取的图像的质量，也被称作对细节的体现能力。传感器的速度指的是传感器每秒能够产生多少张图像和机器视觉系统能够接收到的图像的输出量。响应度指的是传感器将光子转换为电子的效率，它决定机器视觉系统需要抓取有用的图像的亮度水平。传感器的技术和设计共同决定上述特征，因此系统开发人员在选择传感器时必须有自己的衡量标准，详细地研究这些特征，将有助于系统开发人员做出正确的判断。

不同类型摄像头的对比如表3-1所示。

表3-1 不同类型摄像头的对比

分 类	优 点	缺 点	主要应用厂商
单目摄像头	成本和量产难度相对较低	图像识别方法研发壁垒、数据库建立成本较高；定焦镜头难以同时观察不同距离的图像	Mobileye
双目摄像头	测距精确	使用多个镜头，成本较高；计算量大，对计算芯片要求高，目前大多使用FPGA；对镜头之间的误差精度要求高，量产、安装较困难	博世、大陆、LG、电装、日立
多目摄像头	全覆盖视角		Mobileye

知识3-1-7 Apollo D-KIT Lite摄像头参数

Apollo D-KIT Lite采用LI-USB30-AR023ZWDR摄像头，采用标准USB 3.0接口，由Leopard Imaging Inc制造，它支持外部触发和软件触发。其使用两个带6mm镜头的摄像头和一个带12mm镜头的摄像头，以达到所需的性能。其中，6mm指的是焦距为6mm，6mm是广角镜头，拍摄范围大，距离近；而12mm镜头的摄像头是长焦距摄像头，拍摄的距离比较远，盲区较大。两种焦距摄像头的主要结构参数是：分辨率（1920×1080）、像素大小（3.0μm×3.0μm）、尺寸（30mm×30mm×30mm）。

子任务二：摄像头的装配

安装摄像头并调整其安装位置，使其能够更精确地确定目标的位置、运动状态和形状，探测、识别、分辨和跟踪目标，熟悉摄像头的安装步骤，以及安装注意事项。

引导问题3-1-4：请根据不同的应用讨论摄像头的安装位置。

知识 3-1-8 摄像头的安装要求及注意事项

摄像头具有精度较高、分辨率高、方向性好、成本低等优点，广泛应用于泊车、预警等 ADAS 中，但摄像头的测量距离有限，且很容易受到光照、恶劣天气的影响，因此摄像头的应用场景有限。

根据 ADAS 的功能需要，摄像头的安装位置也不同，主要分为前视、后视、侧视，以及内置。下面列举摄像头在自动驾驶工程中的典型应用。

根据 ADAS 的功能需要，摄像头的安装位置及具体功能介绍如表 3-2 所示。

表 3-2 根据 ADAS 的功能需要，摄像头的安装位置及具体功能介绍

ADAS 功能	安装位置	具体功能介绍
车道偏离预警	前视	当前视摄像头检测到车辆即将偏离车道线时发出警告
盲点监测	侧视	利用侧视摄像头将后视镜盲区的影像显示在驾驶舱内
泊车辅助	后视	利用后视摄像头将车尾影像显示在驾驶舱内
全景泊车	前视、侧视、后视	利用图像拼接技术将摄像头采集的影像组合成周边全景图
驾驶员检测系统	内置	利用内置摄像头检测驾驶员是否疲劳、闭眼等
行人碰撞预警	前视	当前视摄像头检测到标记的前方行人可能发生碰撞时发出警告
车道保持辅助	前视	当前视摄像头检测到车辆即将偏离车道线时通知控制中心发出指示，纠正行驶方向
交通标志识别	前视、侧视	利用前视、侧视摄像头识别前方和两侧的交通标志
前向碰撞预警	前视	当前视摄像头检测到与前车距离过近时发出警告

短期内单目摄像头为主流技术路线。前视摄像头 ADAS 可分为搭载单目摄像头和搭载双目摄像头两种技术路线。相比单目摄像头，双目摄像头的功能更加强大，测量更加精准，但成本比较高，因此多搭载于高档汽车。双目摄像头的方案在成本、制造工艺、可靠性、精确度等综合因素的制约下，难以在市场上推广。而单目摄像头搭配其他传感器，完全可以满足 L1、L2，以及部分 L3 级场景下的功能。因此，在现有的市场环境下，单目摄像头依然会是主流。

虽然摄像头的分辨率高，可以探测到物体的质地与颜色，但在逆光或者光影复杂的情况下视觉效果较差，极易受恶劣天气影响，因此摄像头获取的图像信息将用于交通标志识别等少数领域，作为激光雷达和毫米波雷达的补充来使用。

引导问题 3-1-5：请将摄像头安装在车上，制作安装流程，并完成摄像头的安装任务。

序号	步骤	操作说明
1	在感知实训台传感器储物柜中取出摄像头	

续表

序号	步骤	操作说明
2	（1）安装位置： ① 调整摄像头支架的位置为居中位置，即 0 刻度线处（感知实训台）； ② 若安装在无人小车上，则安装位置如右图所示	摄像头安装位置
	（2）安装要求： 将摄像头固定于摄像头支架之上，水平安装，俯仰角向下（　）度（向下倾斜小于 2°，不能上仰，翻滚角误差为（　）度（左右两侧的平齐程度），航向角误差为（　）度，镜头保持清洁，避免影响图像采集	
	（3）安装注意事项： 注意摄像头不要装反（USB 接口在下方），正确的放置方向如右图所示	坐标系中心点所在平面
3	将摄像头线束通过 X 接口接插到主机 X 接口上。直接用数据线将设备连接在 IPC 的 USB 3.0 接口	
4	检查上述步骤是否按照要求进行	
5	操作记录	摄像头数量是否正常；电气连接是否正常

知识 3-1-9　摄像头的安装流程

摄像头的安装步骤如下所述。

（1）工具检查。

➢ 从感知实训台传感器储物柜中取出感知传感器储物箱。

➢ 检查摄像头配件数量是否齐全（摄像头 1 个、线缆 X 个、螺丝 X 个）。

➢ 检查工具是否齐全（螺丝刀 X 个）。

（2）安装步骤。

➢ 调整摄像头支架的位置为居中位置，即 0 刻度线处。

➢ 将摄像头固定于摄像头支架之上，水平安装，俯仰角向下 0°～2°（向下倾斜小于 2°，不能上仰），翻滚角误差为 1°（左右两侧的平齐程度），航向角误差为 2°，镜头保持清洁，避免影响图像采集。

注意：摄像头不要装反（USB 接口在下方）。

➢ 将摄像头线束通过 X 接口接插到主机 X 接口上。直接用数据线将设备连接在 IPC 的 USB 3.0 接口。

➢ 检查上述步骤是否按照要求进行。

【知识拓展】

拓展知识一：像素的概念

像素是图像元素的缩写，它是构成所有数字图像的最小单位。像素指的是构成图片的小方格，每个方格都有一个清晰的位置和指定的颜色，这个小方格就是像素，如图 3-7 所示。

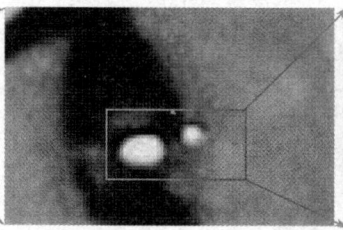

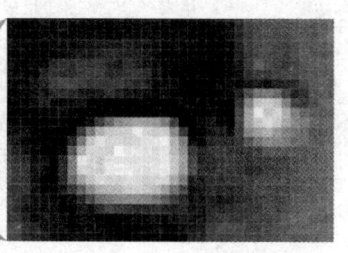

图 3-7 像素

拓展知识二：分辨率

分辨率一般有图片分辨率和显示分辨率，分辨率决定了位图图像细节的精细程度。分辨率的单位有点每英寸、线每英寸、像素每英寸等。

分辨率其实表示的就是图片或者屏幕的水平方向和垂直方向的像素是多少。比如常见的显示分辨率是 1920×1080，指的就是这个屏幕的水平方向像素是 1920 个，垂直方向的像素是 1080 个。

拓展知识三：摄像头的参数表述

以德国大陆推出的一款单目摄像头 MFC520 为例，如图 3-8 所示，其像素为 1820×940，水平视场角为 110°，垂直视场角为 45°，外形尺寸为 87.3mm×70.4mm×38.4mm。

摄像头的视场角，即 Field Of View（FOV），又称视场，它的大小决定了光学仪器的视野范围。它主要包括水平视角场和垂直视角场。

如图 3-9 所示，∠AOB 为水平视场角、∠BOC 为垂直视场角，∠AOC 为对角线视场角。

图3-8　单目摄像头MFC520　　　　　　　图3-9　摄像头的视场角

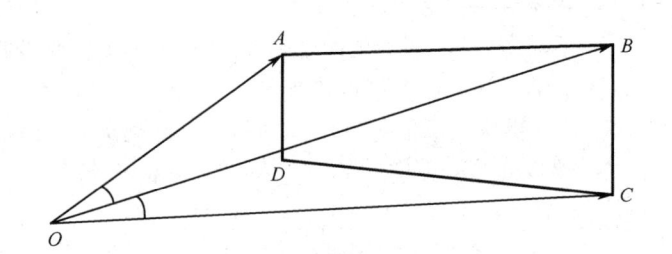

【任务评价】

评价项目	评价内容	评价标准	分值	评价			综合得分
				自评	互评	师评	
摄像头基础知识	摄像头的定义、组成	能正确描述摄像头的定义、组成	20				
摄像头的选型	摄像头的选型指标、选型注意事项	能合理选择摄像头	20				
摄像头的装配	摄像头的装配	能按照标准顺序装配摄像头，并完成调试	20				
安全生产	设备操作场地6S安全意识	1. 安全正确操作设备；2. 工作场地整洁，工件、量具等摆放整齐规范；3. 做好事故防范措施，具备安全操作和环保意识	20				
职业素养	学习态度团队合作现场管理	1. 积极学习相关基础知识并参与任务计划；2. 严格按照团队分工完成任务；3. 服从安排，遵守实验室管理制度	20				

【自我审视】

将摄像头实际应用到智能网联汽车中会面临哪些困境？请给出你的观点。

_____
_____
_____
_____
_____

任务二 摄像头的标定

【任务描述】

安装完摄像头后，需对其进行标定，使智能网联汽车能够精确确定目标的位置、运动状态和形状，探测、识别、分辨和跟踪目标。根据任务安排，需要完成对摄像头内参和外参的标定。在实施标定之前，你需要学习摄像头内参和外参标定的流程，以及相关术语的含义，掌握关于摄像头内参和外参标定的基本原理与工作方法，确保在任务规定的时间内完成对摄像头内参和外参的标定。在工作过程中注意总结知识要点，观察标定时系统的界面，思考所学知识点与实物完成标定工作时的应用关系。

【问题探究】

引导问题 3-2-1：为什么需要对摄像头进行标定？

_____
_____
_____
_____
_____

知识 3-2-1　摄像头标定简介

自动驾驶系统的感知模块输出智能网联汽车周围的环境信息，这里说的环境信息是相对于智能网联汽车而言的。对于各个传感器的输出结果，都是相对于其自身坐标系而言的。智能网联汽车要想使用传感器信息，就需要有传感器坐标系和车辆坐标系之间的转换关系，建立传感器坐标系与车辆坐标系之间的转换关系，这样就可以将传感器输出的环境信息转换为智能网联汽车周围的环境信息，求得这种转换关系的方法叫标定。

因此，传感器标定是自动驾驶的基础，其作用是将不同的传感器统一到相同的坐标系基准上，在此基础上进行不同传感器信息的融合，是进行感知和决策的前提条件。摄像头标定分为内参标定和外参标定。内参体现了传感器内部的映射关系，如摄像头的焦距、畸变系数等。外参则表示该传感器相对于其他坐标系之间的位置和姿态关系。对于摄像头，其内参标定可以参考其他一些开源方法和工具，如基于 ROS 的摄像头标定方法。外参标定需要根据各传感器之间的关系进行。

引导问题 3-2-2：请讨论摄像头内参的标定原理？

_____
_____
_____

知识 3-2-2　摄像头的内参标定

1. 小孔成像模型

摄像头可以抽象成一个最简单的形式：一个小孔和一个成像平面小孔位于物理成像平面与真实三维场景中，任何来自真实世界的光通过小孔才能到达物理成像平面。因此，物理成像平面和通过小孔看到的真实三维场景存在一种对应关系，也就是图 3-10 中的小孔成像模型。

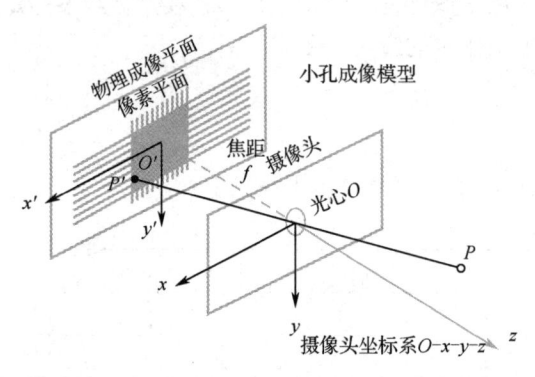

图 3-10　小孔成像模型

物理世界中的一点 P，通过小孔（光心 O）在物理成像平面成倒立的像 P'，这也就从世界坐标系（物理世界）转换为图像坐标系（物理成像平面）；但在摄像头中，我们最终获得的是一个个的像素，这需要在物理成像平面上对像进行采样和量化。为了描述传感器将感受到的光线转换成图像像素的过程，我们在物理成像平面上固定了一个像素平面，像素平面上分布着传感器，如常见的电荷耦合元件（Charge Coupled Device，CCD）、金属氧化物半导体元件（Complementary Metal-Oxide Semiconductor，CMOS）和接触式图像传感器（Contact Image Sensor，CIS）。感光传感器将采集到的光信号转换为电信号，进而输出给摄像头后段的处理单元进行处理传输，这也就是从图像坐标系转为像素坐标系的过程。

2. 摄像头的内参

摄像头的内参主要有焦距、光学中心、图像尺寸和畸变系数等。

1）焦距

焦距：光学中心到感光元件的距离，如图 3-11 所示。焦距分为可变焦距和不可变焦距，单位为毫米（mm），如 18～135mm、50mm 等。

焦距的单位除用毫米等单位表示外，还可以用像素的概念进行表示，称为像素焦距：

$$f_u = k_u \times dx \qquad f_v = k_v \times dy$$

其中，f_u 和 f_v 分别为摄像头 $x(u)$ 和 $y(v)$ 方向的毫米焦距，单位为毫米（mm）；k_u 和 k_v 分别为摄像头 $x(u)$ 和 $y(v)$ 方向的像素焦距（pixel）；dx、dy 分别为物理成像平面水平和垂直方向像素

的有效尺寸（mm/pixel），即

dx = (1/CCDSize×25.4×image_x /image_y)/ image_x;
dy = (1/CCDSize×25.4×image_x /image_y)/ image_y;

CCDSize 是摄像头生产厂商给定的感光元件尺寸（1inch=25.4mm），image_x/image_y 分别是图像 x 和 y 方向的像素数。

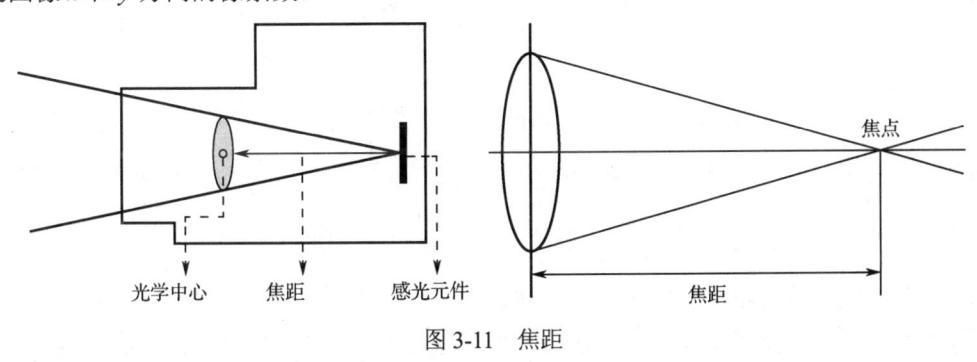

图 3-11 焦距

2）光学中心

摄像头的镜头是由多个镜片构成的复杂光学系统，光学系统的功能等价于一个薄透镜，实际上薄透镜是不存在的。光学中心是这一等价薄透镜的中心（光心 O），如图 3-10 所示。不同结构的镜头其光学中心的位置也不一样，大部分在镜头内的某一位置，但也有在镜头前方或镜头后方的。

3）图像尺寸

图像尺寸是指图像的长度和宽度，可以以像素为单位，也可以以厘米（cm）为单位。

4）畸变系数

在实际使用中，摄像头并不能完全精准地按照理想的针孔摄像头模型进行透视投影，通常会存在薄透镜畸变，即物点在实际的摄像头物理成像平面上生成的像与理想成像之间存在一定的光学畸变误差。

畸变是对直线投影的一种偏移。简单来说，直线投影是场景内的一条直线投影到图片上也保持为一条直线。那畸变简单来说就是一条直线投影到图片上不能保持为一条直线，这是一种光学畸变。畸变一般可以分为两大类，即径向畸变和切向畸变。

径向畸变有 3 种，如图 3-12 所示，即桶形畸变、枕形畸变、胡子畸变，径向畸变系数为 K1、K2、K3。

切向畸变是由于薄透镜与物理成像平面不严格平行而造成的。

畸变是薄透镜的固有特性，无法消除，只能改善。而内参标定就是为了获取摄像头的内部参数，从而对畸变进行修正。

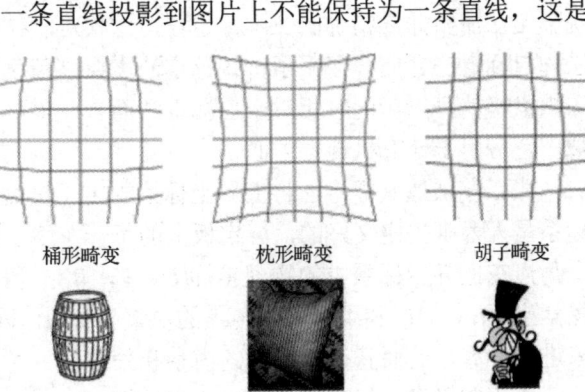

图 3-12 径向畸变类型

3. 摄像头的内参矩阵

一般通过内参矩阵来描述摄像头的内参：

$$K = \begin{bmatrix} f_x & 0 & c_x \\ 0 & f_y & c_y \\ 0 & 0 & 1 \end{bmatrix}$$

即

$$K = \begin{bmatrix} f/dx & 0 & u_0 \\ 0 & f/dy & v_0 \\ 0 & 0 & 1 \end{bmatrix}$$

其中，f：焦距，单位为毫米（mm）；dx：像素 x 方向的宽度，单位为毫米（mm）；1/dx：x 方向 1mm 内有多少个像素；dy：像素 y 方向的宽度，单位为毫米（mm）；1/dy：y 方向 1mm 内有多少个像素；f_x（f/dx）：使用像素来描述 x 方向焦距的长度；f_y（f/dy）：使用像素来描述 y 方向焦距的长度；c_x、c_y（u_0、v_0）：摄像头主点，其中，$u_0=x_0$/dx，$v_0=y_0$/dy，表示成像坐标系原点在像素坐标系中的位置。

4. 摄像头标定

摄像头标定就是通过标定板得到多组对应的世界坐标三维点和对应的图像坐标二维点，对这些世界坐标三维点和图像坐标二维点进行求解，得到摄像头的畸变系数，最后通过内参和外参对之后摄像头拍摄的图像进行矫正，得到畸变相对很小的图像。

知识 3-2-3　摄像头的内参标定方法

摄像头标定指建立摄像头图像像素位置与场景点位置之间的关系，根据摄像头成像模型，由特征点在图像中的坐标与世界坐标的对应关系，求解摄像头模型的参数。摄像头需要标定的模型参数包括内参和外参。

张正友摄像头标定法是张正友教授 1998 年提出的单平面棋盘格的摄像头标定方法。传统标定法需要非常精确的三维标定板，这很难制作。而张正友教授提出的方法介于传统标定法和自标定法之间，克服了传统标定法需要高精度标定板的缺点，而仅需使用一个打印出来的棋盘格就可以。同时相对于自标定法而言，提高了精度，便于操作。因此，张正友标定法被广泛应用于计算机视觉方面。

张正友摄像头标定法将世界坐标系固定于棋盘格（见图 3-13）上，由于标定板的世界坐标系是人为事先定义好的，标定板上的每一个格子的大小是已知的，通过计算可以得到每一个角点在世界坐标系中的物理坐标(U, V, W)；利用相应的图像检测方法得到每一个角点的像素坐标(u, v)；利用每一个角点的像素坐标(u, v)和其在世界标系中的物理坐标(U, V, W)来进行计算，进而获得摄像头的内参和外参。

张正友摄像头标定法的标定步骤如图 3-14 所示。

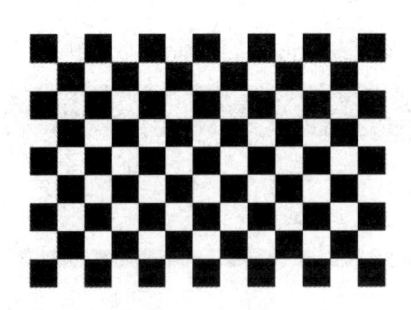

图 3-13　棋盘格

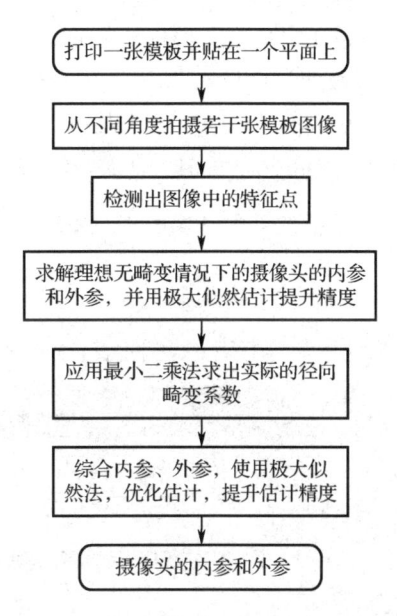

图 3-14　张正友摄像头标定法的标定步骤

【任务实施】

子任务一：摄像头的内参标定

同学们已经掌握了摄像头的标定原理基础知识，那么在项目中，如何对摄像头进行内参标定呢？

引导问题 3-2-3：请查阅资料，制作摄像头的内参标定流程图。

引导问题 3-2-4：请在 MATLAB 软件上实现摄像头的内参标定。

MATLAB 中集成了摄像头标定工具箱，用于摄像头的内参标定，分别是用于单目摄像头标定的 Camera Calibrator 和用于双目摄像头标定的 Stereo Camera Calibrator。

打开方式有两种：一种是在 MATLAB 命令行窗口中输入 cameraCalibrator 或者 stereoCameraCalibrator，打开工具箱；另一种是在"APP"标签页中找到工具箱图标直接打开。

1. 单目摄像头的内参标定步骤

1）打开 Camera Calibrator

（1）利用命令打开：在 MATLAB 命令行窗口中输入 cameraCalibrator（见图 3-15）。

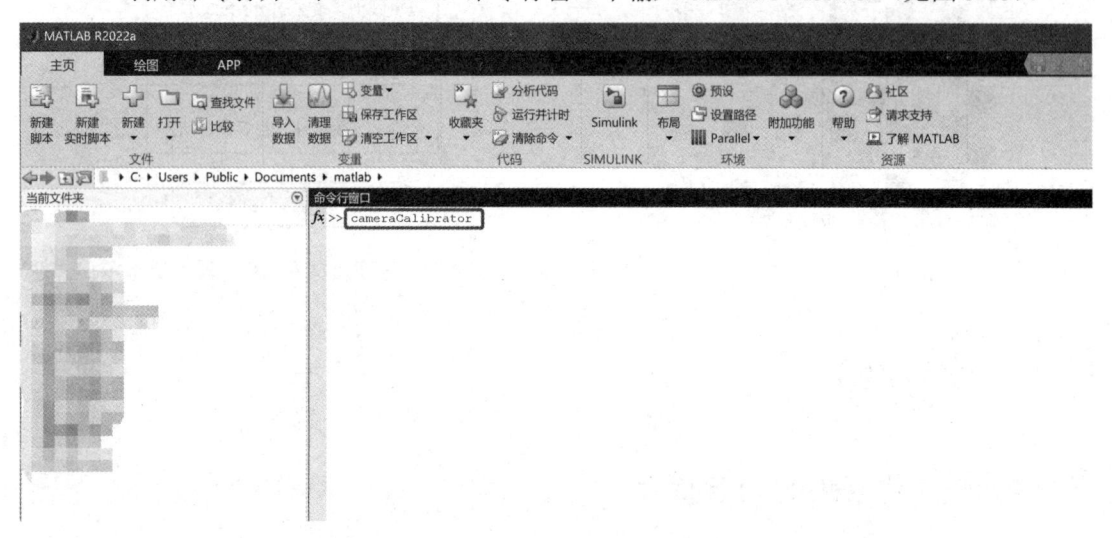

图 3-15 利用命令打开 Camera Calibrator

（2）在"APP"标签页中打开：在"APP"标签页中找到"Camera Calibrator"图标，双击直接打开（见图 3-16）。

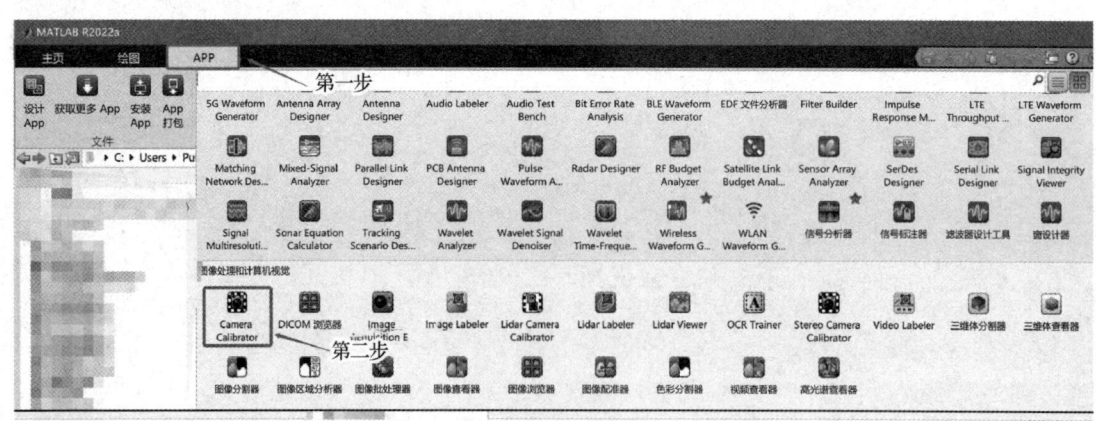

图 3-16 在"APP"标签页中打开 Camera Calibrator

（3）打开结果如图 3-17 所示。

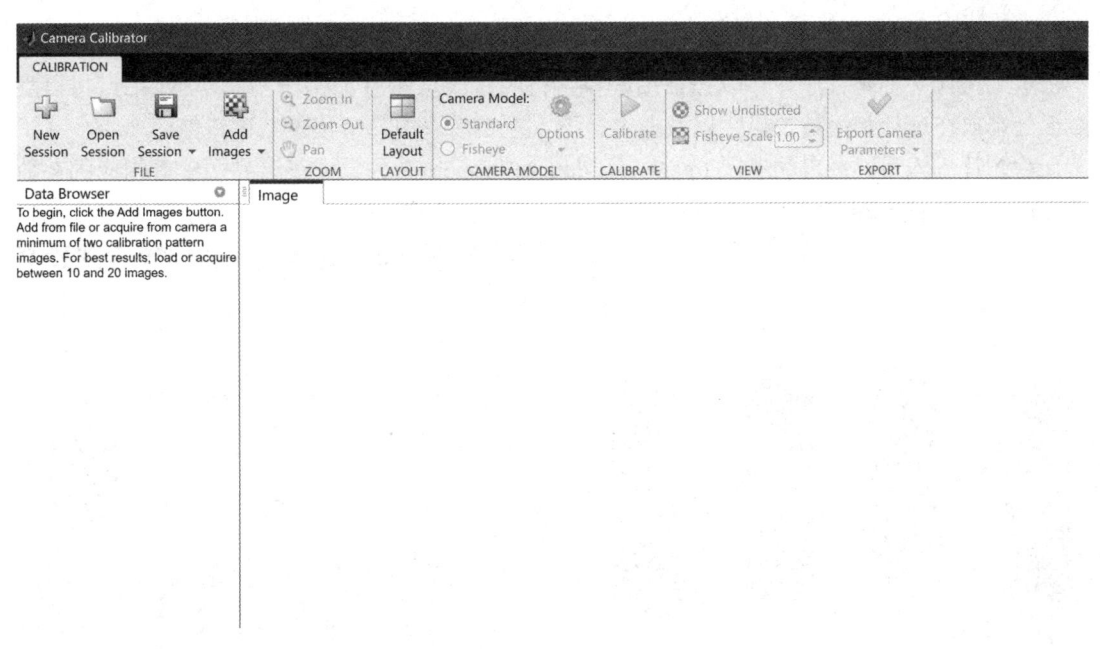

图 3-17 打开结果

2)标定

(1)单击"Add Images"按钮,添加图片。

添加图片有两种方式(见图 3-18):

① From file(从文件夹导入);

② From camera(在线拍摄)。

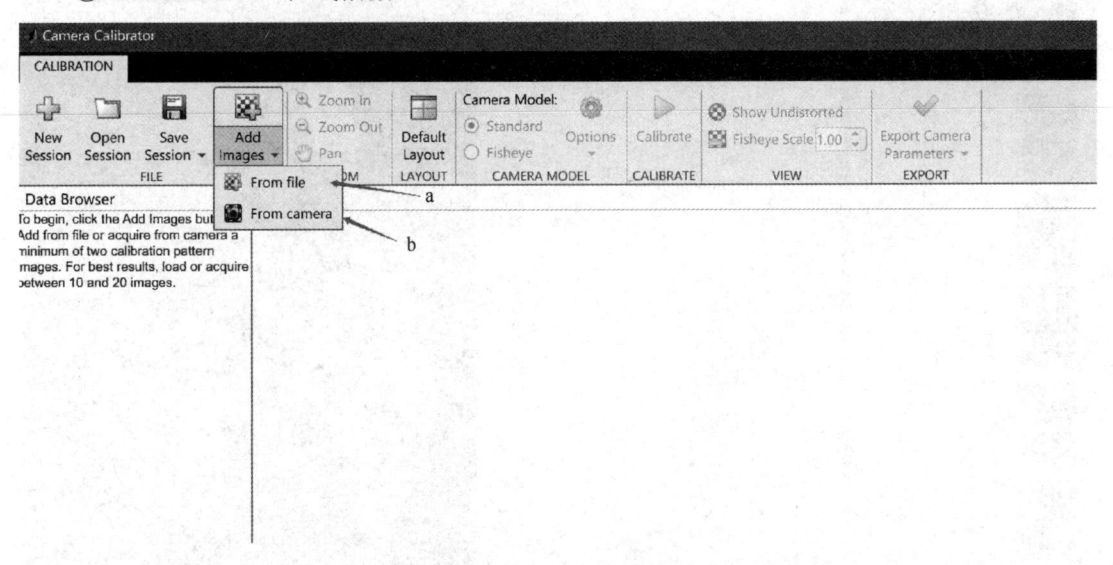

图 3-18 添加图片的两种方式

在进行摄像头标定之前,先打印或买一张棋盘格纸。用 A4 纸打印出来后,测量一个格子的实际长度(本次标定中一个格子的实际长度为 45mm)。

拍摄标定板图片（10~20张最好），拍摄标定板时最好占满半屏以上，有平移、有旋转。

进入摄像头标定程序，可以提前拍好棋盘格照片（见图3-19），也可以在线拍，将棋盘格纸分别放在远处和近处拍摄，以及在上、下、左、右、中几个位置处短暂停留。

将图片导入后，会自动出现Image and Pattern Properties界面。在该界面中对相应的参数进行设置，如图3-20所示。

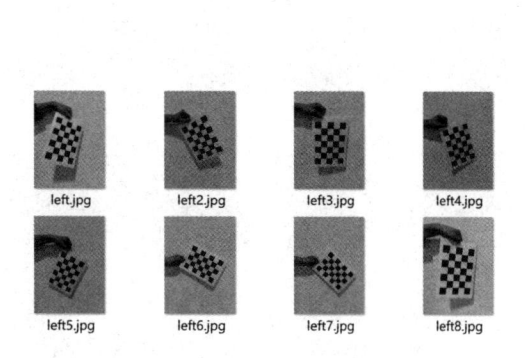

图3-19　拍摄好的棋盘格照片

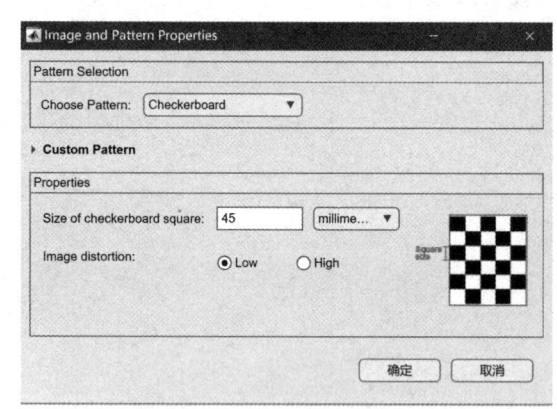

图3-20　Image and Pattern Properties界面

（2）如图3-21所示，选择"Standard"模型，然后单击"Calibrate"按钮。

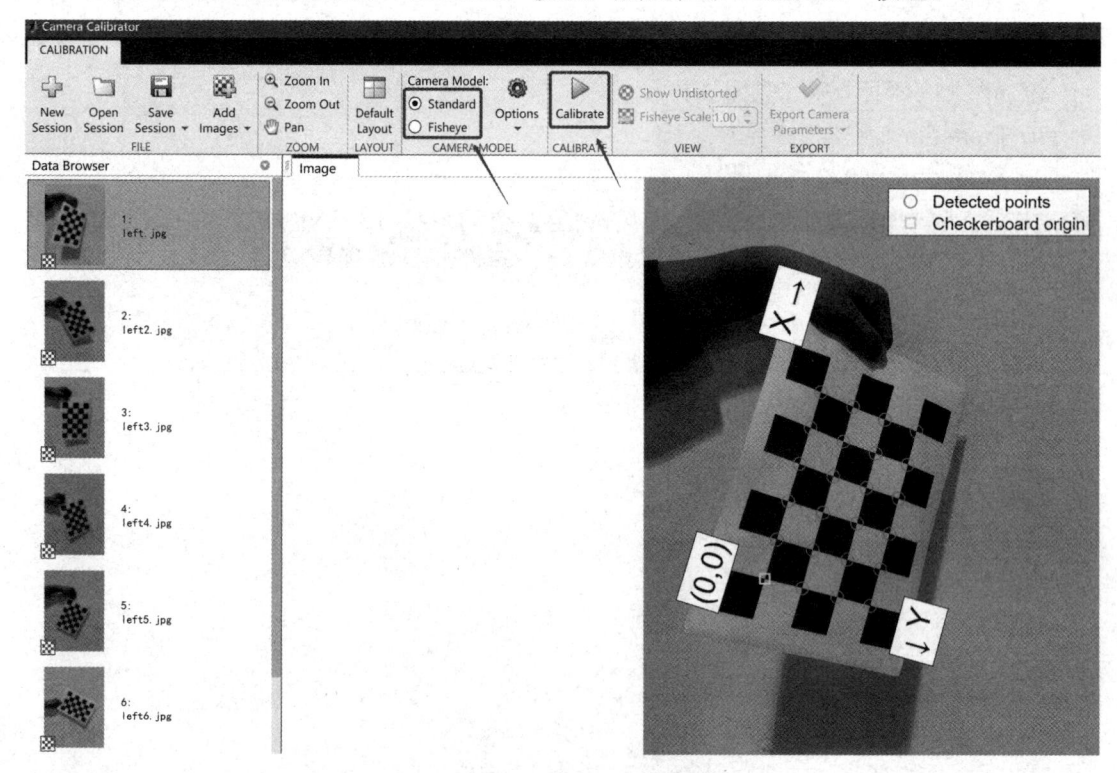

图3-21　选择"Standard"模型

（3）计算完成后的界面如图3-22所示。

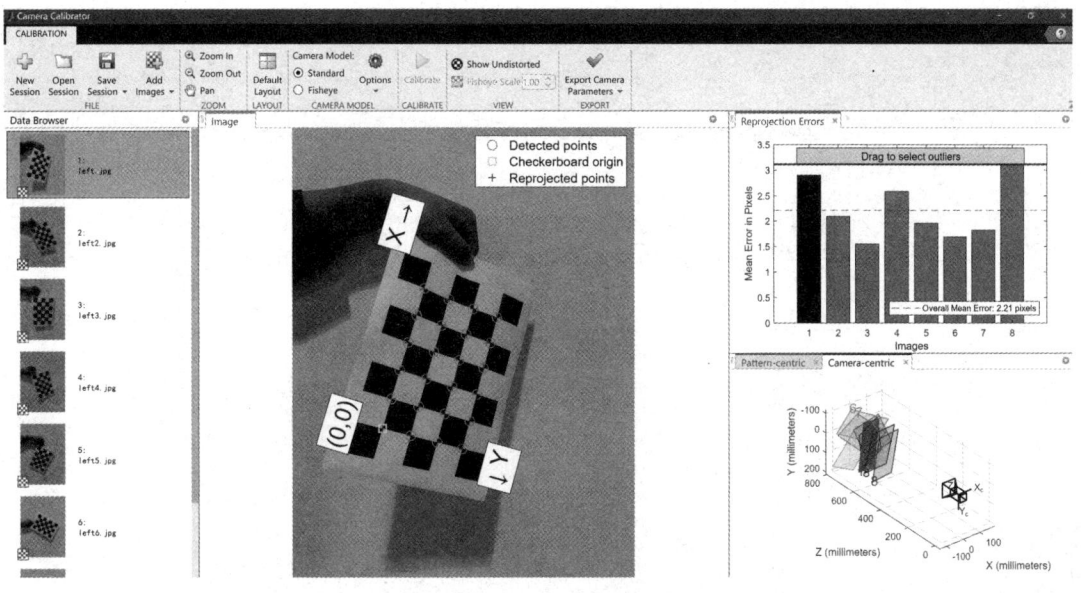

图 3-22 计算完成后的界面

(4) 导出计算结果。

① 如图 3-23 所示，单击"Export Camera Parameters"按钮，计算结果将会在 MATLAB 工作区中显示。

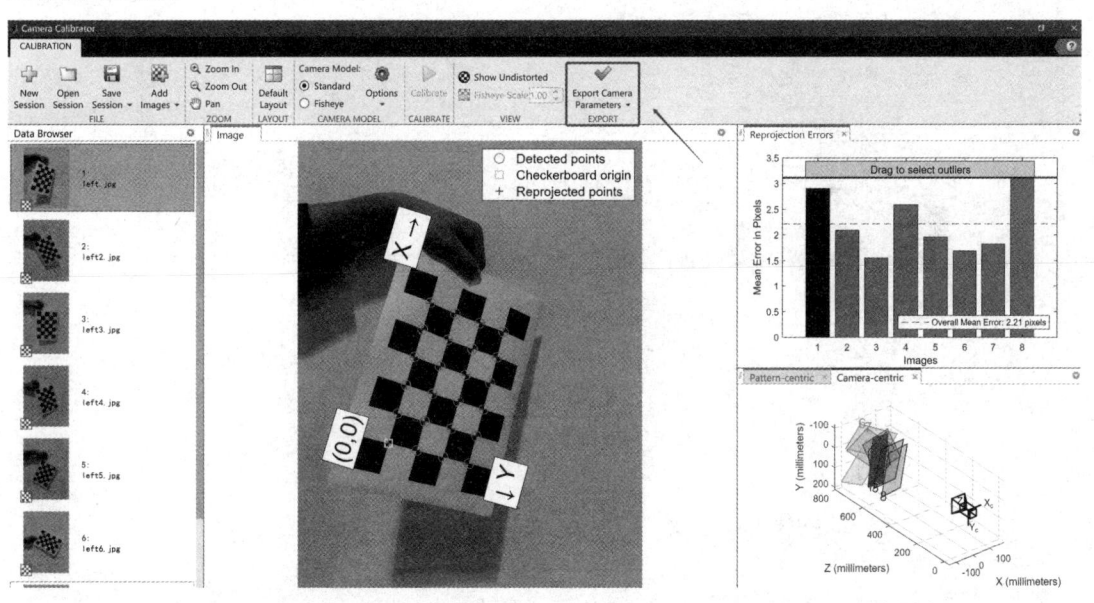

图 3-23 单击"Export Camera Parameters"按钮

② 如图 3-24 所示，在 MATLAB 工作区中双击"cameraParams"，查看输出结果（见图 3-25）。从图 3-25 中可以看到：径向畸变系数和切向畸变系数（此处默认切向畸变系数为0），内参矩阵，平均投影误差（用来显示这组图片的矫正误差量）。获得畸变系数和内参矩阵后，标定任务结束。

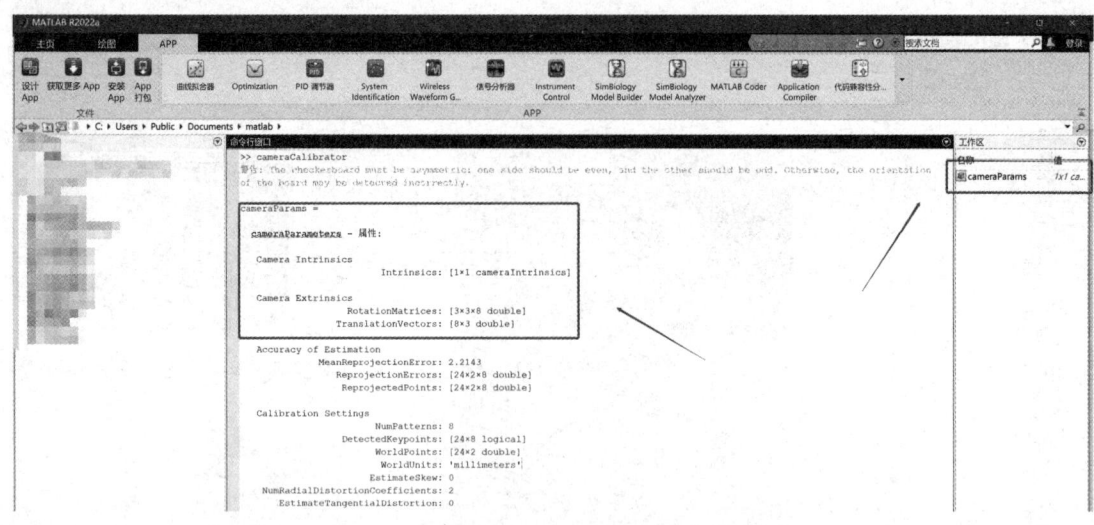

图 3-24 双击"cameraParams"

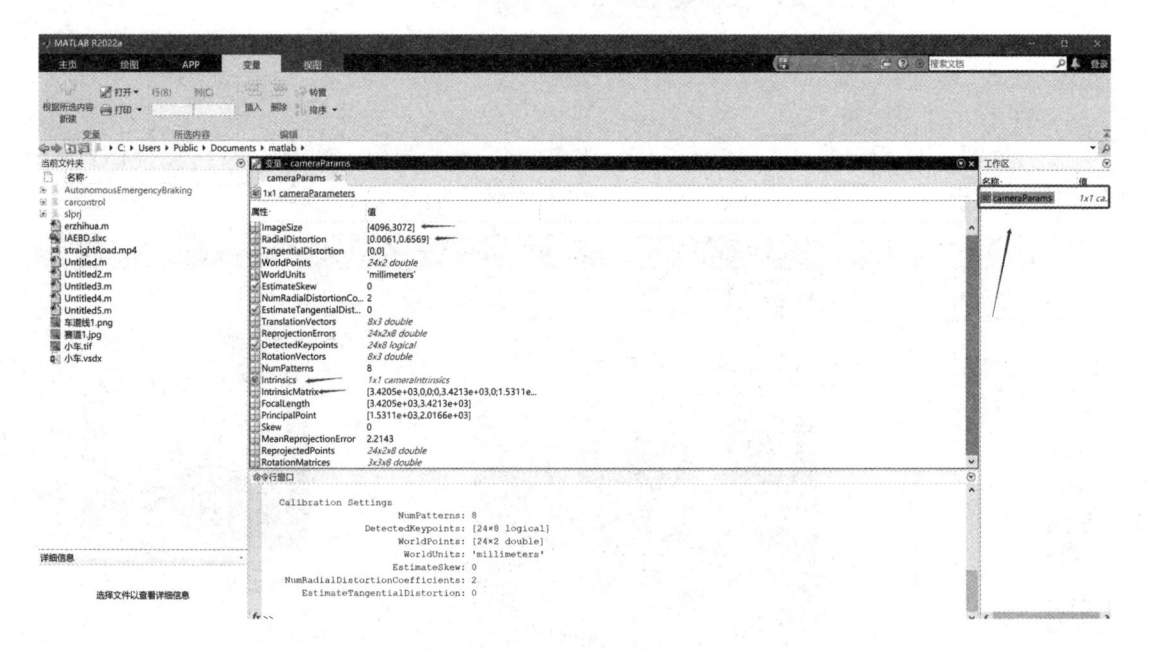

图 3-25 输出结果

2. 双目摄像头的内参标定步骤

1) 打开 Stereo Camera Calibrator

（1）利用命令打开：在 MATLAB 命令行窗口中输入 stereoCameraCalibrator（见图 3-26）。

（2）在"APP"标签页中打开：在"APP"标签页中找到"Stereo Camera Calibrator"图标，双击直接打开（见图 3-27）。

（3）打开结果如图 3-28 所示。

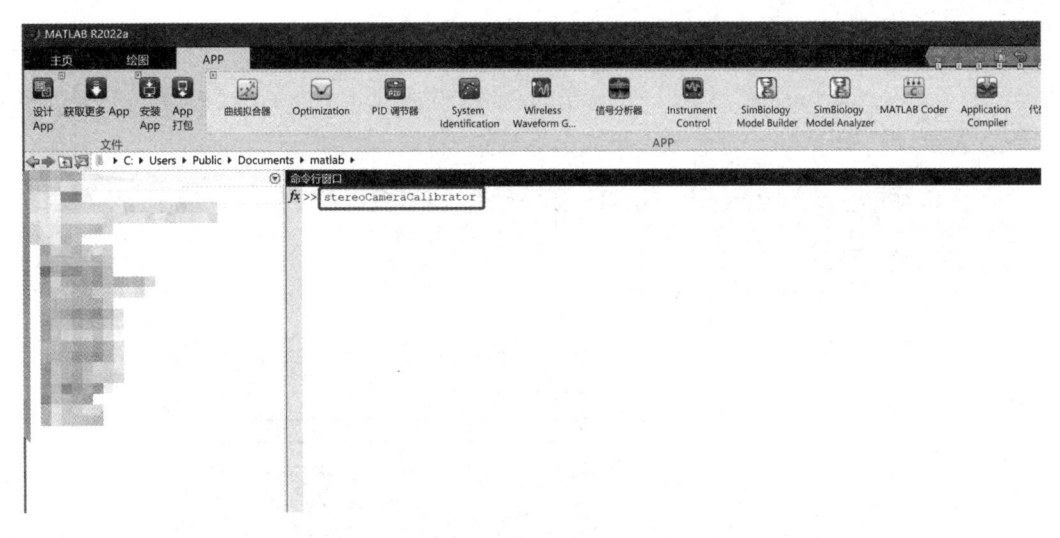

图 3-26 利用命令打开 Stereo Camera Calibrator

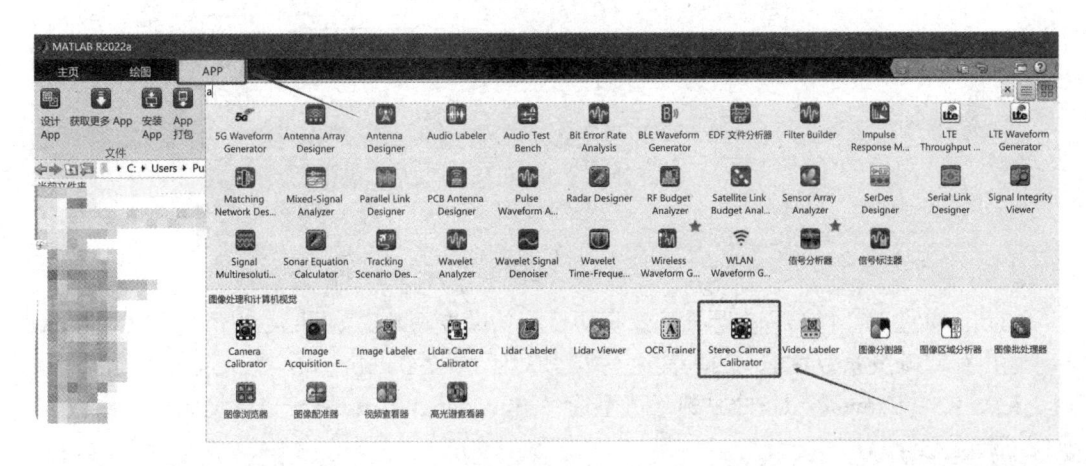

图 3-27 在"APP"标签页中打开 Stereo Camera Calibrator

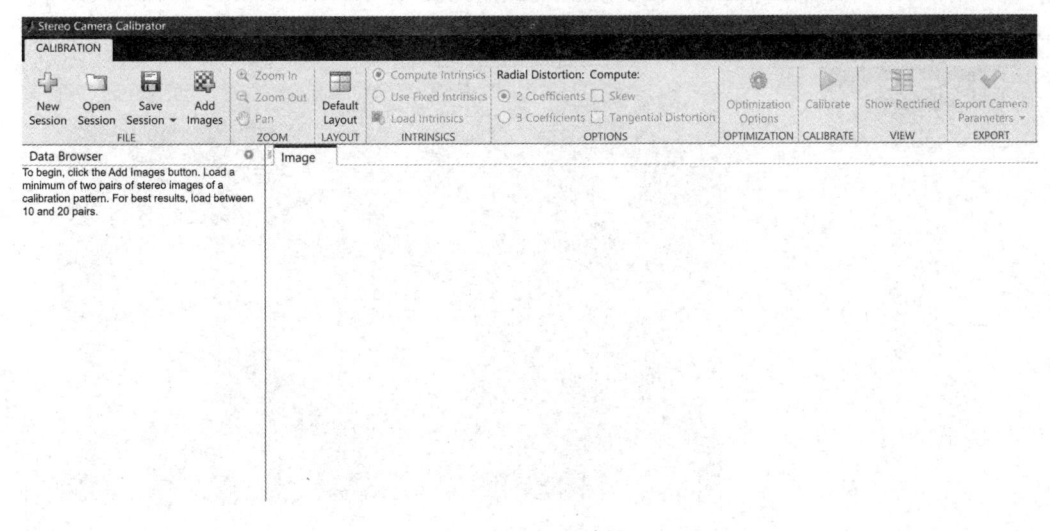

图 3-28 打开结果

2)标定

(1)单击"Add Images"按钮,在弹出的对话框中分别加载左右两个摄像头拍摄的棋盘格图片,输入棋盘格的尺寸(见图 3-29)。

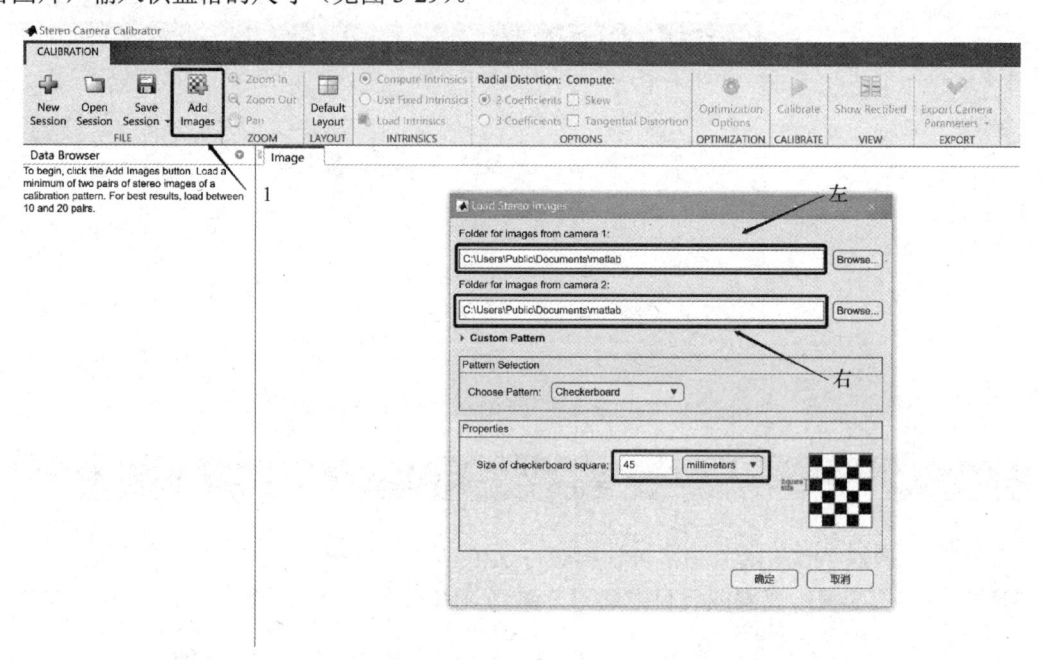

图 3-29　添加图片

(2)计算之前,需要按实际情况选择摄像头的畸变系数。如图 3-30 所示,2 Coefficients 表示输出径向畸变系数 K1、K2,其他系数默认为 0;3 Coefficients 表示输出径向畸变系数 K1、K2、K3;Skew 表示扭曲系数(可不选);Tangential Distortion 表示切向畸变系数 p1、p2(可选可不选)。

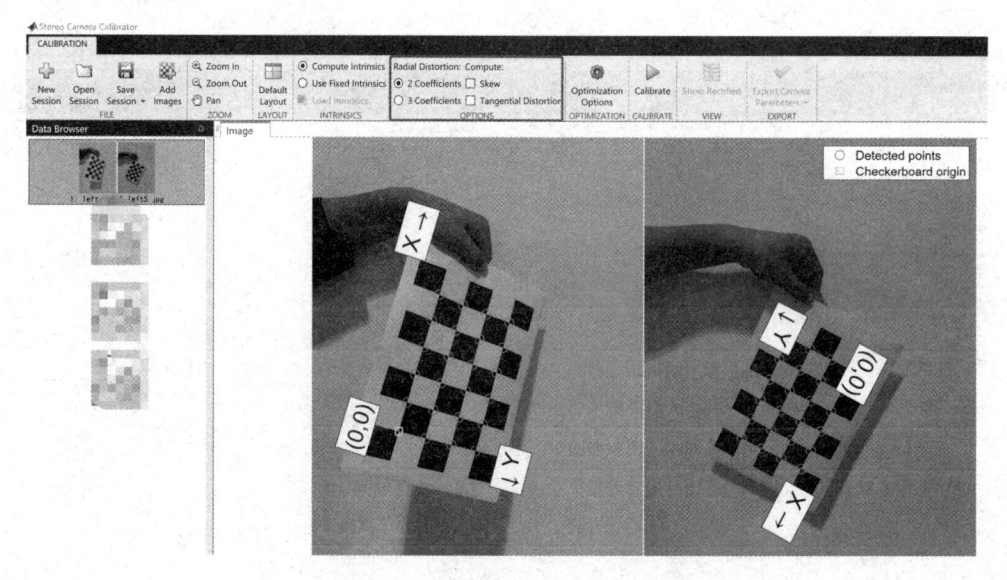

图 3-30　选择摄像头的畸变系数

（3）如图 3-31 所示，单击"Calibrate"按钮。

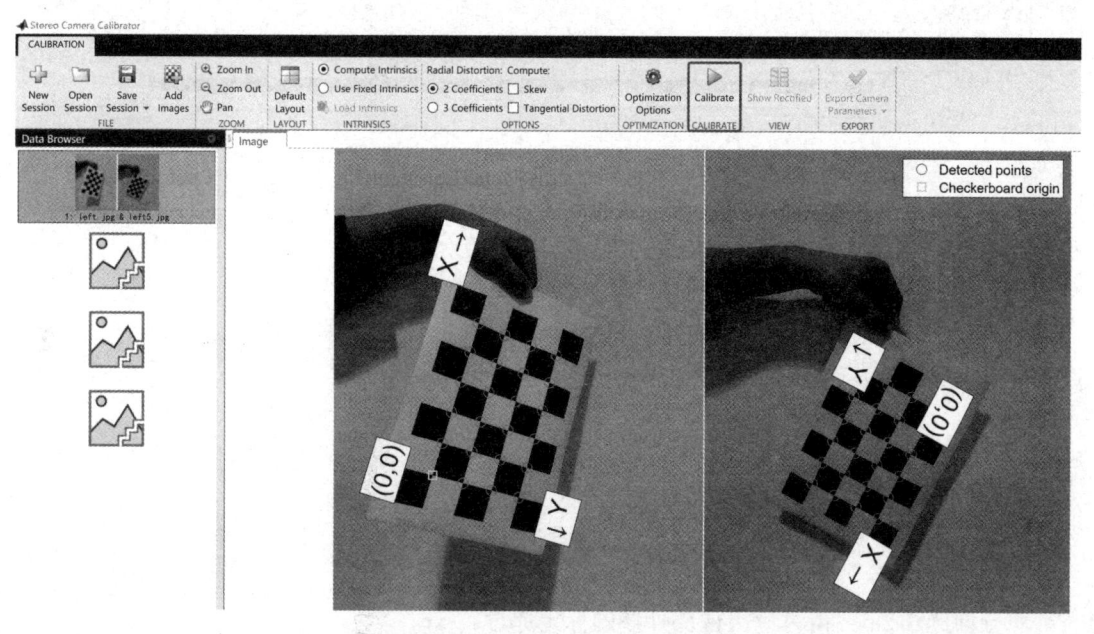

图 3-31　单击"Calibrate"按钮

（4）如图 3-32 所示，单击"Export Camera Parameters"按钮，在弹出的对话框中单击"确定"按钮，计算结果将在 MATLAB 工作区中显示。

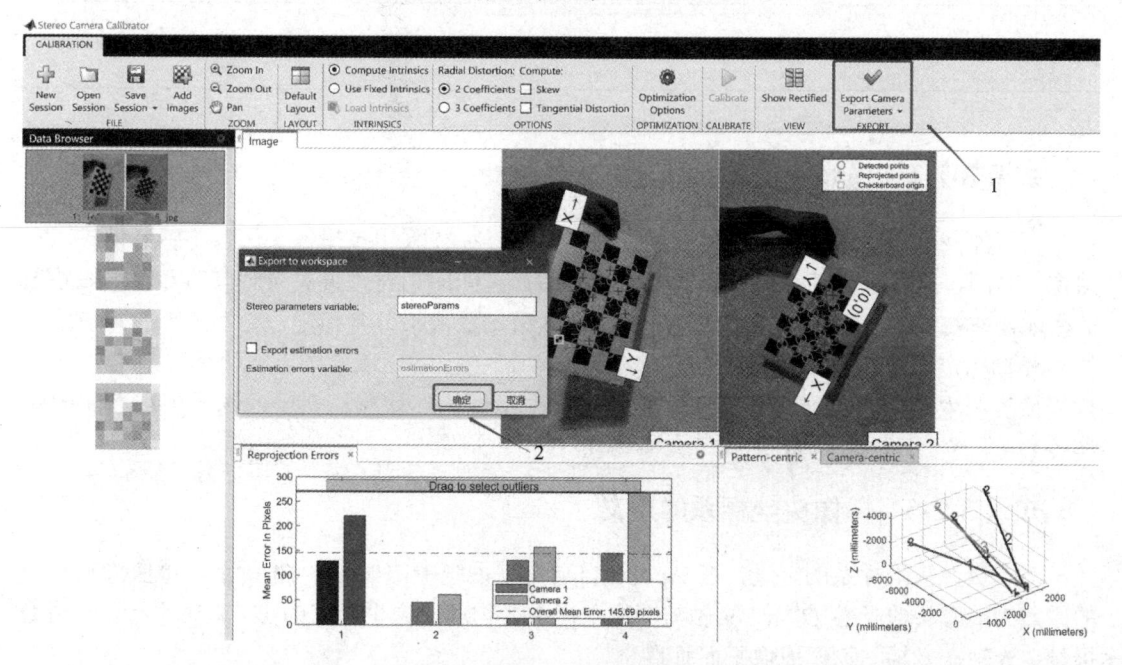

图 3-32　导出计算结果

（5）MATLAB 工作区中显示的计算结果如图 3-33 所示。

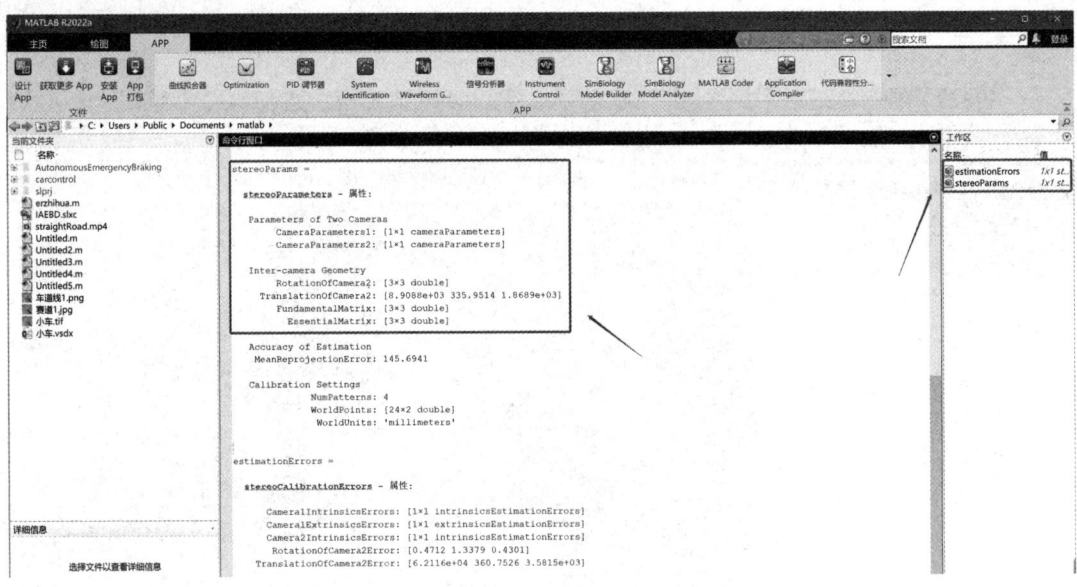

图 3-33　MATLAB 工作区中显示的计算结果

引导问题 3-2-5：请讨论摄像头外参的标定原理。

_____
_____
_____
_____
_____

知识 3-2-4　摄像头的外参标定概念

在智能网联汽车中，为了尽可能减少感知盲区，往往采用多摄像头、多传感器模式，多摄像头之间、摄像头与其他传感器（如激光雷达）之间的相对位置关系对自动驾驶感知效果的影响是非常大的。要想有一个比较好的感知效果，摄像头外参标定是必不可少的一步。摄像头外参标定是指将摄像头采集的环境信息与车辆在行驶环境中的真实物体相对应，即找到摄像头所生成的图像像素坐标系中的点坐标与摄像头环境坐标系中的物点坐标之间的转换关系。

知识 3-2-5　摄像头坐标系的定义

对于摄像头坐标系的定义，在 Apollo 自动驾驶系统中，如图 3-10 所示，摄像头坐标系的原点为摄像头的光心 O，x、y 轴与图像坐标系（物理成像平面）的 x'、y' 轴平行，z 轴为摄像头光轴，光轴与物理成像平面垂直。

知识 3-2-6　摄像头的外参标定

物体的位姿描述了物体的位置和姿态，可以用一个 3×1 的列向量来表示。

在 Apollo 自动驾驶系统中，摄像头的外参标定实际上指的是摄像头坐标系与激光雷达坐标系之间的变换关系。Apollo 自动驾驶系统中有一个 Transform 模块，它描述了自动驾驶系统中各坐标系之间的关系，如图 3-34 所示。有了这个模块，Apollo 自动驾驶系统中的任何两个坐标系之间都可以进行相互转换。Transform 模块是自动驾驶感知融合实现的基础。

在 Apollo 自动驾驶系统中，摄像头坐标系（Camera_1～Camera_3）与激光雷达坐标系（Lidar）之间的相对关系如图 3-35 所示。

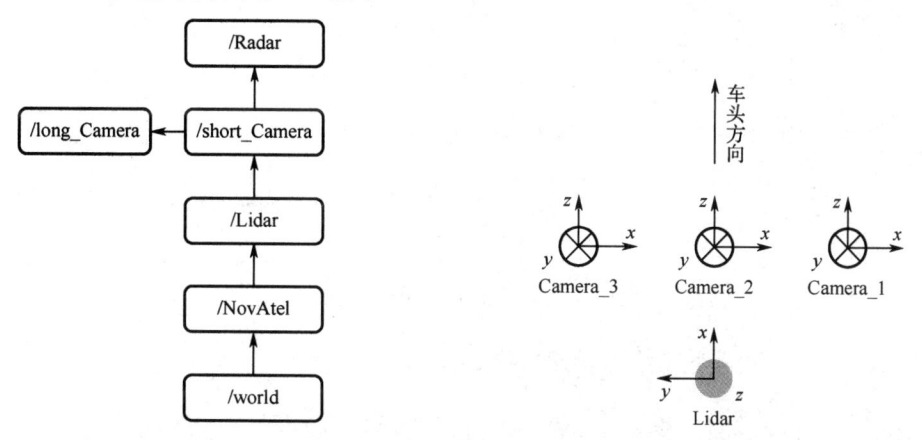

图 3-34 Apollo 自动驾驶系统中各坐标系之间的关系　　图 3-35 摄像头坐标系与激光雷达坐标系之间的相对关系

通过图 3-35 可以得到摄像头坐标系相对于激光雷达坐标系的位姿描述为：激光雷达坐标系绕其 z 轴顺时针旋转 90°，再绕自身 x 轴顺时针旋转 90°即可得到摄像头坐标系，或者激光雷达坐标系先绕其 x 轴顺时针旋转 90°，再绕自身 y 轴逆时针旋转 90°即可得到摄像头坐标系，如图 3-36 所示。以上两种欧拉角描述都对，也就是说使用欧拉角描述物体的姿态信息时存在多种可能。

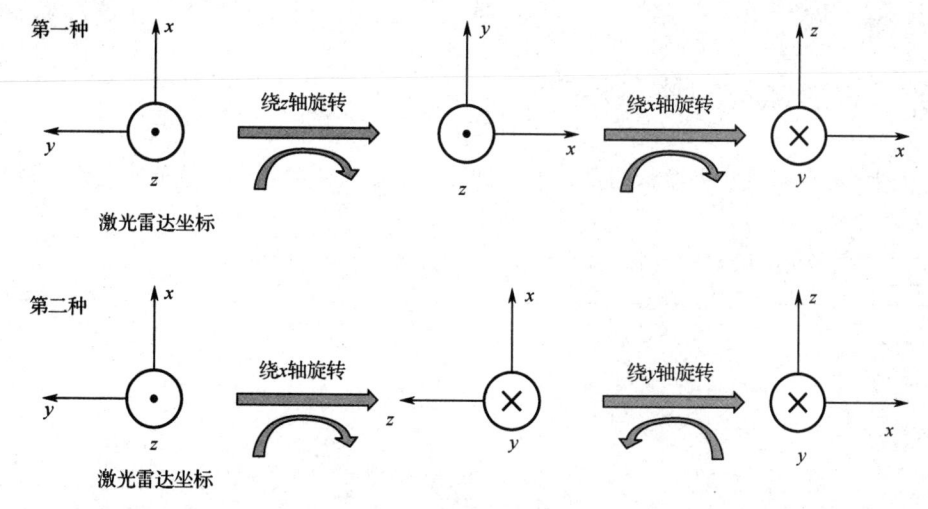

图 3-36 激光雷达坐标系到摄像头坐标系的欧拉角转换

Apollo 自动驾驶系统中常用四元数描述物体的姿态信息，一是因为四元数描述三维空间中的旋转（位姿）是没有奇异性的，二是四元数在求解过程中总是有解的，规避了欧拉角维度消失现象，如图 3-37 所示。

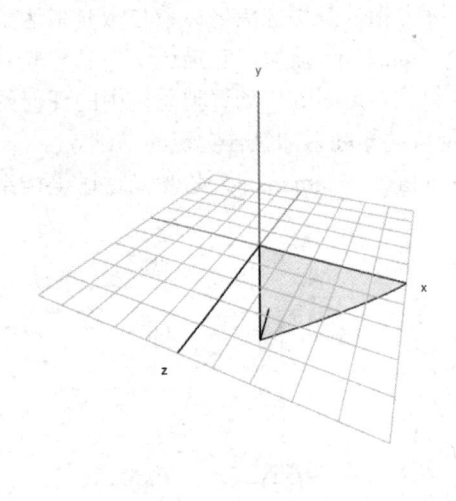

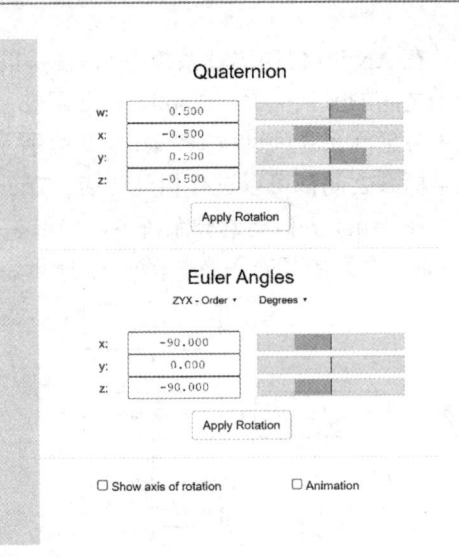

图 3-37　欧拉角与四元数转换

摄像头相对于激光雷达的姿态信息如表 3-3 所示。

表 3-3　摄像头相对于激光雷达的姿态信息

旋　　转	值
w	0.5
x	−0.5
y	0.5
z	−0.5

而摄像头相对于激光雷达的位置信息需要同学们自己动手测量填写，单位为米（m）。

子任务二：摄像头的外参标定

同学们掌握了摄像头外参标定原理的基础知识，那么在项目中，如何对摄像头进行外参标定呢？

引导问题 3-2-6：请查阅资料，制作摄像头的外参标定流程图。

引导问题 3-2-7：请在无人小车上完成摄像头的外参标定。

一、实验准备

（1）实验设备：智能网联汽车感知实训台。

（2）小组成员：5～6 人一组，明确任务分工。

（3）注意事项：注意人身和设备安全；面积足够大的场地，无障碍物；设备上电前，需经过老师检查确认。

二、测量摄像头与激光雷达之间的初始外参

（1）找到并确认摄像头的位置和其坐标系。摄像头坐标系的原点是摄像头的光心，x 轴和 y 轴分别平行于图像坐标系的 x 轴和 y 轴，摄像头的光轴为 z 轴。

（2）找到并确认激光雷达的位置及其坐标系。激光雷达坐标系的原点在距离传感器底座上方 37.7mm 处的中心轴上。

（3）测量摄像头坐标系的原点在激光雷达坐标系内的坐标，单位为米（m）。

三、测量记录初始化外参

测量摄像头坐标系的原点在激光雷达坐标系中各个坐标轴的偏移量（单位为米），并做记录。

Transtation X：（　）；Y：（　）；Z：（　）；

Rotation X：（　）；Y：（　）；Z：（　）；W：（　）。

四、摄像头外参标定

（1）按下 IPC（见图 3-38）的电源开关，启动 IPC。在用户登录界面中，进入 Ubuntu 系统。

（2）在终端命令行窗口中输入并执行以下命令，切换到 perception_plat 目录下：

cd　perception_plat

（3）在终端命令行窗口中输入并执行以下命令，启动外参标定软件 SensorCalibrationTool，并输入密码"apollo"，如图 3-39 所示。

sudo ./qt_tool/SensorCalibrationTool ./qt_tool/conf/conf.txt

图 3-38　IPC

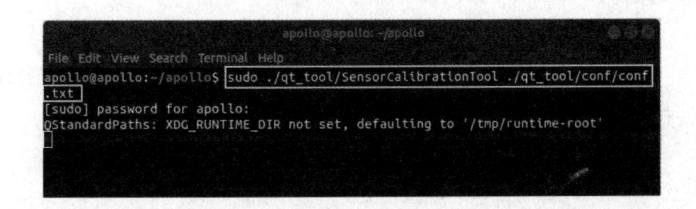

图 3-39　启动外参标定软件 SensorCalibrationTool

（4）在启动的外参标定软件中单击"相机外参标定"标签，进入"相机外参标定"标签

页（见图 3-40）。

（5）将测量到的数据填写到对应的位置中，单击"设置"按钮后（见图 3-41），摄像头的外参会被写入 Apollo 自动驾驶系统中对应的外参文件中。

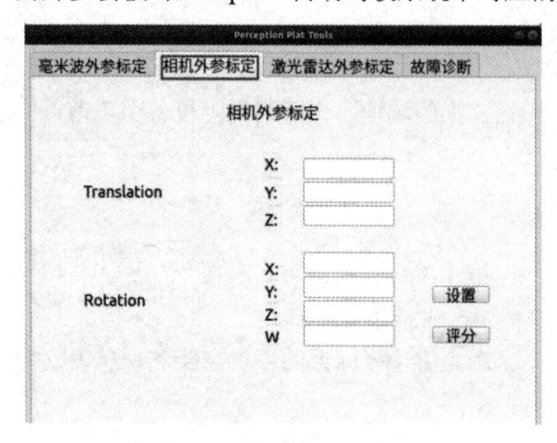

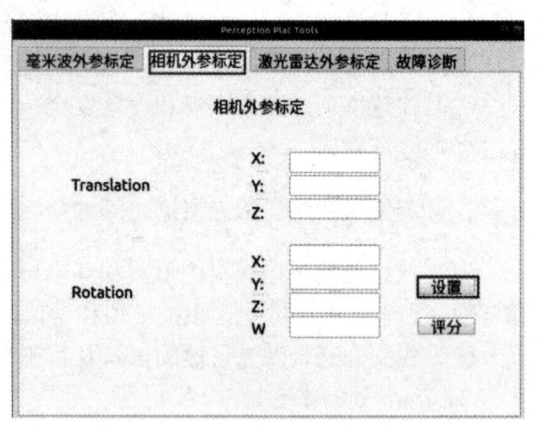

图 3-40 "相机外参标定"标签页（1）

图 3-3-41 "相机外参标定"标签页（2）

（6）设置完成后，可以单击"评分"按钮，查看设置的参数是否正确。

（7）关闭外参标定软件，收拾工具，结束实验。

五、Camera-Lidar 标定外参文件

（1）对于 6mm 摄像头，将标定得到的内参文件重命名为 front 6mm intrinsics.yaml，并替换 modules/calibration/data/车型目录/camera_para/目录下的文件，将标定得到的外参文件中的 rotation、translation 的值替换为 modules/calibration/data/车型目录/camera_para/目录下的 front 6mm extrinsics.yaml 文件中对应的 rotation、translation 的值。注意，不要修改 frame id。

（2）若标定 12mm 摄像头，则需要修改 modules/calibration/data/车型目录/camera_para/目录下的 front 12mm intrinsics.yaml、front 12mm extrinsics.yaml 两个文件。

默认使用 1 个 6mm 摄像头和 1 个 12mm 摄像头，用户若需要使用第二个 6mm 摄像头，则需要自行指定文件名，并进行相应修改。

【知识拓展】

拓展知识一：摄像头的外参

摄像头的外参是指摄像头的安装位置，即摄像头距离地的距离（离地高度），以及摄像头相对于车辆坐标系的旋转角度。

1. 摄像头距离地的距离（离地高度）

离地高度是指从地面到摄像头焦点的垂直高度，如图 3-42 所示。

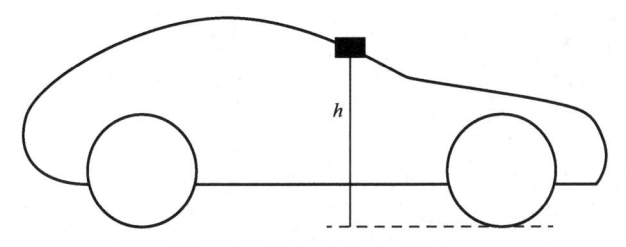

图 3-42 摄像头的离地高度

2. 旋转角度

摄像头相对于车辆坐标系的旋转角度有俯仰角（绕 y 轴旋转）、横滚角（绕 x 轴旋转）和偏航角（绕 z 轴旋转），如图 3-43 所示。

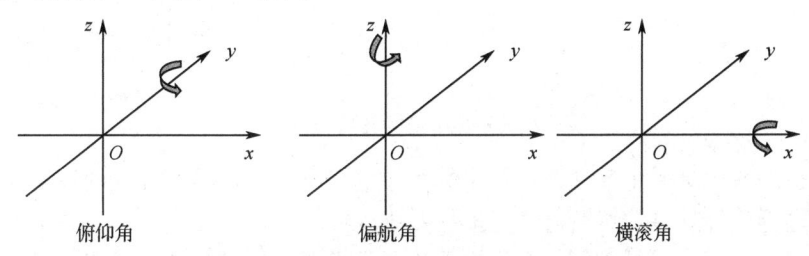

图 3-43 摄像头相对于车辆坐标系的旋转角度

拓展知识二：摄像头坐标系

摄像头的坐标转换主要包括 4 类，分别是世界坐标系、摄像头坐标系、像素坐标系和图像坐标系。对于摄像头外参的标定，主要是摄像头坐标系与世界坐标系的转换。根据应用场景的不同，对于智能网联汽车来讲，摄像头标定主要是摄像头坐标系与世界坐标系、摄像头坐标系与雷达坐标系等之间的坐标转换，转换的原理都是一样的。本次以摄像头坐标系与世界坐标系之间的转换进行讲解。

在智能网联汽车的移动过程中，其可以获得前方物体的位姿（位置和姿态）信息。位置指物体在世界坐标系中的具体位置，姿态是基于该点坐标相对于世界坐标系的旋转。因此，坐标变换的本质就是坐标系的平移和旋转，如图 3-44 所示。

图 3-45（a）中，$W_o\text{-}W_x\text{-}W_y\text{-}W_z$ 为世界坐标系，$C_o\text{-}C_x\text{-}C_y\text{-}C_z$ 为摄像头坐标系；P 点为摄像头坐标系和世界坐标系中的一个点。

将世界坐标系作为参考坐标系，并将世界坐标系和摄像头坐标系各个坐标轴进行向量单位化，分别记为 $[W_{xa}\ W_{ya}\ W_{za}]$、$[C_{xa}\ C_{ya}\ C_{za}]$，如式（3-1）和式（3-2）所示。

$$P \text{ 点在摄像头坐标系的表示为：} \boldsymbol{P}_C = \begin{bmatrix} C_{xa} \\ C_{ya} \\ C_{za} \end{bmatrix} \quad (3\text{-}1)$$

$$P \text{ 点在世界坐标系的表示为：} \boldsymbol{P}_W = \begin{bmatrix} W_{xa} \\ W_{ya} \\ W_{za} \end{bmatrix} \quad (3\text{-}2)$$

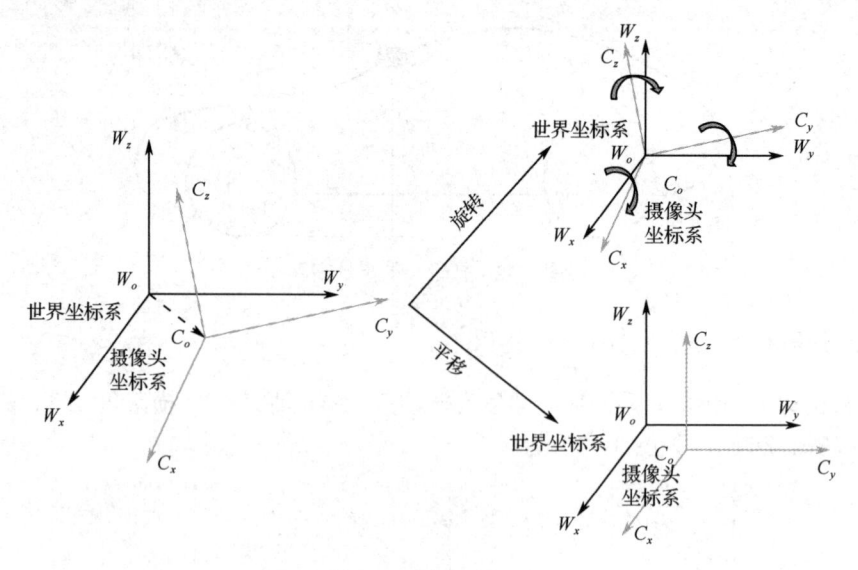

图 3-44 坐标变换分解

假设求摄像头坐标系中各轴在世界坐标系中的坐标表示，需要经过两步变换，即先对摄像头坐标系进行坐标旋转，然后再进行平移即可。

（1）坐标旋转，也就是求摄像头坐标系相对于世界坐标系的旋转矩阵。

由图 3-44 可知，摄像头坐标系转换为世界坐标系需要分别绕 X、Y、Z 三个轴旋转。设摄像头坐标系与世界坐标系三个坐标轴的夹角分别为 α、β、γ；如图 3-45（b）所示，可以求得绕 X、Y、Z 三个坐标轴的旋转矩阵，如式（3-3）～式（3-5）所示。

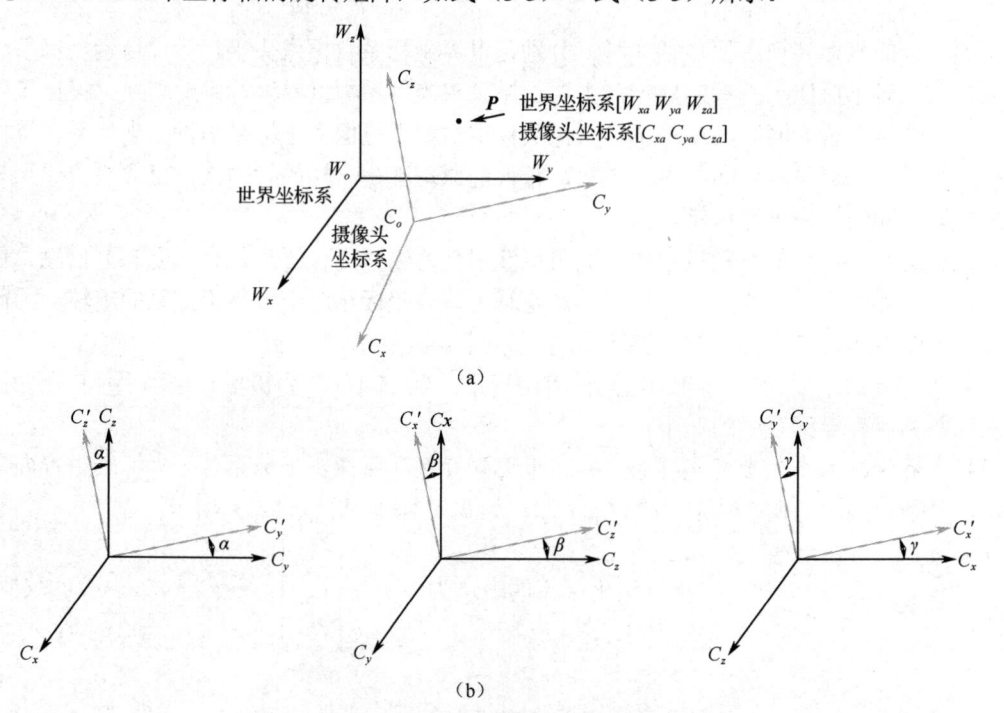

图 3-45 世界坐标系与摄像头坐标系以及旋转矩阵

绕 x 轴旋转：$\begin{bmatrix} C_x \\ C_y \\ C_z \end{bmatrix} = \begin{bmatrix} 1 & 0 & 0 \\ 0 & \cos\alpha & \sin\alpha \\ 0 & -\sin\alpha & \cos\alpha \end{bmatrix} \begin{bmatrix} C'_x \\ C'_y \\ C'_z \end{bmatrix} = \boldsymbol{R}_x \times \begin{bmatrix} C'_x \\ C'_y \\ C'_z \end{bmatrix}$ （3-3）

绕 y 轴旋转：$\begin{bmatrix} C_x \\ C_y \\ C_z \end{bmatrix} = \begin{bmatrix} \cos\beta & 0 & -\sin\beta \\ 0 & 1 & 0 \\ \sin\beta & 0 & \cos\beta \end{bmatrix} \begin{bmatrix} C'_x \\ C'_y \\ C'_z \end{bmatrix} = \boldsymbol{R}_y \times \begin{bmatrix} C'_x \\ C'_y \\ C'_z \end{bmatrix}$ （3-4）

绕 z 轴旋转：$\begin{bmatrix} C_x \\ C_y \\ C_z \end{bmatrix} = \begin{bmatrix} \cos\gamma & -\sin\gamma & 0 \\ \sin\gamma & \sin\gamma & 0 \\ 0 & 0 & 1 \end{bmatrix} \begin{bmatrix} C'_x \\ C'_y \\ C'_z \end{bmatrix} = \boldsymbol{R}_z \times \begin{bmatrix} C'_x \\ C'_y \\ C'_z \end{bmatrix}$ （3-5）

将 $\boldsymbol{R}_x$、$\boldsymbol{R}_y$、$\boldsymbol{R}_z$ 相乘可得到绕 x、y、z 轴旋转矩阵 ${}^W_C\boldsymbol{R}$，如式（3-6）所示。

$${}^W_C\boldsymbol{R} = \boldsymbol{R}_x \times \boldsymbol{R}_y \times \boldsymbol{R}_z \quad (3\text{-}6)$$

则 ${}^W_C\boldsymbol{R}$ 就是摄像头坐标系到世界坐标系的 3×3 旋转矩阵。

（2）向量平移，摄像头坐标系旋转后，平移只需要做向量加法就可以，将平移向量表示为 $\boldsymbol{T}$，如式（3-7）所示。

$$\boldsymbol{T} = \begin{bmatrix} T_x \\ T_y \\ T_z \end{bmatrix} \quad (3\text{-}7)$$

因此，坐标变换的最终公式如式（3-8）所示。

$$\boldsymbol{P}_C = \begin{bmatrix} C_{xa} \\ C_{ya} \\ C_{za} \end{bmatrix} = {}^W_C\boldsymbol{R} \begin{bmatrix} W_{xa} \\ W_{ya} \\ W_{za} \end{bmatrix} + \begin{bmatrix} T_x \\ T_y \\ T_z \end{bmatrix} \quad (3\text{-}8)$$

将式（3-8）转化为齐次矩阵形式得到式（3-9），将式（3-8）转化为齐次矩阵的原因为齐次方程既可以明确区分向量和点，也更容易进行线性几何变换。

$$\boldsymbol{P}_C = \begin{bmatrix} C_{xa} \\ C_{ya} \\ C_{za} \\ 1 \end{bmatrix} = \begin{bmatrix} {}^W_C\boldsymbol{R} & \boldsymbol{T} \\ 0 & 1 \end{bmatrix} \begin{bmatrix} W_{xa} \\ W_{ya} \\ W_{za} \\ 1 \end{bmatrix} \quad (3\text{-}9)$$

式中，${}^W_C\boldsymbol{R}$ 为 3×3 旋转矩阵（摄像头坐标系转换为世界坐标系）；$\boldsymbol{T}$ 为平移矩阵。

【任务评价】

评价项目	评价内容	评价标准	分值	评价			综合得分
				自评	互评	师评	
摄像头参数标定	摄像头参数标定的原因	能正确描述为什么要进行摄像头的参数标定	10				
摄像头标定原理	坐标系、摄像头标定原理	能合理描述摄像头的标定原理	20				
摄像头的标定实验	摄像头的内参、外参标定	能按照标准顺序标定摄像头的内参和外参	30				

续表

评价项目	评价内容	评价标准	分值	评价			综合得分
				自评	互评	师评	
安全生产	设备操作场地 6S 安全意识	1. 安全正确操作设备； 2. 工作场地整洁，工件、量具等摆放整齐规范； 3. 做好事故防范措施，具备安全操作和环保意识	20				
职业素养	学习态度团队合作现场管理	1. 积极学习相关基础知识并参与任务计划； 2. 严格按照团队分工完成任务； 3. 服从安排，遵守实验室管理制度	20				

【自我审视】

请问如果摄像头标定效果不理想会是什么原因导致的呢？请给出你的观点。

任务三　基于摄像头的道路信息检测及识别

【任务描述】

对于摄像头来讲，如果智能网联汽车中配备了激光雷达，那么该摄像头主要用于交通信号和车道线信息的检测，有的自动驾驶系统还将摄像头用于识别车辆，以及与激光雷达信息融合用于定位车辆。根据任务安排，需要您基于摄像头完成障碍物、车道线的检测及识别，请查阅资料分析摄像头检测及识别障碍物的流程与方法，在规定时间内，基于 Apollo、MATLAB 软件完成摄像头检测与识别障碍物和车道线的任务，在工作过程中注意总结不同软件操作时的区别，并做好记录。

【问题探究】

引导问题 3-3-1：通过查询资料，分析摄像头环境感知的特点。

知识 3-3-1　摄像头环境感知的特点

（1）优点：技术成熟，成本低；信息采集十分丰富，包含最接近人类视觉的语义信息。

（2）缺点：受光照、环境影响十分大，很难全天候工作，在黑夜、雨雪、大雾等能见度较低的情况下识别率大幅降低；缺乏深度信息，三维立体空间感不强。

引导问题 3-3-2：摄像头检测障碍物的方法有哪些？

知识 3-3-2　摄像头障碍物检测方法

1. 基于二维图像的障碍物检测

1）YOLO 系列障碍物检测

YOLO（You Only Look Once）是将物体检测作为回归问题求解的一种一阶段检测方法，如图 3-46 所示，其基于一个单独的端到端网络，完成从原始图像的输入到物体位置和类别的输出。

图 3-46　YOLO 系列障碍物检测

2）SSD 障碍物检测

SSD（Single Shot Multibox Detector）也是一种一阶段检测方法，只需要用到图像一次，无须先产生候选框再进行分类和回归，而是直接在图像中的不同位置处进行边界框的采样，使用卷积层进行特征提取后直接进行分类和回归。相比基于候选框的方法，SSD 极大地提高了检测速度。

3）Faster RCNN 障碍物检测

不同于 YOLO，Faster RCNN 是一种二阶段检测方法，RCNN 及 Fast RCNN 都无法做到端到端的训练。Faster RCNN 将特征提取模块、候选框生成模块，以及边框回归和目标分类模块都整合在了一个网络中，使得综合性能有很大提高，在检测速度方面尤其明显。

2. 基于三维图像的障碍物检测

尽管 Faster RCNN、YOLO 等方法能够准确地检测出障碍物在图像中的位置，但现实场景是三维的，物体都是三维形状的，大部分应用都需要有目标物体的长宽高信息、空间信息、朝向信息等。目前基于三维图像的障碍物检测正处于高速发展时期，主要是综合利用单目摄像头、双目摄像头来进行基于三维图像的障碍物检测。

引导问题 3-3-3：通过查询资料，请梳理 Apollo 自动驾驶系统中摄像头检测及识别障碍物的原理。

_____
_____
_____
_____
_____

知识 3-3-3　摄像头障碍物检测原理

摄像头作为自动驾驶系统中最重要的传感器之一，因为其获取的信息丰富、观测距离远等特点，在障碍物检测和红绿灯检测等方面发挥着不可替代的作用，是对激光雷达感知结果的重要补充。

但摄像头有着容易受环境影响、缺乏深度信息等缺点，给自动驾驶系统中的视觉感知方法带来了巨大的挑战。因此，如何建立一套高精确率和高稳定性的视觉感知方法，是无人车感知模块的核心问题。视觉感知方法在 Apollo 自动驾驶系统中主要有 3 个应用场景，分别是红绿灯检测、车道线检测、摄像头障碍物检测，其中检测原理图如图 3-47 所示。

每个模块又可以分为 3 部分，分别是预处理、神经网络模型和后处理。

（1）预处理：对上游信息做一些处理和整合，以方便把信息直接输入模型中做预测。

（2）神经网络模型：主要涉及一些深度学习方法，包括目标检测、语义分割、图像分类等。

（3）后处理：为了优化模型效果，利用一些传统的方法进一步优化网络模型的预测，让算法可以在实车上跑得更加流畅。

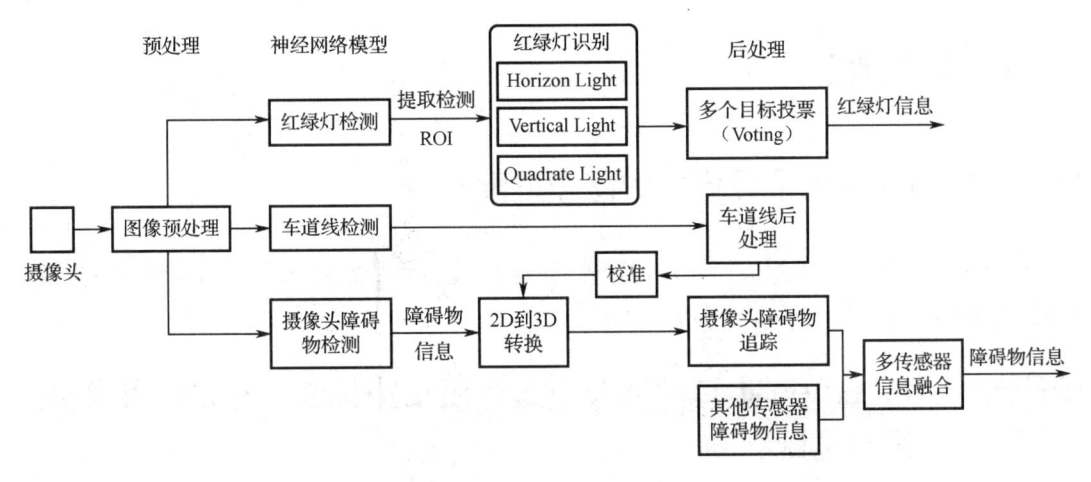

图 3-47　检测原理图

摄像头障碍物检测部分我们采用的是基于单目摄像头的障碍物检测方法，根据摄像头获取的图像得到障碍物的类别和位置信息。这里我们使用 7 个变量来表示 3D 边框，分别是物体的长宽高，物体的位置（x，y），以及物体的旋转角度。

如图 3-48 所示为 3D 障碍物检测模块的模型结构图，输入的是单张的图像信息，经过神经网络提取特征，然后接上检测模块（Apollo 有两个检测模型，分别是基于 YOLO 的一阶段检测算法和基于中心点检测的检测方法）。最终通过模型可以得到障碍物的 3D 信息（长、宽、高、角度等），根据这些信息，可以求出障碍物的 3D 边框障碍物检测模块的输入与输出（见表 3-4）。

图 3-48　3D 障碍物检测模块的模型结构图

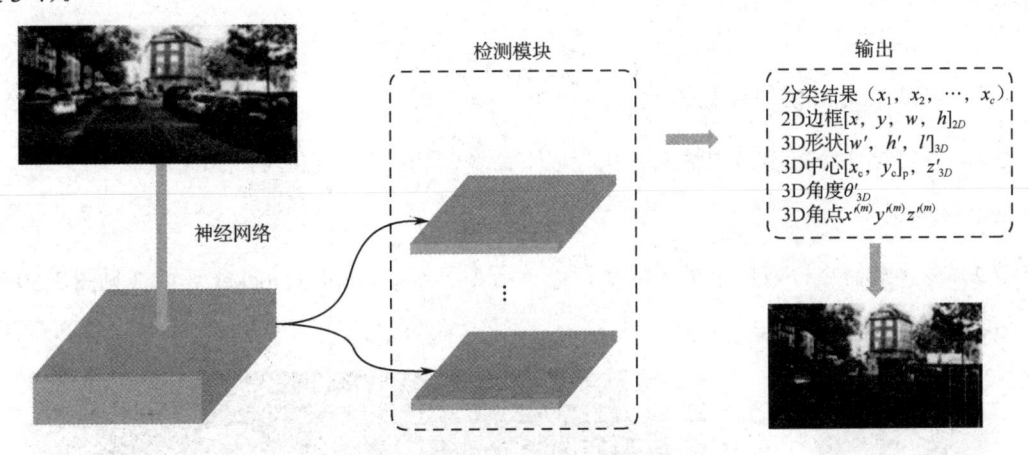

表 3-4　障碍物的 3D 边框障碍物检测模块的输入与输出

Channel 名称	输入/输出	Channel 说明
/apollo/sensor/camera/front_6mm	输入	前置 6mm 摄像头
/apollo/localization/pose	输入	主车速度和角速度
/perception/obstacles	输出	具有航向、速度和分类信息的三维障碍物轨迹

【任务实施】

任务：Apollo 环境下摄像头的感知适配

同学们已经掌握了摄像头检测及识别障碍物的方法，那么如何查看 Apollo 环境下摄像头障碍物检测及识别的信息呢？

子任务一：请在 Apollo 自动驾驶系统内启动摄像头，并完成摄像头的感知适配

一、实验准备

（1）实验设备：智能网联汽车感知实训台。
（2）小组成员：5~6 人一组，明确任务分工。
（3）注意事项：注意人身和设备安全；面积足够大的场地，无障碍物；设备上电前，需经过老师检查确认。

二、实训台正常上电

（1）实训台正常上电。
（2）启动 IPC（见图 3-49）。

三、启动 Apollo 摄像头感知

（1）在终端命令行窗口中输入并执行以下命令，切换到 apollo 目录下：

cd ~/apollo

（2）在终端命令行窗口中输入并执行以下命令，启动 Apollo Docker 环境（见图 3-50）：

bash docker/scripts/dev_start.sh -l

图 3-49　IPC　　　　　　　　图 3-50　启动 Apollo Docker 环境

（3）在终端命令行窗口中输入并执行以下命令，进入 Apollo Docker 环境（见图 3-51）：

bash docker/scripts/dev_into.sh

图 3-51　进入 Apollo Docker 环境

（4）在终端命令行窗口中输入并执行以下命令，启动 DreamView（见图 3-52）：

bash scripts/bootstrap.sh

图 3-52　启动 DreamView

小提示：

如果启动 DreamView 时提示 Fail to start DreamView，请执行以下命令：

bash scripts/bootstrap.sh stop
bash scripts/bootstrap.sh start

如果启动 DreamView 失败，报错信息为需要编译项目，请使用下面命令编译项目：

bash apollo.sh build_opt_gpu

（5）在浏览器中输入网址 localhost:8888（见图 3-53），打开 DreamView 界面（见图 3-54）。

图 3-53　输入网址 localhost:8888　　　　图 3-54　DreamView 界面（1）

小提示：

如图 3-55 所示，在终端命令行窗口中右键单击 http://localhost:8888，在弹出的右键菜单中选择"Open Link"，也可打开 DreamView 界面。

```
apollo@apollo:~/apollo$ bash docker/scripts/dev_into.sh
[apollo@in-dev-docker:/apollo]$ bash scripts/bootstrap.sh
nohup: appending output to 'nohup.out'
[ OK ] Launched module monitor.
nohup: appending output to 'nohup.out'
[ OK ] Launched module dreamview.      ← 右键单击
Dreamview is running at http://localhost:8888
```

图 3-55 在终端命令行窗口中打开 DreamView 界面

（6）在 DreamView 界面的菜单栏中选择模式、车型和地图。其中，模式选择 Dev Kit Perception Plat；车型选择 Dev Kit；地图选择 Sunnyvale Big Loop，如图 3-56 所示。

图 3-56 DreamView 界面（2）

不同车辆铭牌信息与车型对照表如表 3-5 所示。

表 3-5 不同车辆铭牌信息与车型对照表

车辆铭牌信息	选 择 车 型
Apollo D-KIT Lite	Dev Kit
Apollo D-KIT	Dev Kit Standard
Apollo D-KIT Advanced(NE-S)	Dev Kit Advanced Ne-s
Apollo D-KIT Advanced(SNE-R)	Dev Kit Advanced Sne-r

（7）启动 Localization 模块。

在 Apollo Docker 环境下，输入并执行以下命令启动 Localization 模块（见图 3-57）：

./bazel-bin/modules/tools/sensor_calibration/fake_tf_pose_publisher

图 3-57 启动 Localization 模块

（8）启动 Transform 模块（见图 3-58）。

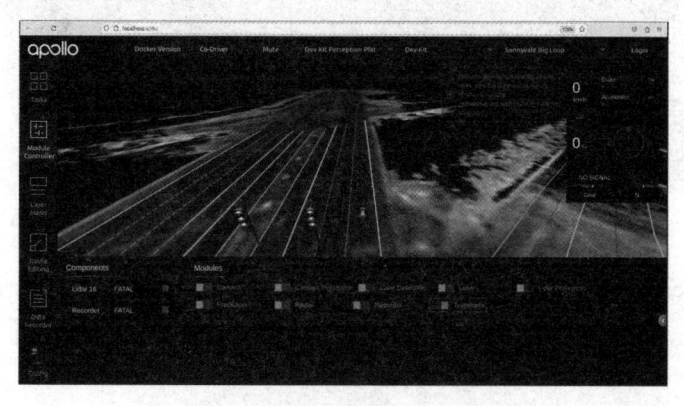

图 3-58 启动 Transform 模块

（9）启动 Camera 模块（见图 3-59）。

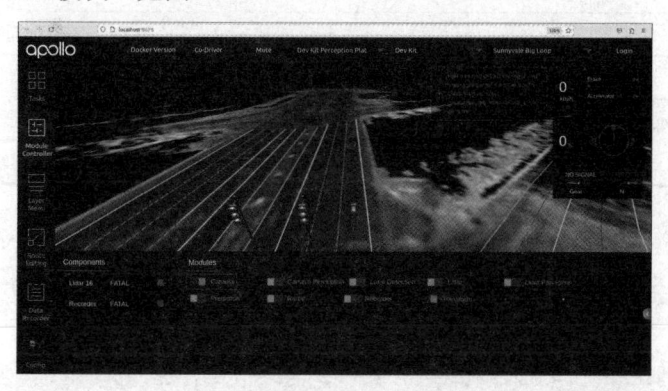

图 3-59 启动 Camera 模块

（10）启动 Prediction 模块（见图 3-60）。

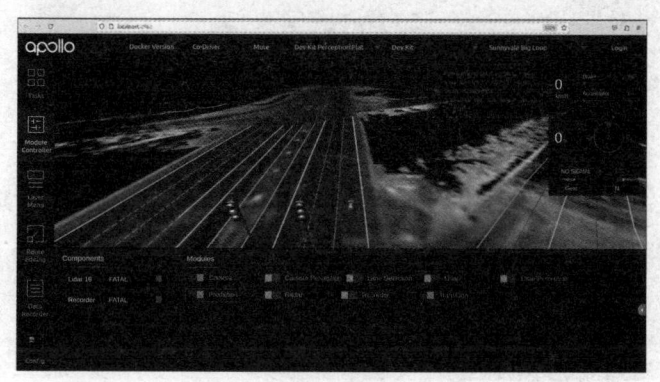

图 3-60 启动 Prediction 模块

（11）在 Apollo Docker 环境中输入并执行以下命令，启动 cyber_monitor 工具（见图 3-61）：

cyber_monitor

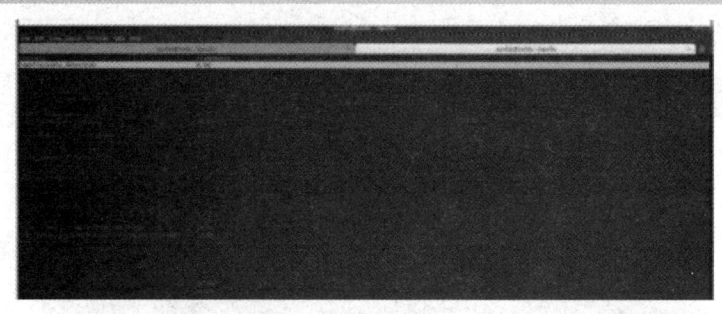

图 3-61　启动 cyber_monitor 工具

（12）在 cyber_monitor 工具界面中，检查数据通道是否正常输出。通道名称及其说明如表 3-6 所示。

表 3-6　通道名称及其说明

通 道 名 称	说　　明
/apollo/localization/pose	定位数据 100Hz
/tf	坐标变化 100Hz
/tf_static	坐标变换
/apollo/sensor/camera/front_6mm/image	摄像头 15Hz
/apollo/perception/obstacles	障碍物感知 10Hz

四、观察摄像头感知效果

（1）选中 /apollo/localization/pose 通道，按下右方向键，即可进入该通道查看位姿信息（见图 3-62）。

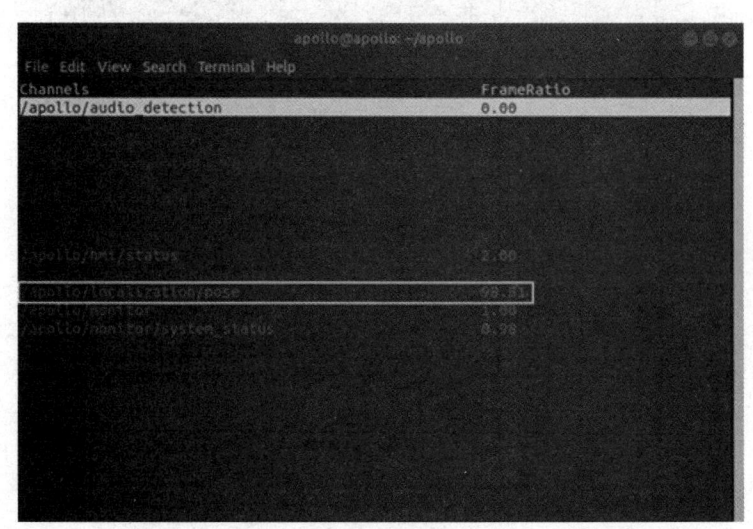

图 3-62　查看位姿信息

（2）定位位姿信息如图 3-63 所示。

position：位置信息，用 x、y、z 三个坐标表示车辆的三维坐标；

orientation：姿态信息，用四元数表示车辆的姿态信息，姿态信息包括俯仰角、偏航角和滚动角；

liner_velocity：线速度信息，分别表示车辆在 x、y、z 三个方向上的线速度；

heading：车辆的朝向信息。

图 3-63　定位位姿信息

（3）回到 cyber_monitor 工具界面，进入/apollo/perception/obstacles 通道，查看感知数据（见图 3-64）。

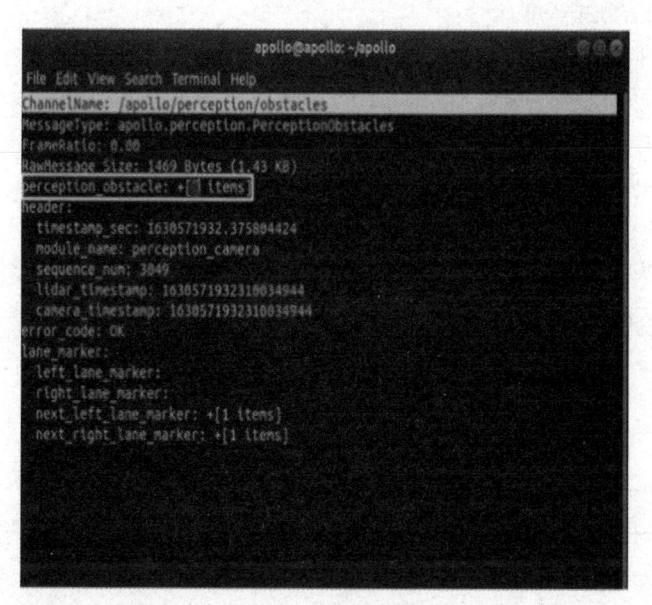

图 3-64　查看感知数据

（4）在/apollo/perception/obstacles 通道中可以看到下面一行内容：

perception_obstacle:+[1 items]

其表示检测到了 1 个障碍物。选中这一行,即可查看检测到的障碍物信息(见图 3-65)。

图 3-65　障碍物信息

障碍物相关信息解释如下。

① perception_obstacle:[0]:表示检测到的障碍物;

② id:障碍物 ID;

③ position:障碍物的位置信息;

④ theta:障碍物的旋转角度;

⑤ length:障碍物的长度;

⑥ width:障碍物的宽度;

⑦ height:障碍物的高度;

⑧ polygon_point:障碍物在 xy 平面上的轮廓曲线(世界坐标系下轮廓点的集合);

⑨ tracking_time:已跟踪该障碍物的时长;

⑩ type:障碍物类别(车、行人、非机动车等);

⑪ timestamp:障碍物时间戳;

⑫ acceleration:障碍物在 x 方向和 y 方向上的加速度。

五、实训台关闭

关闭车辆电源,结束实验。

引导问题 3-3-4:请问摄像头检测车道线的方法有哪些?

知识 3-3-4　摄像头车道线检测方法

车道线检测是智能车辆辅助驾驶系统中必不可少的环节，快速、准确地检测车道线在协助智能车辆路径规划和偏移预警方面尤为重要。

1. 基于传统计算机视觉的车道线检测方法

目前广泛使用的检测方法主要分为基于道路特征和道路模型的两种方法。基于道路特征的车道线检测方法主要利用车道线与道路之间的物理结构差异对图像进行后续的分割和处理，突出道路特征，实现车道线检测；基于道路模型的车道线检测方法主要利用不同的道路图像模型，对模型中的参数进行评估和计算，最终与车道线进行拟合。

2. 基于深度学习的车道线检测方法

传统的车道线检测方法需要人工对道路场景进行特征提取和模型建立，而车道线的种类繁多，道路结构复杂，传统方法工作量大且健壮性差。随着深度学习的兴起，CNN 将视觉理解推向了一个新高度。把车道线检测当作分割问题或分类问题，利用神经网络去代替传统视觉中手动调节滤波算子的方式逐渐被提出。

知识 3-3-5　Apollo 车道线检测模块原理

把车道线检测方法当作分割问题，在图像中寻求对于语义上车道线存在位置的检测，即使它是模糊的、被光照影响的，甚至是完全被遮挡的，我们都希望能将它检测到。Apollo 车道线检测的网络结构如图 3-66 所示，主干是一个编码-解码结构的分割网络，用来输出车道线分割结果。在车道编码器的末端附加一个网络分支来检测消失点，该网络分支由卷积层和全连接层组成，其中卷积层将消失点转换为车道特征，全连接层对整个图像进行全局汇总，输出消失点位置。

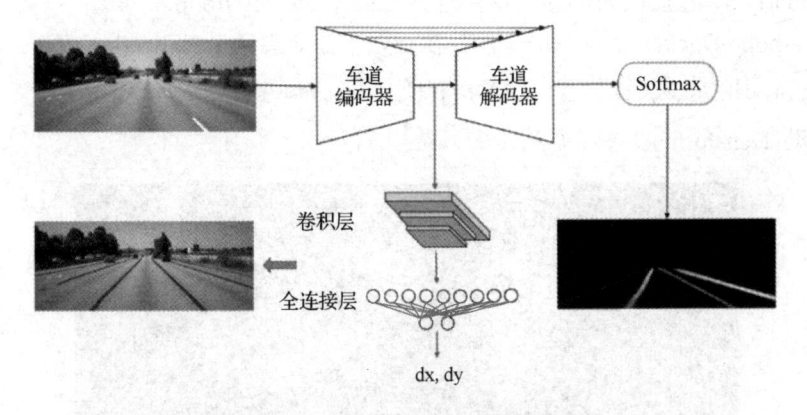

图 3-66　Apollo 车道线检测的网络结构

Apollo 车道线检测模块在遮挡和车辆转弯情况下都可以对车道线进行有效检测。

子任务二：请在 Apollo 自动驾驶系统内启动摄像头，并完成摄像头的车道线检测

一、实验准备

（1）实验设备：智能网联汽车感知实训台。

（2）小组成员：5~6 人一组，明确任务分工。

（3）注意事项：注意人身和设备安全；面积足够大的场地，无障碍物；设备上电前，需经过老师检查确认。

二、实训台正常上电

（1）实训台正常上电。

（2）启动 IPC。

三、启动 Apollo 摄像头感知

（1）在终端命令行窗口中输入并执行以下命令，切换到 apollo 目录下：

cd ~/apollo

（2）在终端命令行窗口中输入并执行以下命令，启动 Apollo Docker 环境：

bash docker/scripts/dev_start.sh -l

（3）在终端命令行窗口中输入并执行以下命令，进入 Apollo Docker 环境：

bash docker/scripts/dev_into.sh

（4）在终端命令行窗口中输入并执行以下命令，启动 DreamView：

bash scripts/bootstrap.sh

（5）在浏览器中输入网址 localhost:8888，打开 DreamView 界面。

（6）在 DreamView 界面中的菜单栏中选择模式、车型、地图。其中，模式选择 Dev Kit Perceptiong Plat；车型选择 Dev Kit；地图选择 Sunnyvale Big Loop。

（7）在 Apollo Docker 环境下，输入并执行以下命令启动 Localization 模块：

./bazel-bin/modules/tools/sensor_calibration/fake_tf_pose_publisher

（8）启动 Transform 模块（见图 3-67）。

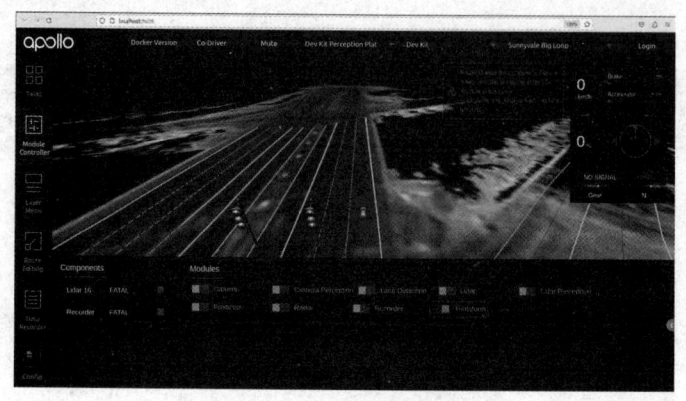

图 3-67 启动 Transform 模块

(9)启动 Camera 模块(见图 3-68)。

图 3-68　启动 Camera 模块

(10)启动 Camera Perception 模块(见图 3-69)。

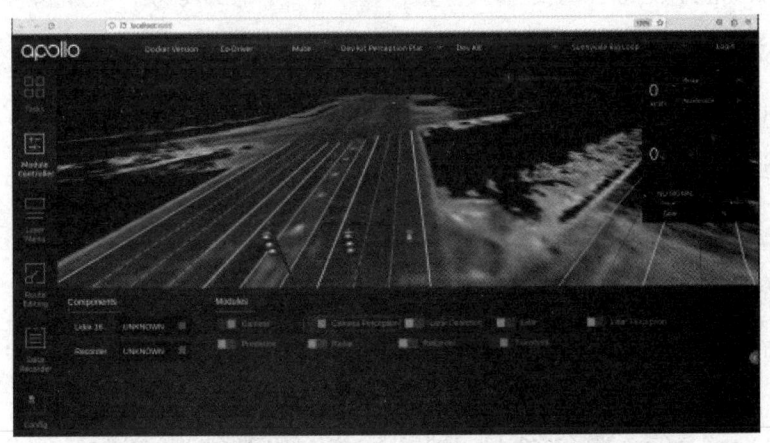

图 3-69　启动 Camera Perception 模块

(11)启动 Prediction 模块(见图 3-70)。

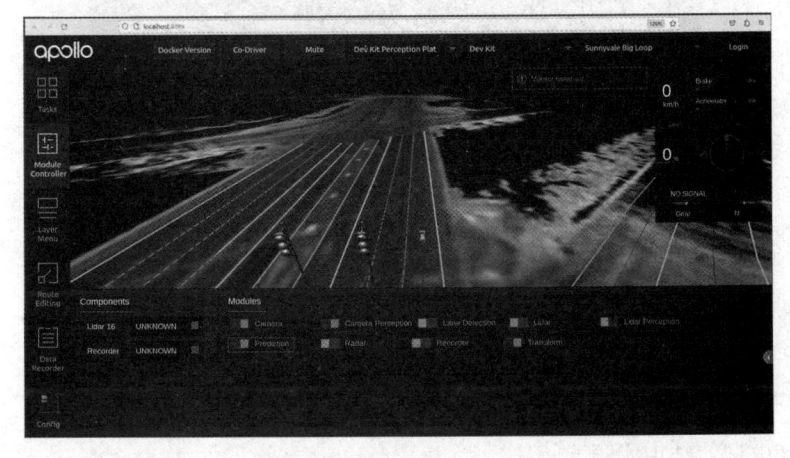

图 3-70　启动 Prediction 模块

（12）启动 Lane Detection 模块（见图 3-71）。

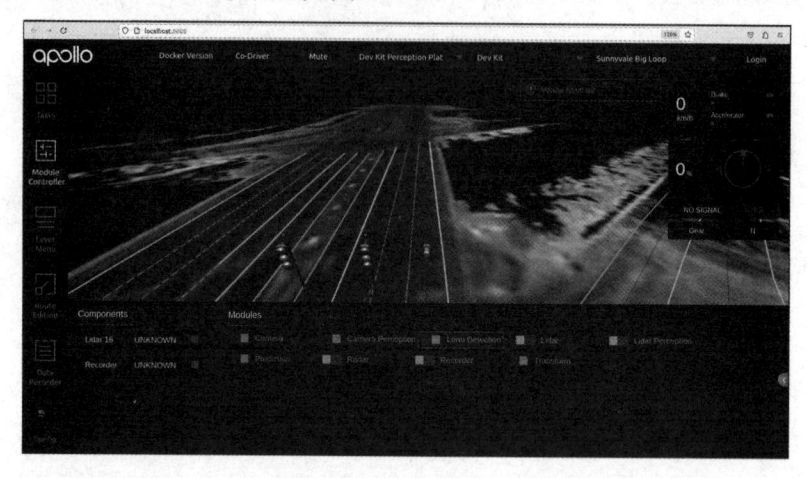

图 3-71　启动 Lane Detection 模块

（13）在 Apollo Docker 环境中输入并执行以下命令，启动 cyber_monitor 工具：

cyber_monitor

（14）在 cyber_monitor 工具界面中，检查数据通道是否正常输出。

四、观察车道线检测结果

在 Apollo Docker 环境外执行以下命令，启动车道线识别结果显示工具：

python modules/tools/sensor_calibration/display_perception_result.py

车道线识别结果如图 3-72 所示。

图 3-72　车道线识别结果

五、实训台关闭

关闭车辆电源，结束实验。

【任务评价】

评价项目	评价内容	评价标准	分值	评价			综合得分
				自评	互评	师评	
摄像头障碍物检测方法	摄像头检测障碍物方法及其特点	能正确描述摄像头检测障碍物的方法	15				
摄像头障碍物检测流程	摄像头检测障碍物的流程	能正确描述摄像头检测障碍物的流程	15				
摄像头的感知	摄像头的感知实践	能按照标准流程正确启动摄像头感知,并可以通过 cyber_monitor 工具查看摄像头的输出数据	30				
安全生产	设备操作 场地 6S 安全意识	1. 安全正确操作设备; 2. 工作场地整洁,工件、量具等摆放整齐规范; 3. 做好事故防范措施,具备安全操作和环保意识	20				
职业素养	学习态度 团队合作 现场管理	1. 积极学习相关基础知识并参与任务计划; 2. 严格按照团队分工完成任务; 3. 服从安排,遵守实验室管理制度	20				

【自我审视】

如果摄像头感知出的障碍物位置和姿态偏差较大,请问引起这种问题的原因是什么?请给出你的观点。

_____
_____
_____
_____
_____

【知识拓展】

拓展知识:MATLAB 环境下摄像头对车道线的检测及识别

对车道线的提取,主要通过以下几个步骤完成:第一步,通过摄像头采集原始车道线;

第二步，对彩色的车道线图片进行灰度处理，并通过中值滤波、高斯滤波等滤波方法对图像进行滤波处理；第三步，对获得的灰度图像进行二值化处理，最终进行车道线提取。

1. 采用 MATLAB，将检测到的车道线图片标在鸟瞰图和原始图上

（1）加载带有车道的道路图像（前视摄像头）：

```
I=imread('road.png');    %读取图像
```

（2）将图像转换为鸟瞰图像：

```
bevSensor=load('birdsEyeConfig'); %加载鸟瞰图配置
birdsEyeImage=transformImage(bevSensor.birdsEyeConfig,I); %图像转换为鸟瞰图
imshow(birdEyeImage)    %显示鸟瞰图
```

鸟瞰图如图 3-73 所示。

（3）设置近似的车道标记宽度，单位为米（m）：

```
approxBoundaryWidth=0.25;     %车道近似宽度
```

（4）检测车道特征并将其显示为黑白图像：

```
birdsEyeBW=segmentLaneMarkerRidge(rgb2gray(birdsEyeImage), ...
       bevSensor.birdsEyeConfig,approxBoundaryWidth);   %检测灰度图中车道
imshow(birdsEyeBW)
```

车道的黑白图像如图 3-74 所示。

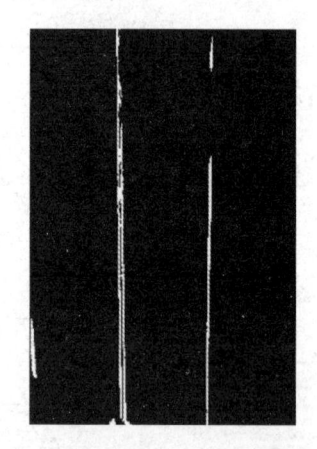

图 3-73　鸟瞰图　　　　图 3-74　车道的黑白图像

（5）使用 imageToVehicle 函数获取车辆坐标系中对应的车道边界点：

```
[imageX,imageY]=find(birdsEyeBW);    %查找图像边界点
xyBoundaryPoints=imageToVehicle(bevSensor.birdsEyeConfig, ...
       [imageY,imageX]);    %将图像坐标转换为车辆坐标
boundaries=findParabolicLaneBoundaries(xyBoundaryPoints, ...
       approxBoundaryWidth);    %查找边界
```

（6）使用 insertLaneBoundary 函数将车道覆盖在原始图像上：

```
XPoints=3:30;       %设置 X 点范围
BEconfig=bevSensor.birdsEyeConfig;    %定义传感器
lanesBEI=insertLaneBoundary(birdsEyeImage,boundaries(1), ...
BEconfig,XPoints);    %插入左车道线
lanesBEI=insertLaneBoundary(lanesBEI,boundaries(2),BEconfig, ...
XPoints,'Color','green');    %插入右车道线
imshow(lanesBEI)
```

将车道覆盖在原始图像上，如图 3-75 所示。

（7）在鸟瞰图中查看车道：

```
figure
sensor=bevSensor.birdsEyeConfig.Sensor;   %定义传感器
lanesI=insertLaneBoundary(I,boundaries(1),sensor,XPoints);
lanesI=insertLaneBoundary(lanesI,boundaries(2), ...
sensor,XPoints,'Color','green');
imshow(lanesI)
```

在鸟瞰图中查看车道，如图 3-76 所示。

图 3-75　将车道覆盖在原始图像上　　　　图 3-76　在鸟瞰图中查看车道

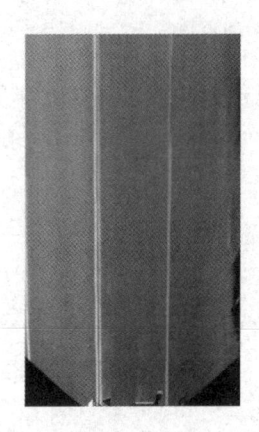

2．采用 MATLAB，在视频上进行车道线检测

实现在视频中进行车道线检测的代码如下所示。

```
%设置视频读取器和播放器
videoFile = '01_city_c2s_fcw_10s.mp4';
videoReader = VideoReader(videoFile);
videoPlayer = vision.DeployableVideoPlayer;
% 跳到所需的帧
time = 3;
videoReader.CurrentTime = time;
frameWithoutAnnotations = readFrame(videoReader);
imshow(frameWithoutAnnotations);
```

```
title('Original Video Frame')
%获取相应记录的数据
recordingFile = '01_city_c2s_fcw_10s_sensor.mat';
[visionObjects,laneReports,timeStep,numSteps]= readDetectionsFile(recordingFile);
currentStep = round(time / timeStep) + 1;
videoDetections = processDetections(visionObjects(currentStep));
laneBoundaries = processLanes(laneReports(currentStep));
%为视频显示器设置 MonoCamera 对象
sensor = setupMonoCamera(videoReader);
frameWithAnnotations = updateDisplay(frameWithoutAnnotations, sensor, videoDetections, laneBoundaries);
imshow(frameWithAnnotations);
title('Annotated Video Frame')
%将时间重置为零
currentStep = 0;        %重置记录的数据时间步长
videoReader.CurrentTime = 0;    %重置视频读取器时间
while currentStep < numSteps && hasFrame(videoReader) %更新方案计数器
    currentStep = currentStep + 1;      %获取当前时间
    %为跟踪器准备检测
  videoDetections=processDetections(visionObjects(currentStep), videoDetections);
    %工艺通道
    laneBoundaries = processLanes(laneReports(currentStep));
    %使用报告对象的注释更新视频帧
    frameWithoutAnnotations = readFrame(videoReader);
    frameWithAnnotations = updateDisplay(frameWithoutAnnotations, sensor, videoDetections, laneBoundaries);
    %所记录的数据是以每秒 20 帧的速率获得
%  暂停 50ms 以获得更逼真的显示速率。如果您在此循环中处理数据和表单轨迹，则不需要在此暂停
    pause(0.05 - toc);
    %显示带注释的框架
    videoPlayer(frameWithAnnotations);
end
function sensor = setupMonoCamera(vidReader)
%根据视频信息定义摄像头的内部
focalLength = [1260 1100];      %   pixels
principalPoint = [360 245];     % pixels
imageSize = [vidReader.height, vidReader.width]; %   pixels
intrinsics = cameraIntrinsics(focalLength, principalPoint, imageSize);
%定义摄像头的安装位置（摄像头的外部）
mountingHeight = 1.45;   % height in meters from the ground
mountingPitch = 1.25;    % pitch of the camera in degrees
mountingRoll = 0.15;     % roll of the camera in degrees
mountingYaw = 0;         % yaw of the camera in degrees
sensor = monoCamera(intrinsics, mountingHeight, ...
    'Pitch', mountingPitch, ...
    'Roll',  mountingRoll, ...
    'Yaw',   mountingYaw);
end
function frame = updateDisplay(frame, sensor, videoDetections, laneBoundaries)
```

```
%为边界框分配内存
bboxes = zeros(numel(videoDetections), 4);
%创建边界框
for i = 1:numel(videoDetections)
    %Use monoCamera sensor to convert the position in vehicle coordinates
    %传感器将车辆坐标系中的位置转换为图像坐标系中的定位
    %报告对象的宽度,并用于计算对象周围边界框的大小(每侧的一半宽度),不会报告对象的高度。
    %相反,该功能对汽车使用 0.85 的高宽比,对行人使用 3 的高宽比
    %报告的位置位于地面上对象的中心,即边界框的底部
    xyLocation1 = vehicleToImage(sensor, videoDetections(i).positions' + [0,videoDetections(i).widths/2]);
    xyLocation2 = vehicleToImage(sensor, videoDetections(i).positions' - [0,videoDetections(i).widths/2]);
    dx = xyLocation2(1) - xyLocation1(1);
    %基于对象类定义高宽比
    if strcmp(videoDetections(i).labels, 'Car')
        dy = dx * 0.85;
    elseif   strcmp(videoDetections(i).labels, 'Pedestrian')
        dy = dx * 3;
    else
        dy = dx;
    end
    %估计车辆周围的边界框;减去边界框的高度以定义左上角
    bboxes(i,:) =[(xyLocation1 - [0, dy]), dx, dy];
end
%添加标签
labels = {videoDetections(:).labels}';
%将边界框添加到框架
if ~isempty(labels)
    frame = insertObjectAnnotation(frame, 'rectangle', bboxes, labels,...
        'Color', 'yellow', 'FontSize', 10, 'TextBoxOpacity', .8, 'LineWidth', 2);
end
%在视频帧中显示车道边界
xRangeVehicle = [1, 100];
xPtsInVehicle = linspace(xRangeVehicle(1), xRangeVehicle(2), 100)';
frame = insertLaneBoundary(frame, laneBoundaries(1), sensor, xPtsInVehicle, ...
    'Color', 'red');
frame = insertLaneBoundary(frame, laneBoundaries(2), sensor, xPtsInVehicle, ...
    'Color', 'green');
end
function [visionObjects, laneReports, timeStep, numSteps] = readDetectionsFile(filename)
A = load(strcat(filename));
visionObjects = A.vision;
laneReports = A.lane;
%准备一些时间变量
%每 50ms 提供一次车道数据
timeStep = 0.05;
numSteps = numel(visionObjects); %记录的时间步数
end
```

```
function videoDetections = processDetections(visionData, videoDetections)
%视频传感器根据以下枚举将分类值报告为整数（从 0 开始）
ClassificationValues = {'Unknown', 'Unknown Small', 'Unknown Big', ...
    'Pedestrian', 'Bikc', 'Car', 'Truck', 'Barrier'};
%此帧中传感器报告的对象总数
numVideoObjects = visionData.numObjects;
%视频对象每秒仅报告 10 次，但视频的帧速率为每秒 20 帧。为了防止注释闪烁，如果没有视频对象，
%此函数将返回上一个时间步长的值
if numVideoObjects == 0
    if nargin == 1 %即使没有以前的值也返回结果
        videoDetections = struct('positions', {}, 'labels', {}, 'widths', {});
    end
    return;
else
    %为视频检测的相关信息数据准备一个容器
    videoDetections = struct('positions', [], 'labels', [], 'widths', []);
    for i = 1:numVideoObjects
        videoDetections(i).widths = visionData.object(i).size(2);
        videoDetections(i).positions = visionData.object(i).position(1:2);
        videoDetections(i).labels = ClassificationValues{visionData.object(i).classification + 1};
    end
end
end
function laneBoundaries = processLanes(laneReports)
%返回已处理的车道边界
%边界类型信息
types = {'Unmarked', 'Solid', 'Dashed', 'Unmarked', 'BottsDots', ...
    'Unmarked', 'Unmarked', 'DoubleSolid'};
%读取此帧记录车道的报告
leftLane     = laneReports.left;
rightLane    = laneReports.right;
%为左右车道边界创建抛物面车道边界对象
leftParams = cast([leftLane.curvature, leftLane.headingAngle, leftLane.offset], 'double');
leftBoundaries = parabolicLaneBoundary(leftParams);
leftBoundaries.BoundaryType = types{leftLane.boundaryType};
rightParams   = cast([rightLane.curvature, rightLane.headingAngle, rightLane.offset], 'double');
rightBoundaries = parabolicLaneBoundary(rightParams);
rightBoundaries.BoundaryType = types{rightLane.boundaryType};
laneBoundaries = [leftBoundaries, rightBoundaries];
end
```

3．霍夫变换

实现霍夫变换的代码如下所示。

```
ori=imread('D:\P15\桌面\road.png');      %读取图像
pic_gray=rgb2gray(ori);                  %转为灰度图像
figure(1)   %设置图形窗口 1
```

```
imshow(pic_gray)    %显示灰度图形
filter1_pic=medfilt2(pic_gray);    %图像高斯滤波
filter2_pic=filter2(fspecial('average',3),filter1_pic)/255;    %图像滤波
figure(2)    %设置图形窗口 2
imshow(filter2_pic)    %显示滤波图像
bw_pic=im2bw(filter2_pic);  %图像进行二值化处理
figure(3)    %显示图形窗口 3
imshow(bw_pic)    %显示二值化图像
verge_pic=edge(bw_pic,'canny');    %边缘识别
figure(4)    %设置图形窗口 4
imshow(verge_pic)    %显示边缘识别图像
[H,T,R]=hough(verge_pic);    %霍夫变换
figure(5)    %设置图形窗口 5
imshow(H,[],'XData',T,'YData',R,'InitialMagnification','fit') %显示霍夫变换
xlabel('\theta 轴')    %设置坐标轴
ylabel('\rho 轴');    %设置坐标轴
axis on    %打开坐标轴
axis normal    %调节坐标轴纵横比
hold on;    %保持图形
P=houghpeaks(H,2,'threshold',ceil(0.3*max(H(:))));    %寻找霍夫变换峰值
x=T(P(:,2));y=R(P(:,1));    %给 x、y 赋值
plot(x,y,'s','color','white')    %绘制 x、y
lines=houghlines(verge_pic,T,R,P,'FillGap',50,'MinLength',50); %寻找直线
figure(6)    %设置图形窗口 6
imshow(verge_pic)    %显示车道线图像
hold on    %保存图像
[h,w]=size(ori);    %原始图像尺寸
for k=1:length(lines)    %循环开始
   xy=[lines(k).point1;lines(k).point2];    %取 xy 值
X=[xy(1,1),xy(2,1)];    %X 坐标
Y=[xy(1,2),xy(2,2)];    %Y 坐标
   p=polyfit(X,Y,1);    %曲线拟合
   t=0:0.01:w;    %设 t 的取值范围
n=polyval(p,t);    %多项式曲线求值
   plot(t,n,'LineWidth',5,'Color','green');    %绘制车道线
end
figure(7)    %设置图像窗口 7
imshow(ori)    %显示原始图像
hold on    %保存图像
[h,w]=size(ori);    %原始图像的尺寸
for k=1:length(lines)    %循环开始
   xy=[lines(k).point1;lines(k).point2];    %取 xy 值
X=[xy(1,1),xy(2,1)];    %X 坐标
Y=[xy(1,2),xy(2,2)];    %Y 坐标
   p=polyfit(X,Y,1);    %曲线拟合
   t=0:0.01:w;    %设 t 的取值范围
n=polyval(p,t);    %多项式曲线拟合
```

```
        plot(t,n,'LineWidth',5,'Color','green');    %绘制车道线
end         %循环结束
```

【自我审视】

运用 MATLAB 实现摄像头检测障碍物时遇到了什么困难？请给出你的观点。

_____
_____
_____
_____
_____

评价反思

项目完成后，学生进行自评，评价自己是否能完成摄像头的选型与装配，是否能完成摄像头的标定及障碍物检测，以及按时完成实训工单内容等。教师对学生进行评价的内容包括：实训报告撰写是否工整规范，报告内容的真实性、重复性，实训结果分析是否合理，是否起到实训作用等。

（1）按照表 3-7，学生进行自我评价。

表 3-7　学生自评表

姓名：	组别：	学号：	
评价项目	评价标准	分　值	得　分
摄像头的组成与原理	能正确描述摄像头的组成与分类	10	
摄像头的选型	能正确选择摄像头的型号	10	
摄像头的装配	能按照正确的操作流程装配摄像头	10	
摄像头内外参标定	能正确完成摄像头的内参和外参标定	10	
摄像头障碍物的检测与识别	能正确完成摄像头对障碍物的检测与识别	10	
基于摄像头的车道线的检测与识别	能正确完成摄像头对车道线的检测与识别	10	
工作态度	态度端正，无无故缺勤、迟到及早退现象	10	
协调能力	与小组成员、同学之间能合作交流，协调工作	10	
职业素养	能做到安全生产、文明实验，爱护公共设施	10	
创新意识	举一反三，能对所学知识创新应用	10	
		100	

（2）以小组为单位，同学们对摄像头装配与调试项目中小组成员的表现进行互评，填写在表 3-8 中。

表 3-8 学生互评表

评价项目	分值	等级								评价对象					
										1	2	3	4	5	6
方案精准	15	优秀	15~10	良好	10~8	中等	8~5	差	<5						
团队协作	10	优秀	10~8	良好	8~6	中等	6~5	差	<5						
组织有序	10	优秀	10~8	良好	8~6	中等	6~5	差	<5						
工作质量	10	优秀	10~8	良好	8~6	中等	6~5	差	<5						
工作完整	10	优秀	10~8	良好	8~6	中等	6~5	差	<5						
工作规范	10	优秀	10~8	良好	8~6	中等	6~5	差	<5						
成果展示	15	优秀	15~10	良好	10~8	中等	8~5	差	<5						
实验完成度	20	优秀	20~15	良好	15~13	中等	13~10	差	<10						

（3）教师对各小组在项目制作过程中的表现及项目完成情况进行评价，填写在表 3-9 中。

表 3-9 教师综合评价表

评价项目		评价标准	分值	得分
考勤（10%）		无无故缺勤、迟到及早退现象	10	
过程评价（60%）	摄像头的组成与原理	能正确描述摄像头的组成及测距原理	8	
	摄像头的选型	能正确选择摄像头的型号	8	
	摄像头的装配	能按照正确的操作流程装配摄像头	8	
	摄像头内外参标定	能正确完成摄像头的内参和外参标定	8	
	摄像头障碍物的检测与识别	能正确完成摄像头对障碍物的检测与识别	10	
	基于摄像头的车道线的检测与识别	能正确完成摄像头对车道线的检测与识别	10	
	职业素养	能做到安全生产、文明实验，爱护公共设施	5	
	团队协作	与小组成员、同学之间能合作交流，协调工作	5	
结果评价（20%）	项目完整度	能按时完成项目	7	
	报告规范性	报告撰写规范、重复率	7	
	成果展示	能准确表达、汇报工作成果	8	
增值评价（10%）	横向增值	本项目各任务的成绩相比上一项目各任务增幅 5 分及以上	8	
综合评价	学生自评（15%）	小组互评（25%）	教师评价（55%）	增值评价（5%）	综合得分

练习提升

【知识巩固题】

1. 选择题

（1）Apollo 自动驾驶系统主要依赖（　　）进行车道线检测。
  A．激光雷达 B．摄像头 C．超声波雷达 D．毫米波雷达

（2）摄像头环境感知的特点有（　　）。
  A．分辨率高   B．成本低
  C．很强的三维深度信息   D．全天候工作

（3）（　　）不是目前主要的摄像头障碍物检测方法。
  A．YOLO B．SSD C．Faster RCNN D．TensorFlow

（4）在 Apollo 自动驾驶系统中，摄像头外参标定是求解摄像头与（　　）关系。
  A．世界坐标系 B．激光雷达坐标系 C．摄像头坐标系 D．IMU 坐标系

（5）摄像头外参标定记录的数据有（　　）。
  A．摄像头的位置信息   B．摄像头的姿态信息
  C．摄像头的安装位置   D．摄像头相对于激光雷达的位姿

（6）摄像头的畸变不包括（　　）。
  A．桶形畸变 B．枕形畸变 C．切向畸变 D．胡子畸变

（7）（　　）为摄像头的内参矩阵。
  A．D 矩阵 B．P 矩阵 C．K 矩阵 D．R 矩阵

（8）在查看 usb_cam 的 topic 时，我们主要关注（　　）topic。
  A．/usb_cam/camera_raw   B．/usb_cam/camera_info
  C．/usb_cam/camera_raw/compressed D．/image_view/output

（9）（　　）命令在摄像头标定中不会使用到。
  A．roscore   B．roslaunch usb cam usb_cam-test.launch
  C．rostopic list   D．roscd apollo

（10）摄像头的优点有（　　）。
  A．分辨率高 B．精度较高 C．方向性好 D．成本低

2. 填空题

（1）在 Apollo 的车道线检测模块中，将车道线检测当作_____问题处理。

（2）Apollo 平台中的视觉感知算法的主要场景有_____、_____、_____。

（3）SSD 障碍物检测方法的全称是_____。

（4）广义的摄像头主要由____、____、____、____、____和____等组成。狭义的摄像头是指_____，它的作用是将镜头所成的图像转变为数字和模拟信号输出，是视觉检测的核心部件，可将其分为____和____两种。

3. 判断题

（1）摄像头的位置信息单位为米。（　　）

（2）欧拉角描述物体的姿态信息，结果不唯一。（ ）

（3）欧拉角存在维度消失现象。（ ）

（4）在 Apollo 自动驾驶系统中使用四元数描述物体的姿态信息。（ ）

（5）摄像头的姿态信息与其安装位置有关。（ ）

（6）摄像头的畸变通过标定是可以消除的。（ ）

（7）摄像头的畸变分为径向畸变和切向畸变。（ ）

（8）D 矩阵描述的是摄像头畸变参数。（ ）

4．简述题

（1）简述目前检测车道线的方法。

（2）简述摄像头检测障碍物的主要方法。

（3）简述 YOLO 障碍物检测方法的特点。

（4）简述摄像头内参标定的意义。

（5）简述张友正摄像头标定的步骤。

项目四

激光雷达的装配与调试

学习目标

【知识目标】

1. 熟悉激光雷达的组成、分类及特点；
2. 熟悉激光雷达的测距测速原理；
3. 掌握激光雷达的选型原则及装配方法；
4. 掌握激光雷达外参标定的基本原理与方法；
5. 掌握数据感知模块的数据结构；
6. 掌握激光雷达检测及识别障碍物的方法与基本流程；
7. 了解激光雷达在智能网联汽车中的应用；
8. 了解激光雷达的技术参数。

【能力目标】

1. 能正确完成激光雷达的选型和装配，能正确诊断和排除装调常见故障；
2. 能正确完成激光雷达的外参标定，并能判断标定结果；
3. 能正确查看感知模块运行数据；
4. 能正确启动激光雷达点云；
5. 能正确完成激光雷达检测及识别障碍物，并能诊断和排除常见故障。

【素质目标】

1. 形成团结协作的意识；
2. 养成创新意识和自主创新能力；
3. 养成精益求精、一丝不苟的精神；
4. 养成吃苦耐劳、勤奋努力的劳动精神；
5. 形成弘扬正能量的社会主义核心价值观。

情景导入

激光雷达是智能网联汽车中常见的传感器。激光雷达通过电磁波获取目标的位置和速度，以及周围环境的三维特征，通过向目标发射激光信号、分析目标的反射信号获取信息，根据目标的密度信息，就可轻易识别汽车、行人等。因此，激光雷达的使用环境非常广泛。图4-1为激光雷达点云图。

图4-1 激光雷达点云图

随着自动驾驶技术的不断提高，人们对感知系统获取环境信息的全面性、准确性和高效性要求越来越高，使激光雷达深受车企喜爱。但激光雷达存在价格高、体积大，受天气影响较大，在雾霾、雨雪等能见度低的环境中的可探测距离短等缺点，也使激光雷达成为制约智能网联汽车发展的关键部件之一。

激光雷达在智能网联汽车中起到哪些作用？激光雷达有哪些技术参数？如何安装激光雷达？激光雷达如何进行标定及检测障碍物？带着这些问题，让我们进入本项目的学习。

且思且行

学生准备	1. 按照5~6人一组，完成异质分组，建立团队文化； 2. 完成激光雷达基础知识的预习工作； 3. 安装 Apollo 软件，并熟悉常用指令的使用方法； 4. 安装 MATLAB 软件，并熟悉常用指令的使用方法
教师准备	1. 选定调试软件，并测试软件的稳定性； 2. 设计实验任务单、技能评价单的样式； 3. 检查实训设备的运行情况，确保设备电量充足； 4. 准备授课需要的各种硬件设备、工具及各种资料
资源准备	微课、二维三维动画、中国 MOOC、视频、Apollo 软件、MATLAB 软件、Apollo D-KIT Lite（无人小车）等

任务一 激光雷达的认识与装配

【任务描述】

智能网联汽车是怎样实现自动驾驶的呢？智能网联汽车行驶的必备条件有精准定位，

高精度感知周围环境，这些都离不开激光雷达。激光雷达作为智能网联汽车的"千里眼"，可以确定物体的位置、大小、外部形貌，甚至材质，利用扫描出来的点云数据绘制高精度地图，并进行精准定位，确保车辆行驶安全。因此，激光雷达在自动驾驶领域有着广阔的应用空间。

一辆智能网联汽车经车厂技术人员检修发现，该车的激光雷达损坏了，需要更换。作为一名工程师，您对激光雷达了解多少呢？激光雷达有哪些技术参数呢？如何进行激光雷达的选型及装配呢？带着这些问题，进入本任务的学习。

【问题探究】

引导问题 4-1-1：通过查询资料，请简述激光雷达的定义及组成部件。

_____
_____
_____
_____
_____

知识 4-1-1　激光雷达定义

激光是一种具有高亮度、高方向性的单色性和相干性的光，是继原子能、计算机和半导体后人类又一重大发明。

激光雷达（Light Laser Detection and Ranging，Lidar）是激光探测及测距系统的简称，利用激光束作为发射光源，采用光电探测技术，获得数据并生成精准的数字工程模型。激光雷达具有分辨率和灵敏度高、抗干扰性强的特点，能够实现全天时工作。常用的激光雷达样式如图 4-2 所示。

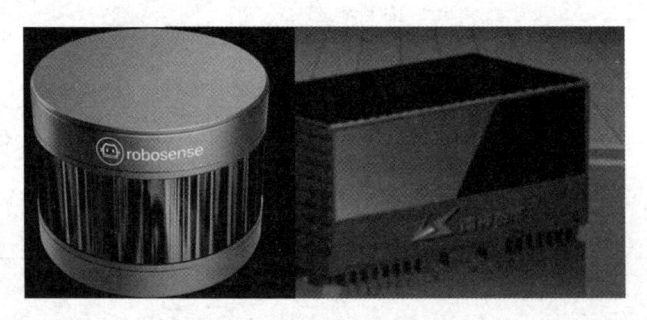

图 4-2　常用的激光雷达样式

激光雷达在自动驾驶中有三维环境感知和即时定位与地图构建（Simultaneous Localization And Mapping，SLAM）两大核心功能。在三维环境感知方面，激光雷达通过激光扫描可得车辆周围环境的三维模型，运用相关算法可较为容易地探测出周围的车辆和行人，并进行障碍物的检测、分类和跟踪。在 SLAM 方面，激光雷达可以通过扫描得到的点云数据实现同步创建地图。因此，激光雷达在生成高精度地图方面发挥着传感器的作用。

知识 4-1-2 激光雷达组成

目前，常见的激光雷达主要由激光发射器、激光接收器、信号处理单元和旋转机构四大核心组件构成，如图 4-3 所示。

（1）激光发射器：激光发射器是激光雷达的激光发射机构，在工作过程中，它会以脉冲的方式点亮，如每秒点亮和熄灭 16000 多次。

（2）激光接收器：激光接收器由望远镜和各种形式的光电探测器（如光电倍增管、半导体光电二极管、雪崩光电二极管、红外和可见光多元探测器件等）组成，激光照射到障碍物后，通过障碍物的反射光线会经由望远镜镜头汇聚到激光接收器上。

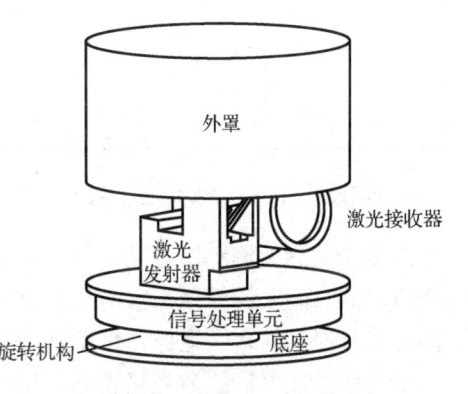

图 4-3 激光雷达的组成

（3）信号处理单元：信号处理单元负责控制激光发射器的发射、信号处理，计算与目标物体之间的距离等信息。

（4）旋转机构：将核心部件以稳定的转速旋转起来，实现对所在平面扫描，并产生实时平面图信息。

知识 4-1-3 激光雷达特点

由于激光雷达使用的是激光束，工作频率较微波高了许多，因此具有以下优点。

（1）探测范围广：可达 300m 以上。

（2）分辨率高：分辨率高是激光雷达最显著的优点。其中，距离分辨率可达 0.1m；速度分辨率能达到 10m/s 以内；角度分辨率不低于 0.1mrad，也就是说可以分辨 3km 距离上相距 0.3m 的两个目标。

（3）抗干扰能力强：激光直线传播、方向性好、光束非常窄，只有在其传播路径上才能被接收到，不易受干扰；另外，与微波雷达易受自然界广泛存在的电磁波影响的情况不同，自然界中能对激光雷达起干扰作用的信号源不多，因此激光雷达抗有源干扰的能力很强。

（4）信息量丰富：可探测目标的距离、角度、反射强度、速度等信息，生成目标多维度图像。

激光雷达也存在明显的缺点，具体如下所示。

（1）在雨雪、雾霾天气下的测量精度将会下降。激光一般在晴朗天气里衰减较小，传播距离较远，但其工作时受天气和大气影响较大，传播距离大受影响。

（2）与毫米波雷达相比，激光雷达体积大，成本高。

（3）激光雷达难以识别交通标志的含义和交通信号灯的颜色。在自动驾驶系统中，必须使用其他的传感器（如摄像头等）辅助进行车辆与环境的交互过程。

引导问题 4-1-2：在已知激光雷达定义及组成的基础上，请描述激光雷达的测距原理及各方法的优缺点。

测距方法	测距原理	特点分析

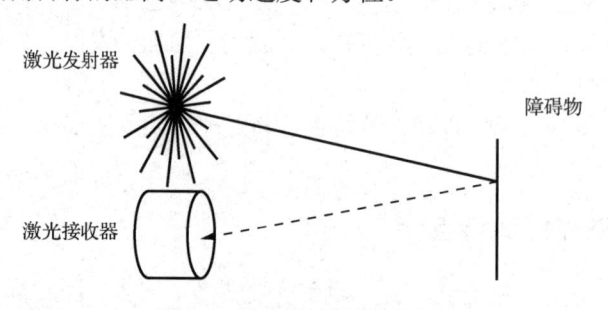

知识 4-1-4　激光雷达的测距原理

激光雷达的测距原理是：通过测算激光发射器发射激光信号到激光接收器接收到激光信号所用的时间，计算激光雷达与目标之间的距离。如图 4-4 所示，激光雷达发出激光信号，激光信号遇到树木、道路、桥梁和建筑物等障碍物会被反射到激光雷达的激光接收器上。测量激光信号反射到达激光接收器所用的时间、信号的强弱程度和频率变化等参数，计算往返的时间，从而确定被测目标的距离、运动速度和方位。

图 4-4　激光雷达的测距原理

按照所发射激光信号的不同形式，激光雷达的测距方法有以下两种。

1. 信号飞行时间（Time of Flight，TOF）测距法

TOF 测距法是目前应用较多的方法之一，其基本原理是在测距点处向被测目标发射一束短而强的激光信号，激光信号到达目标后会反射回一部分被激光接收器接收。测量发射和接收激光信号的时间间隔，即激光信号在待测距离上的往返时间，然后根据光速计算距离。

假设信号目标距离为 S，激光信号往返的时间间隔是 T，光速为 c，$c=3\times10^8$m/s，测距公式为 $S=(T\times c)/2$，如图 4-5 所示。

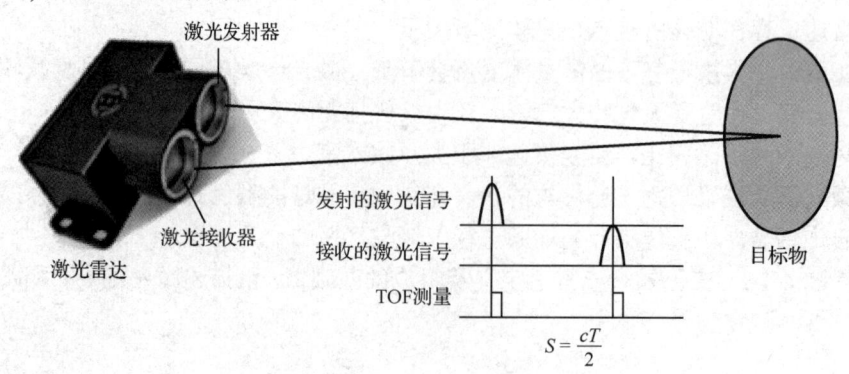

$$S=\frac{cT}{2}$$

图 4-5　TOF 测距法

该方法原理简单,相对成熟,适用于长距离测量,但该方法对计时器的精确度要求较高,容易受环境影响,绝大部分车载激光雷达采用该方法测距。

2. 相位测距法

相位测距的原理是利用发射的激光信号和接收的激光信号之间形成的相位差来测量距离。对发射的激光信号的强度进行连续的调制,测定其往返过程中所经过的相位变化,从而间接测量出传播时间,进而计算出距离。相位测距原理如图 4-6 所示。

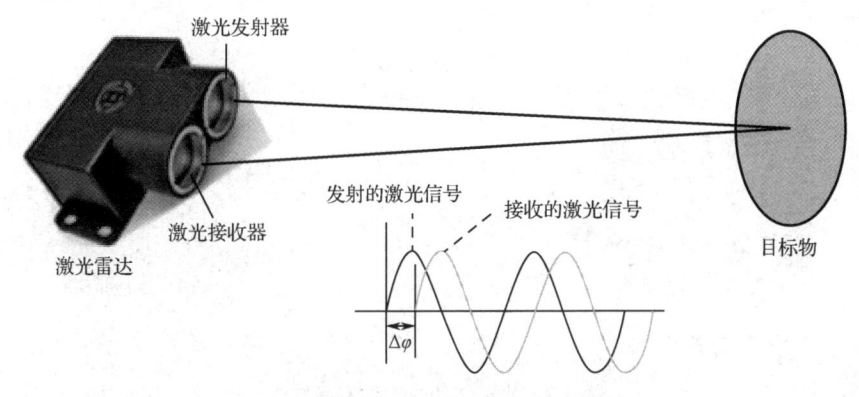

图 4-6 相位测距原理

激光从发射到接收的时间为

$$t = \frac{\Delta\varphi}{\omega} = \frac{\Delta\varphi}{2\pi f} \quad (4-1)$$

式中,$\Delta\varphi$ 为发射的激光信号和接收的激光信号之间的相位差,ω 为正弦波角频率,f 为正弦波频率。

待测距离为

$$L = \frac{1}{2}ct = \frac{c\Delta\varphi}{4\pi f} \quad (4-2)$$

相位测距法精度高,被公认为是最具有发展潜力的距离测量技术。

引导问题 4-1-3:请查询资料,讨论目前常用的激光雷达有哪些类型,并分析其优势和劣势。

_____
_____
_____
_____
_____

知识 4-1-5 激光雷达的分类

随着激光雷达的应用场景越来越广泛,激光雷达的种类也变得越来越多。例如,激光雷达按照有无机械旋转部件和线束数量的多少进行如下分类。

1. 按有无机械旋转部件进行分类

按照有无机械旋转部件分为机械式激光雷达、固态激光雷达和混合固态激光雷达三种。

1）机械式激光雷达

机械式激光雷达是指通过旋转电机带动光机结构整体旋转的机械式方案,激光发射器、激光接收器等元器件都会随着扫描模块进行360°旋转,从而生成一个立体点云,实现对环境的感知扫描。图4-7为机械式激光雷达及其结构。

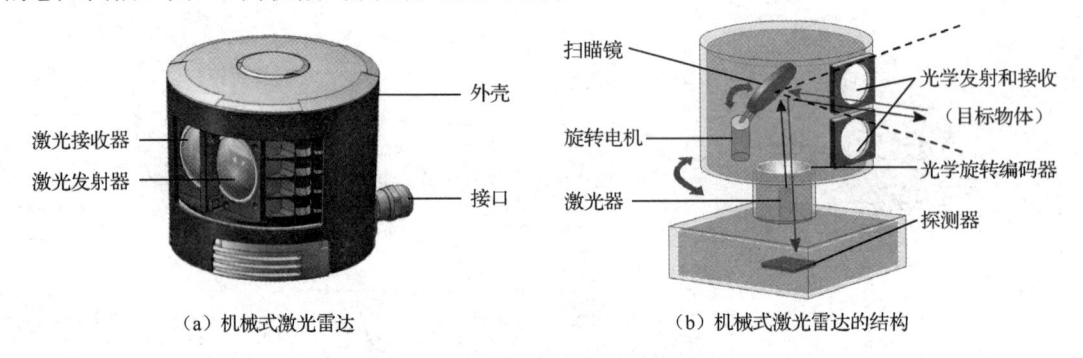

（a）机械式激光雷达　　　　　　　（b）机械式激光雷达的结构

图4-7　机械式激光雷达及其结构

机械式激光雷达通过物理旋转进行3D扫描,全面覆盖周围环境,形成点云,优点是精度高、工作稳定,缺点是复杂且高频转动的机械结构使其寿命相对较短,且机械式激光雷达扫描线束的提高依赖于激光收发装置的堆叠,体积较大,价格昂贵。

2）固态激光雷达

随着传统机械式激光雷达渐渐不能满足自动驾驶落地的需要,出现了固态激光雷达,其依靠电子部件来控制激光信号的发射角度,不需要机械旋转部件,尺寸较小,可安装于车体内,因此受到各企业的追捧。

相比于机械式激光雷达,固态激光雷达结构上最大的特点是自身不存在任何移动的部件,覆盖范围虽有所限制,但取消了复杂且高频转动的机械结构,耐久性得到了巨大的提升,体积也可以大幅缩小。当前的固态激光雷达主要分为两种,即Flash激光雷达和光学相控阵列（Optical Phased Array,OPA）激光雷达。

Flash激光雷达能够在短时间内直接向前方发射出一大片覆盖探测区域的激光信号,通过高度灵敏的激光接收器实现对周围环境的绘制,如图4-8所示。Flash激光雷达的原理类似于拍照,但最终生成的数据包含了深度等3D数据。但是由于其在短时间内要发射大面积的激光信号,因此在探测精度和探测距离上会受到较大的影响。

OPA激光雷达则采用了高度集成化的光学相控技术,将激光器的功率分配到不同的相位调制器,通过光学天线发射,在空间远场形成较强的能量光束。通过不同的相位,不同角度的光束能够对物体进行扫描,从而不需要采用物理扫描的方式,具体工作原理如图4-9所示。但是,OPA激光雷达对材料和工艺的要求都极为苛刻,研发成本较高。因此,OPA激光雷达的发展与应用也存在诸多限制。

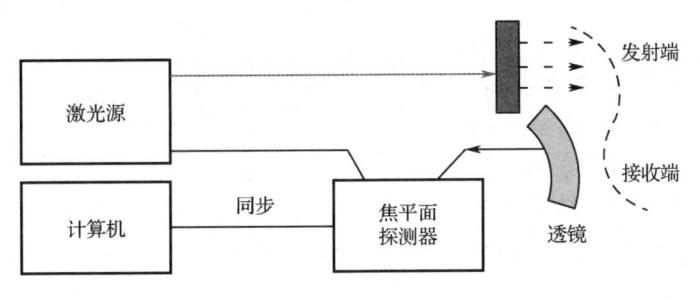

图 4-8　Flash 激光雷达的工作原理

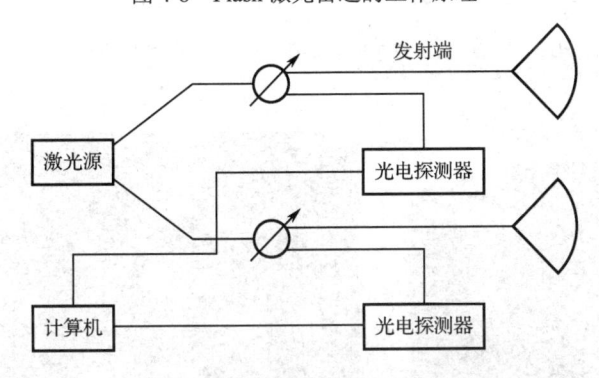

图 4-9　OPA 激光雷达的工作原理

3）混合固态激光雷达

混合固态激光雷达用半导体微动器件来代替宏观机械式扫描器件，在微观尺度上实现发射端的激光扫描方式。微机电系统（Micro-Electro-Mechanical System，MEMS）将机械结构进行微型化、电子化设计，将原本体积较大的机械结构通过微电子工艺集成在硅基芯片上进行大规模生产。MEMS 激光雷达主要通过 MEMS 微镜来实现垂直方向的一维扫描，通过整机 360°水平旋转来完成水平扫描。MEMS 激光雷达中并没有完全消除机械式扫描器件，而是将机械式扫描器件微型化，扫描单元变成 MEMS 微镜。MEMS 激光雷达的工作原理如图 4-10 所示。

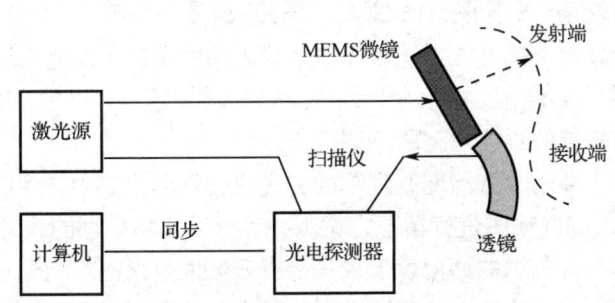

图 4-10　MEMS 激光雷达的工作原理

以上几种激光雷达在测量范围、可靠性、成本、尺寸等方面的对比如表 4-1 所示。

表 4-1　不同类型激光雷达的对比

激光雷达种类	测量范围	可靠性	成本	尺寸
机械式	远	好	中-高	大

续表

激光雷达种类	测量范围	可靠性	成本	尺寸
MEMS	中-远	好	低	小
Flash	近	很好	低	小
OPA		优点：没有运动部件	缺点：测量范围受限	

2. 按线束数量的多少进行分类

根据线束数量的多少，激光雷达又可分为单线束激光雷达与多线束激光雷达，如图4-11所示。

（a）单线束激光雷达　　　　　　（b）32线束激光雷达

图4-11　单线束及32线束激光雷达

单线束激光雷达是指激光源发出的线束是单线的激光雷达，其所获得的数据为2D数据，因此无法区别有关目标物体的3D信息。不过，由于单线束激光雷达具有测量速度快、数据处理量少等特点，多被应用于安全防护、地形测绘等领域。单线束激光雷达成本低，只能测量距离。

多线束激光雷达是指能同时发射及接收多束激光信号的激光雷达，目前市场上的多线束激光雷达产品包括4线束、8线束、16线束、32线束、64线束等，可细分为2.5D激光雷达及3D激光雷达。2.5D激光雷达与3D激光雷达最大的区别在于激光雷达的垂直视野范围，前者的垂直视野范围一般不超过10°，而后者可达到30°甚至40°以上，这也就导致两者对于激光雷达在汽车中的安装位置要求有所不同。

少线束激光雷达主要用于智能网联汽车的先进驾驶辅助系统中。多线束激光雷达主要用于制作自动驾驶汽车的3D地图进行精准定位，并进行道路和车辆的识别等。

点云是激光雷达扫描数据的通用表现形式，点云数据是由三维激光雷达设备扫描得到的空间点的数据集，每一个点都包含了三维坐标信息，也是我们常说的X、Y、Z三个元素，有的还包含颜色信息、反射强度信息、回波次数信息等。图4-12为美国威力登（Velodyne）公司的128线束激光雷达和64线束激光雷达生成的点云数据图。从图中可以看出，128线束激光雷达生成的点云数据明显清晰。

(a) 64 线束激光雷达生成的点云数据图

(b) 128 线束激光雷达生成的点云数据图

图 4-12 激光雷达生成的点云数据图

【任务实施】

子任务一：激光雷达的选型

同学们掌握了激光雷达的分类及其工作原理等基础知识，那么如何选择合适的激光雷达呢？需要考虑哪些关键选型指标呢？

引导问题 4-1-4：激光雷达的性能指标有哪些？查阅相关车企要求，请制定适合 L2+级别车辆使用的激光雷达方案？

_____
_____
_____
_____
_____

知识 4-1-6　激光雷达的性能指标

（1）线束数：理论上讲，激光雷达的线束越多、越密，对环境的描述就越充分。常见的激光雷达线束数量有 16、32、64、128 等。

图 4-13 中的每个同心圆都表示一组激光器扫描的点云。对于两组相邻的激光器而言，其垂直间隔角为常量，因此距离越远，相邻激光器扫描的点云同心圆间隔越大。也就是说，距离越远，数据的保真度越低。

图 4-13　多线束激光雷达的点云数据图

（2）波长：目前市场上三维成像激光雷达最常用的波长是 905nm 和 1550nm。1550nm 波长的激光雷达可以以更高的功率运行，905nm 波长的激光雷达的主要优点是在该波长处吸收光子。

（3）安全等级：国际电工委员会（IEC）依据激光的波长、最大输出功率，将激光产品划分为 7 个等级。车载激光雷达一般要求人眼安全级别为 Class1，即在任何条件下，眼睛都不会受到危害光的辐射。

（4）探测距离：激光雷达的测距与目标的反射率相关。例如，参数表中出现"『200m@10%』"，意思是在反射率为 10% 的情况下的最远探测距离为 200m。

（5）视场角（FOV）：指的是激光雷达在水平和垂直方向上的检测角度。

（6）扫描帧频：指激光雷达点云数据更新的频率，单位为赫兹（Hz）。例如，10Hz，即旋转镜每秒转 10 圈，同一方位的数据点更新 10 次。

（7）分辨率：分水平角分辨率和垂直角分辨率。其中，水平角分辨率是指水平方向上扫描线间的最小间隔度数；垂直角分辨率指垂直方向上两条扫描线的间隔度数。

（8）点频：点频指的是激光雷达每秒完成探测并获取的探测点的总数目，也叫出点数或每秒点数。点频（pts/s）=（水平视场角/水平角分辨率）×线束数×扫描帧频。

例如：某品牌 128 线束激光雷达的水平视场角为 120°，水平角分辨率为 0.1°，扫描帧频为 10Hz，则其点频为

$$(120/0.1)×128×10=1536000 \text{pts/s}$$

故扫描一次产生 (120/0.1)×128=153600 个点，由于其扫描帧频为 10Hz，1s 扫描 10 次，则点频为 153600×10=1536000pts/s。

> **小提示：**
> 激光雷达的视场角、分辨率和扫描帧频这三个参数是相互依存、相互影响的。如果不说明其他两个参数，片面强调其中一个参数，那么这样的结果是片面的。例如，某家厂商为了展现其激光雷达"等效 640 线束"的高分辨率，将扫描帧频设置为 1Hz，而实际上，在 1Hz 的扫描帧频下，激光雷达对动态目标的追踪能力滞后，是无法使用的。用点频来描述激光雷达的性能，可以有效避免上面的"陷阱"。

知识 4-1-7　激光雷达关键部件的选型

激光雷达本质上是一个复杂的光机电系统，其性能优劣不能通过单一指标来判定，需要结合实际应用场景（探测终端、探测环境和探测目标）与相应的功能诉求来综合判断。比如空旷的无人园区，该应用场景对激光雷达的探测距离要求高，对角分辨率要求则较低。

同时，产品功能也由具体应用场景决定。通常意义上，中低速应用场景对激光雷达的核心功能诉求在于建图及避障，以实现智能移动终端在具体应用场景下的灵活绕障，精准停靠。

激光雷达的关键部件包含光源、扫描部件和探测器。激光雷达关键部件的选型原则如表 4-2 所示。

表 4-2　激光雷达关键部件的选型原则

光源选择	扫描部件选择	探测器选择
◇ 对人眼睛安全	◇ 运动器件少	◇ 高灵敏度
◇ 瞬时脉冲（2～5ns）	◇ 成本低	◇ 高增益
◇ 单脉冲下高能量峰值	◇ 可靠性高	◇ 低抖动
◇ 窄带宽（单色性好）	◇ 扫描视场角大	◇ 低电子噪声

光源的选择主要考虑以下几个因素：首先，光源需要具有很好的单色性并且在单脉冲下具有较高的能量峰值，这样反射的信号更容易被探测到，有利于增加探测的准确性。其次，车载激光雷达在日常使用中，需要保证对人眼的安全性，所以要尽量避开 400～700nm 的可见光波段。最后，要考虑激光器的制造成本和光波的吸收问题。

当前市场上的激光雷达产品主要采用 1550nm 和 905nm 两个波长的光源，这两种红外光源的对比如表 4-3 所示。例如，Velodyne、速腾聚创、禾赛科技大部分都采用 905nm 波长的光源，此外也有部分企业使用 1550nm 波长的光源。

表 4-3　两种红外光源的对比

1550nm	905nm
◇ 对人眼睛安全	◇ 接近可见光，人眼轻微可见
◇ 在环境中背景辐射少	◇ 在空气中传播稳定
◇ 需要红外探测器，价格稍贵	◇ 硅基探测器，价格便宜

扫描部件的选择在知识 4-1-5 中已详细描述，此处不再赘述。

探测器的选择主要考虑以下因素：高灵敏度、高增益、低抖动、低电子噪声。探测器的

抖动会直接影响距离的测量精度。由于激光信号照射在远处物体后经过漫反射返回到探测器的信号非常弱，通常选择灵敏度较高的雪崩管探测器或光电倍增管作为激光雷达的探测器。

速腾聚创旗下的 16 线束产品 RS-Helios-16P 拥有 30°垂直视角，16 线束均匀分布，如图 4-14 所示。RS-Helios-16P 激光雷达的具体参数如表 4-4 所示。

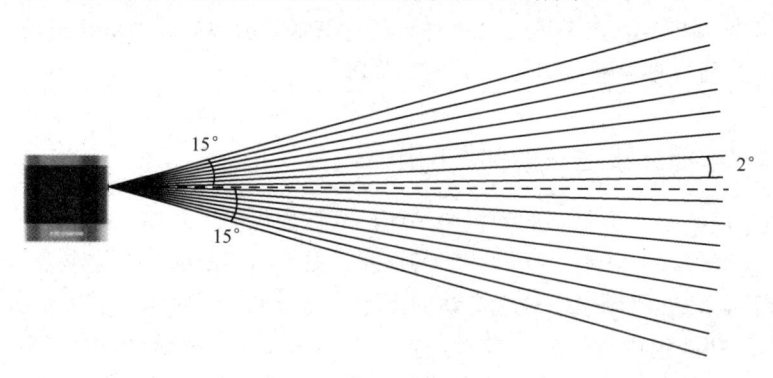

图 4-14 RS-Helios-16P 激光雷达

表 4-4 RS-Helios-16P 激光雷达的具体参数

线束数	16	以太网输出	100M Base T1
激光波长	905nm	输出数据协议	UDP packets over Ethernet
激光安全等级	Class1 人眼安全	UDP 数据包内容	三维空间坐标、反射强度、时间戳等
测距能力	150m	工作电压	9～32V
盲区	≤0.2m	产品功率	11W
精度	±3cm（0.1～1m） ±2cm（1～100m） ±3cm（100～150m）	重量	约 1.0kg
水平视场角	360°	尺寸	ϕ100mm×H100mm
垂直视场角	30°（-15°～+15°）	工作温度	-40～+60℃
水平角分辨率	0.1°/0.2°/0.4°	存储温度	-40～+85℃
垂直角分辨率	2°	时间同步	$GPRMC with 1PPS，PTP&gPTP
扫描帧频（帧率）	5Hz/10Hz/20Hz	防护等级	IP67
转速	300/600/1200r/min（5Hz/10Hz/20Hz）	点频（出点数）	288000pts/s（单回波） 576000pts/s（双回波）

子任务二：激光雷达的装配

安装激光雷达并调整其安装位置，使激光雷达能够更精确地测量目标的位置、运动状态和形状，探测、识别、分辨和跟踪目标，熟悉激光雷达的安装步骤，以及安装注意事项。

引导问题 4-1-5：请讨论激光雷达的安装位置。

知识 4-1-8　激光雷达的安装要求及注意事项

根据检测目标的不同，激光雷达的安装位置也不同。目前激光雷达常见的安装位置有车顶、前保险杠等。

激光雷达安装在车顶，如图 4-15（a）所示。由于激光雷达安装在车顶存在站得高、望得远、看得广，安全度高的特点，深受车企喜爱，如威马、哪吒、上汽飞凡等车企都相信将激光雷达安装在车顶是现阶段最优的解决方案。

将激光雷达安装在前保险杠上，可起到隐藏作用，并且这种安装方式垂直方向上的视野盲区小，对近场低障碍物的识别效果更好，如图 4-15（b）所示。另外，有些车企还将激光雷达安装在前照灯下方，主要起到补充或辅助性避障的作用，如极狐阿尔法 S HI 版、小鹏 P5/G9 等。

（a）安装在车顶　　　　　　　　　　（b）安装在前保险杠上

图 4-15　激光雷达的安装位置

在安装激光雷达时，要注意以下事项。

（1）用于固定激光雷达的安装底座建议尽可能平整，不要出现凹凸不平的现象。

（2）安装底座上的定位柱应严格遵循激光雷达底部定位柱的深度，定位柱的高度不能大于 4mm。

（3）安装底座的材质建议使用铝合金材质，有助于激光雷达散热。

（4）固定激光雷达的时候，倾斜角度不建议超过 90°，倾斜角度过大会对激光雷达的寿命造成影响。

（5）安装走线的时候，不要将激光雷达上面的线拉得太紧，需要保持线缆具有一定的松弛度。

（6）注意人身和设备安全；场地面积足够，无障碍物；检测功能时，学员应在指定工作区域，以免随意走动造成干扰。

引导问题 4-1-6：有一个速腾聚创 16 线束激光雷达需要安装在车上，请制作安装流程，并完成激光雷达的配置。

_____
_____
_____
_____
_____

知识 4-1-9　激光雷达的安装流程

序　号	步　　骤	操 作 说 明
1	取出激光雷达	
2	将激光雷达转接线与激光雷达一拖三线缆连接	
3	激光雷达的支架中心位置处有安装孔位，如右图（a）所示，将激光雷达支架顺时针转动安装到激光雷达的固定支架上并锁止，如右图（b）所示，激光雷达的线束朝向车辆的正后方，水平安装，精度在 2°以内。激光雷达的扫描范围为激光雷达中心点所在的水平面上下 15°，航向角误差为±2°	（a）支架　（b）固定支架
4	将激光雷达的电源接口（端口 4、端口 5）接入车上的 12V 接线盒	
5	将端口 3（网线接口）通过网线与工控机相连	

续表

序号	步骤	操作说明
6	将端口 2（授时）与组合导航的授时端口相连，组合导航如右图所示，该端口具有防反插功能（惯性导航单元：水平安装于感知实训台的左右中心线上，壳体印有 xoy 面朝上，壳体 xoy 坐标系的 x 轴垂直于中心线，y 轴平行于中心线，指向感知实训台的前方）	

知识 4-1-10　激光雷达的配置

1. 工控机的配置检查

Apollo D-KIT Lite S 激光雷达是直连到工控机的，激光雷达使用的网段为 192.168.1.x。由于工控机可以通过路由器连接网络，故工控机里有 2 个以太网配置项，检查配置时，注意不要搞错。若实在搞不清，请先拔掉路由器网线再来检查配置。工控机插头如图 4-16 所示。

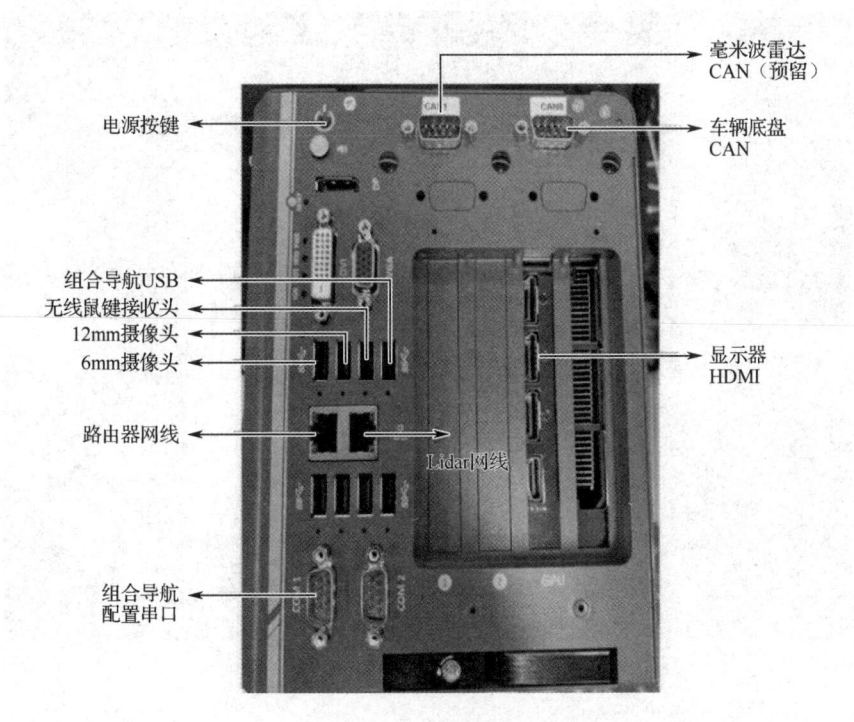

图 4-16　工控机插头

连接网络的流程如图 4-17 所示。检测配置的流程如图 4-18 所示。

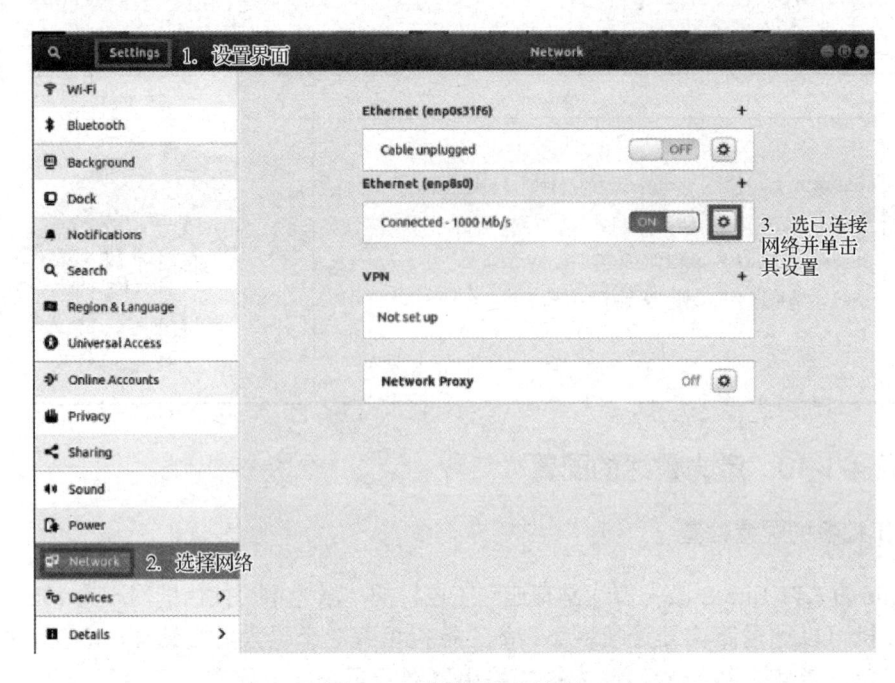

图 4-17 连接网络的流程

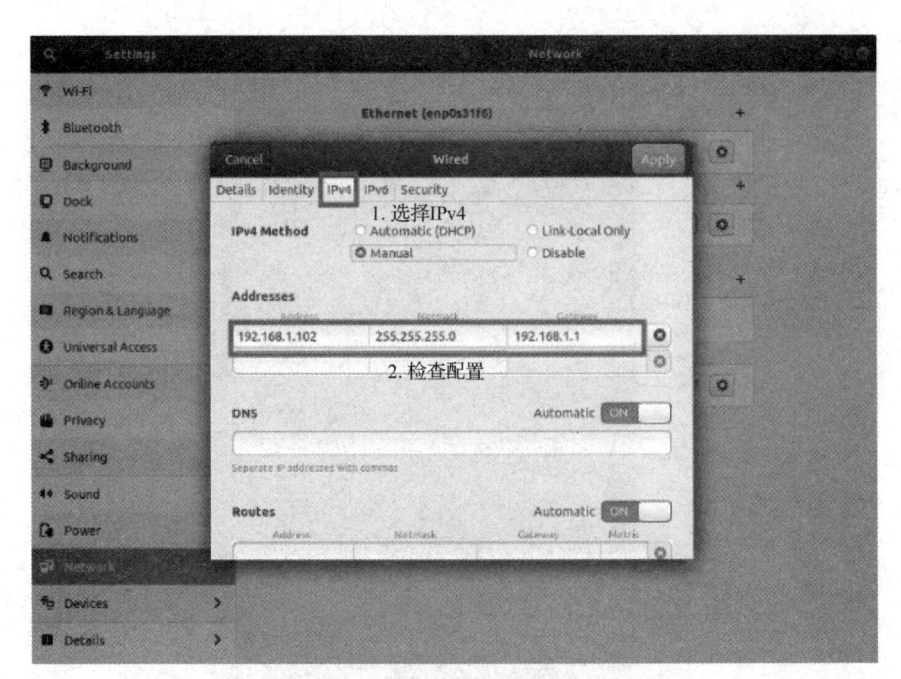

图 4-18 检查配置的流程

2. 激光雷达的配置检查

不同款式的激光雷达的配置检查方法不同，以速腾 robosense 激光雷达为例进行配置检查。使用组合键 Ctrl+Alt+T 启动命令行终端窗口，并在命令行终端窗口中输入并执行以下命令（见图 4-19）：

```
ping 192.168.1.200
```

图4-19　在命令行终端窗口中输入并执行相关命令

若激光雷达的 IP 地址可以 ping 通，表示激光雷达正常。

若激光雷达为 Velodyne 的 16 线束激光雷达，则在命令行终端窗口中输入并执行以下命令：

```
ping 192.168.1.201
```

【知识拓展】

拓展知识一：激光雷达在智能网联汽车中的应用

激光雷达是智能网联汽车的重要部件，主要应用在目标检测、同步定位与建图（SLAM）等方面。

1. 目标检测

智能网联汽车对周围环境的准确感知是保证安全驾驶的基础，因此感知数据的精确度和可靠性十分重要。激光雷达作为自动驾驶目标检测的重要传感器之一，常用于目标检测、障碍物识别、道路分割和目标关键信息提取等，如图 4-20 所示。

图4-20　目标检测

2. SLAM

SLAM 指搭载激光雷达的车辆在运行过程中使用实时的激光点云数据估计自身的位姿，

同时增量式构建周围的环境地图的算法。基于激光雷达的 SLAM 不受光照影响，数据量比较小，创建的地图精度高，并且多线束激光雷达还能提供丰富的三维点云数据，适应室外复杂环境，因此在低速自动驾驶领域广受欢迎。SLAM 如图 4-21 所示。

图 4-21　SLAM

拓展知识二：激光雷达的检测标准

目前，车载激光雷达检测通用性较强的标准如下所示。

（1）国家市场监督管理总局发布的国家标准：《光电测量　智能驾驶汽车用激光雷达主要参数测试方法》。

（2）中国汽车工业协会发布的团体标准：《车载激光雷达检测方法》。

激光雷达测试一览表如表 4-5 所示。

表 4-5　激光雷达测试一览表

测试方法	测试设备	测试能力	测试项目
实验室法	恒温、恒湿实验室，均布光学吸收涂层（反射率低于 5%），无激光多次反射造成干扰	（1）依托高精度转台、导轨，可实现角度、盲区、干扰、反射率等测试； （2）激光回波模拟器可实现远距离点精准度及最大探测距离等模拟测试； （3）依托光功率计、示波器等仪器，可实现发射、接收组件级测试	（1）最大探测距离和最小探测距离； （2）测距精准度：反射率范围为 5%～99%； （3）水平/垂直视场角； （4）角度分辨率； （5）角度精准度漏检角拖点； （6）不同距离下的反射强度一致性； （7）不同角度下的反射强度一致性干扰； （8）动态范围； （9）发散角； （10）重复频率； （11）有效口径
	转台：旋转角度精度优于 0.03°，水平旋转范围为 360°，俯仰角度范围为 ±45°		
	导轨：直线度优于 0.01°，定位精度为 1mm		
	激光回波模拟器：模拟距离范围为 20～300m，模拟距离精度为 1cm		
	反射板：反射率范围为 5%～99%		

续表

测试方法	测试设备	测试能力	测试项目
外场法	700m 长直标准跑道	（1）依托测试台架和漫反射板，开展封闭场地静态测试，并可与实验室法测试结果进行数据对比； （2）道路设施设备可提供各种目标、障碍物的功能场景测试； （3）依托雨雾模拟系统可实现环境影响测试	（1）最大探测距离和最小探测距离； （2）测距精准度：反射率范围为10%~80%； （3）不同距离下的反射强度一致性； （4）不同角度下的反射强度一致性； （5）场地测试，轮胎； （6）场地测试，龙门架； （7）场地测试，交通标识牌； （8）场地测试，金属护栏； （9）场地测试，白黑色轿车； （10）场地测试，锥筒； （11）场地测试，黑色行人； （12）场地测试，黑色骑行者； （13）场地测试，黑色摩托车； （14）夜晚条件下的测试项； （15）降雨条件下的测试项； （16）降雾条件下的测试项
	测试台架：搭载高精度全站仪，实现外场精准测距		
	漫反射板：符合朗伯特性，最大为 1.5m×2m		
	道路设施设备：假人、假车等整车测试标准目标物、交通标识牌、龙门架、轮胎等		
	雨雾模拟系统：可模拟调节小、中、大雨量级降雨及降雾等环境影响		

拓展知识三：激光雷达主流厂家

随着汽车四化的发展，车载激光雷达的市场规模逐渐扩大，各国拥有先进技术的企业纷纷冲进车规级激光雷达领域。美国、德国等国家的车规级激光雷达技术相对成熟，国内企业也在加速冲刺，涌现出一批有竞争力的企业，如速腾聚创、禾赛科技等。

1. 部分国外企业

1）Velodyne

Velodyne 是全球领先的激光雷达巨头，早在 2005 年，创始人 David Hall 发明了 360°旋转式 64 线束激光雷达，一举成为全球领先的激光雷达供应商。2010 年，谷歌首次测试的无人驾驶汽车用的激光雷达就是由 Velodyne 提供的。公开资料显示，不仅谷歌、百度、福特、通用、奔驰等采用了 Velodyne 的激光雷达方案，四维图新、微软 Bing、Here、高德、TomTom 等高精度地图厂商也都采用了 Velodyne 的激光雷达方案。

2）IBEO

IBEO 是全球第一个拥有车规级激光雷达的企业，其于 2017 年推出了全固态激光雷达 A-Sample 样机；与法雷奥合作开发并量产车规级激光雷达 SCALA，旗下既有 LUX 系列产品，还有与长城汽车、亮道智能共同开发的 ibeoNEXT 等产品，主要应用于奥迪、长城等车企。

3）Quanergy

Quanergy 于 2012 年在美国硅谷成立，2014 年推出第一款产品 M8-1，并在奔驰、现代等公司的实验车型上得到应用；2018 年 7 月，其固态激光雷达生产线获得 IATF 16949 认证，这是 Quanergy 将其车规级固态激光雷达推向市场的关键步骤。

Quanergy 推出的产品包括 M8、S3、S3-Qi、Q-Guard 等，服务于奇瑞、吉利等车企。M8 之后，Quanergy 相继发布的产品开始走固态路线，采用了光学相控阵列（OPA）技术，规模量产后可大幅降低传感器价格。

4）Aeva

Aeva 传感器的核心是调频连续波（FMCW）4D 激光雷达系统，这是一种将激光雷达的所有关键元件集成于一颗微型芯片中，可发射一束连续的、低功率的激光来测量物体反射波频率变化的技术。

公开信息显示，Aeva 已与 30 家顶级 OEM 和汽车企业（奥迪、大众等）建立了合作关系，还获得了保时捷的战略投资。

2. 部分国内企业

1）禾赛科技

禾赛科技是全球领先的 3D 传感器（激光雷达）制造商，2014 年成立于上海，致力于开发基于激光的机器人传感技术。2020 年，禾赛科技推出 128 线束激光雷达，实现了高性能与低成本的结合。禾赛科技自主研发的激光雷达 Pandar40 已经装在了硅谷、底特律、匹兹堡及欧洲和我国各地的数十家顶尖自动驾驶公司的智能网联汽车上。

2）速腾聚创

速腾聚创（RoboSense）是全球领先的智能激光雷达系统科技企业，总部位于深圳。RoboSense 的合作伙伴覆盖全球各大自动驾驶科技公司、车企、一级供应商等，产品技术已广泛应用于自动驾驶及高级辅助驾驶乘用车、商用车、物流车、机器人、RoboTaxi、RoboTruck、RoboBus、车路协同、公共智慧交通等场景。

3）镭神智能

镭神智能成立于 2015 年，不仅是全球唯一一家同时掌握了 TOF 时间飞行法、相位法、三角法和调频连续波等四种测量原理的激光雷达公司，也是国内唯一一家自主研发出激光雷达专用 16 通道 TIA 芯片、激光雷达自动化及半自动化生产线、1550nm 光纤激光器的激光雷达公司。

4）华为

华为在 2018 年正式宣布进军汽车领域，目前在武汉有一个光电技术研究中心，主要负责研发激光雷达技术，目标是短期内迅速开发出 100 线束激光雷达。2020 年 12 月 21 日，华为发布车规级高性能激光雷达产品和解决方案，具备 120°×25°大视野，应对城区、高速等场景的人、车测距需求，全视场测距可达 150m。

随后，华为 96 线束车规级中长距前置激光雷达也已搭载于极狐阿尔法 S HI 版车型上；

除了北汽集团，华为还与一汽集团、长安汽车、东风集团、上汽集团、广汽集团、比亚迪、长城汽车、奇瑞控股、江淮汽车、宇通（客车）、赛力斯、南京依维柯、T3 出行等车企达成合作，共建"5G 汽车生态圈"。

【任务评价】

评价项目	评价内容	评价标准	分值	评价			综合得分
				自评	互评	师评	
激光雷达基础知识	激光雷达的定义、组成及测距原理	能正确描述激光雷达的定义、组成及测距原理	20				
激光雷达的选型	激光雷达的选型指标、选型注意事项	能合理选择激光雷达	20				
激光雷达的装配	激光雷达的装配	能按照标准顺序装配激光雷达，并完成调试	20				
安全生产	设备操作 场地 6S 安全意识	1. 安全正确操作设备；2. 工作场地整洁，工件、量具等摆放整齐规范；3. 做好事故防范措施，具备安全操作和环保意识	20				
职业素养	学习态度 团队合作 现场管理	1. 积极学习相关基础知识并参与任务计划；2. 严格按照团队分工完成任务；3. 服从安排，遵守实验室管理制度	20				

【自我审视】

将激光雷达实际应用到智能网联汽车上会面临哪些困境？请给出你的观点。

_____
_____
_____
_____
_____

任务二　激光雷达的标定

【任务描述】

安装激光雷达后，需对其进行标定，使智能网联汽车能够精确测量目标的位置、运动状

态和形状,探测、识别、分辨和跟踪目标。根据任务安排,需要完成对激光雷达零件的外参标定,在实施标定之前,你需要学习激光雷达外参标定的流程和相关术语的含义,掌握关于激光雷达外参标定的基本原理和工作方法,确保在任务规定的时间内完成对激光雷达外参的标定。在工作过程中注意总结知识要点,观察标定时系统的界面,思考所学知识点与实物完成标定工作时的应用关系。

【问题探究】

引导问题 4-2-1:为什么需要对激光雷达进行标定?

_____
_____
_____
_____
_____

知识 4-2-1 激光雷达标定简介

激光雷达与车身为刚性连接,两者间的相对姿态和位置固定不变,为了建立各个激光雷达之间的相对坐标关系,需要对激光雷达的安装进行标定,并将激光雷达采集到的数据从激光雷达坐标系中统一转换至车身坐标系中。激光雷达的标定包含内参和外参的标定。内参标定指的是内部激光雷达发射器坐标系与激光雷达坐标系的转换关系,在出厂前已经标定完成,可以直接使用。外参标定是求解激光雷达坐标系与车身坐标系的变换关系,是需要进行标定的。

引导问题 4-2-2:请讨论多线束激光雷达的标定原理?

_____
_____
_____
_____
_____

知识 4-2-2 坐标系定义

1. 激光雷达坐标系

为了将激光雷达采集到的数据转换到车身坐标系中应用或显示,需要对激光雷达的安装位置进行标定,并将激光雷达采集的数据从激光雷达坐标系转换到车身坐标系中。激光雷达坐标系的定义如图 4-22 所示。

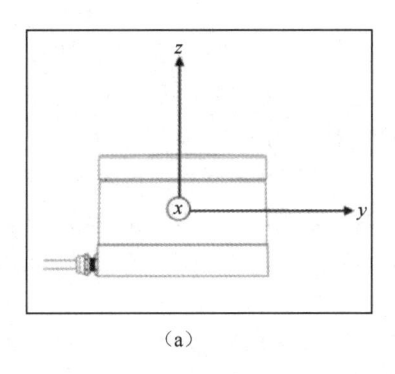

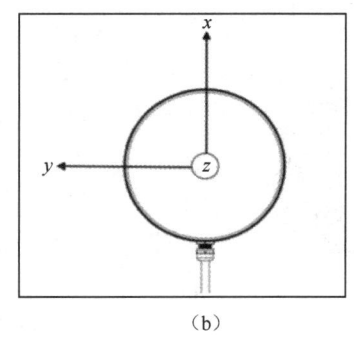

图 4-22　激光雷达坐标系的定义

在图 4-22 所示的坐标系中，以百度 D-KIT 车辆上安装的 Velodyne 16 线束激光雷达为例，其坐标系的原点位于传感器底座上方 37.7mm 处的中心轴上。如图 4-23 所示，以平行于底座并通过坐标原点的平面为 xy 平面，其中 x 轴正方向指向车头方向，y 轴的正方向指向车辆的左侧。以垂直于 xy 平面并通过坐标原点的轴为 z 轴，z 轴的正方向为垂直向上。

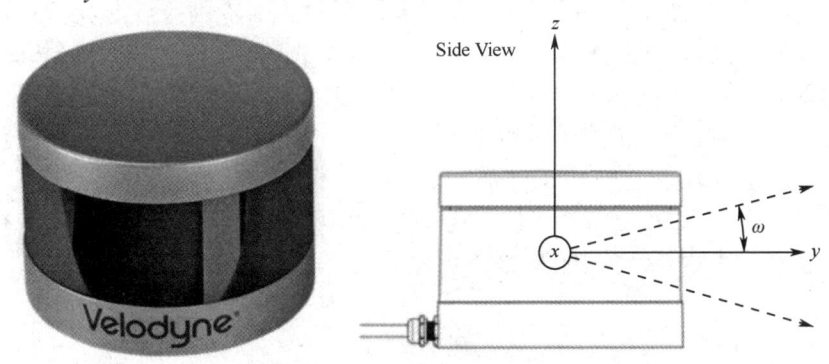

图 4-23　Velodyne 16 线束激光雷达及激光雷达坐标系

2. 车身坐标系

车身坐标系与惯性导航单元（IMU）坐标系重合，如图 4-24 所示为车身坐标系的定义，其 x 轴正方向为车身左侧，y 轴正方向为车头方向，z 轴正方向为垂直向上。

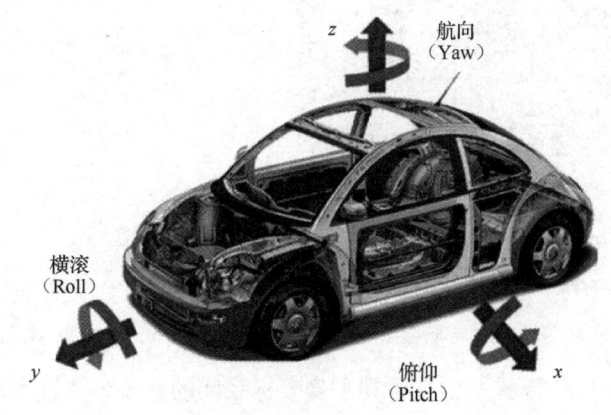

图 4-24　车身坐标系的定义

车身坐标系的原点与 IMU 坐标系的原点重合。在 IMU 上，IMU 坐标系的原点位于 IMU 的几何中心处。如图 4-25 所示为 IMU 实物图，IMU 坐标系的 x 轴、y 轴过坐标系原点分别平行于壳体标有的 x 轴、y 轴；IMU 坐标系的 z 轴为垂直于 x、y 所在平面且向上方向。其坐标系的原点位于 x 轴和 y 轴的交点处下移设备厚度的 1/2（22mm）位置处。IMU 安装于车辆后轴中间处，平行于地面，y 轴指向车辆前方。

图 4-25 IMU 实物图

百度 D-KIT 开发套件上所配备的 IMU 为 Newton-M2 组合惯导/卫星组合导航系统，其内部集成有高精度卫星接收板卡、三轴 MEMS 陀螺仪和三轴 MEMS 加速度计。

知识 4-2-3 激光雷达标定原理

激光雷达的外参标定任务就是寻找激光雷达坐标系与车身坐标系的刚度变换，激光雷达坐标系与车身坐标系如图 4-26 所示。激光雷达坐标系 $O_L X_L Y_L Z_L$ 的原点为 O_L，X_L 轴正方向指向激光雷达右侧，Y_L 轴正方向指向激光雷达前方，$X_L Y_L$ 平面与底座平面平行，按照右手准则，Z_L 轴正方向垂直 $X_L Y_L$ 平面且指向上方。车身坐标系 $O_V X_V Y_V Z_V$ 随车辆一起运动，原点 O_V 在车辆正前方地面上，X_V 轴正方向指向车辆右侧，Y_V 轴正方向指向车辆前方，Z_V 轴正方向垂直 $X_V Y_V$ 平面且指向上方。

建立坐标系后，可以用一个 3×1 的位置矢量对坐标系中的任何一点进行定位描述。假设图 4-27 所示的激光雷达坐标系中有一点 P^0，则可表示为

$$\boldsymbol{P}^0 = \begin{bmatrix} P_X^L \\ P_Y^L \\ P_Z^L \end{bmatrix} \tag{4-3}$$

式中，$\boldsymbol{P}^0$ 为 P^0 点在激光雷达坐标系中的位置描述，P_X^L、P_Y^L、P_Z^L 为 P^0 点在激光雷达坐标系的 X 轴、Y 轴、Z 轴方向上的偏移量。

图 4-26 激光雷达坐标系与车身坐标系

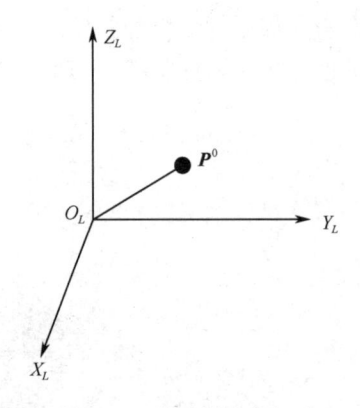

图 4-27 激光雷达坐标系

为准确描述 P^0 点从激光雷达坐标系到车身坐标系间的转换，位置用平移矩阵 $\boldsymbol{T}$、朝向用旋转矩阵 $\boldsymbol{R}$ 来描述，则：

$$\boldsymbol{P}^{0V} = \boldsymbol{R} \cdot \boldsymbol{P}^0 + \boldsymbol{T} \tag{4-4}$$

其中，P^{OV} 为 P^O 点在车身坐标系中的坐标，旋转矩阵 $R=\begin{bmatrix} r_{11} & r_{12} & r_{13} \\ r_{21} & r_{22} & r_{23} \\ r_{31} & r_{32} & r_{33} \end{bmatrix}$，$R$ 为正交矩阵；平移矩阵 $T=\begin{bmatrix} t_1 \\ t_2 \\ t_3 \end{bmatrix}$。

选择合适的标定参照物，求不同点在激光雷达坐标系和车身坐标系中的坐标值，即可求出旋转矩阵和平移矩阵，完成激光雷达外参的标定。

因此，外参标定的本质就是一个坐标系相对另一个坐标系的平移和旋转。

【任务实施】

任务：激光雷达的外参标定

同学们掌握了激光雷达的标定原理，那么在项目中，如何对激光雷达进行外参标定呢？

引导问题 4-2-3：请查阅资料，制作激光雷达外参标定流程图。

引导问题 4-2-4：请在 Apollo D-KIT Lite（无人小车）上完成激光雷达的外参标定。

一、实验准备

（1）实验设备：无人小车。

（2）小组成员：5~6 人一组，明确任务分工。

（3）注意事项：注意人身和设备安全；面积足够大的场地，无障碍物；设备上电前，需经过教师检查确认。

二、测量激光雷达与 IMU 坐标系的初始化外参

（1）在无人小车上找到惯性导航系统设备并确认其坐标。

惯性导航系统设备位于_____。

惯性导航系统设备的壳体上印刷有 xoy 坐标系（见图 4-28），将此坐标系往下平移 1/2 设备高度，即得到 IMU 坐标系的 xoy 平面及 IMU 坐标系的原点，IMU 坐标系的 z 轴过 IMU 坐标系的原点且垂直于 xoy 平面向上。

（2）在无人小车上，找到激光雷达设备（Robosense 的 16 线束激光雷达，如图 4-29 所示），并确认其坐标系原点。

激光雷达坐标系的原点在距离传感器底座上方_____的中心轴上。

图 4-28　惯性导航系统设备 　　　图 4-29　Robosense 的 16 线束激光雷达

> **小提示：**
> 对于无人小车来说，车身坐标系与 IMU 坐标系重合，后续车身坐标系用 IMU 坐标系表示。对于无人小车，激光雷达坐标系（Lidar16）与 IMU 坐标系（IMU）的定义如图 4-30 所示。
>
> 激光雷达坐标系的原点在距离传感器底座上方 37.5mm 处的中心轴上，如图 4-31 所示。

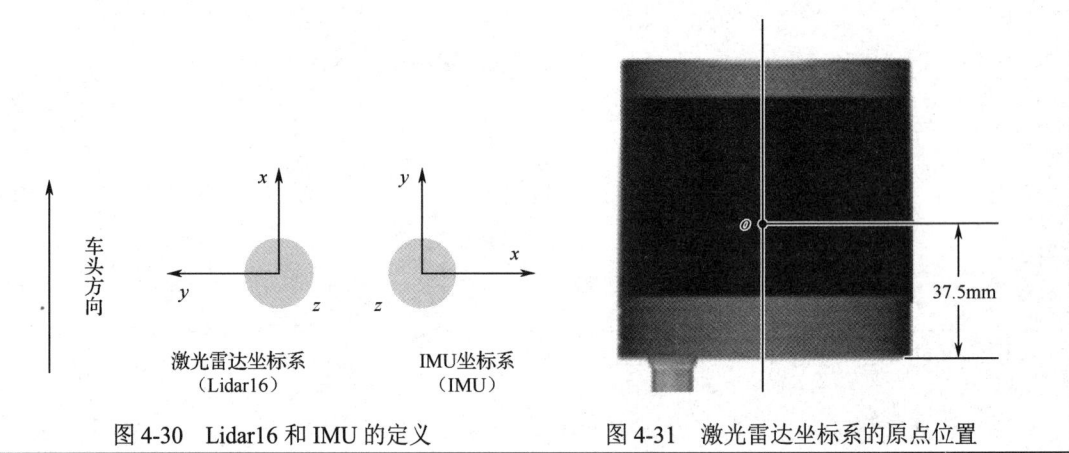

图 4-30　Lidar16 和 IMU 的定义　　　图 4-31　激光雷达坐标系的原点位置

三、测量记录初始化外参

测量激光雷达坐标系的原点在 IMU 坐标系中各个坐标轴的偏移量［单位是（m）］，并做记录：

Transtation X:（ ）; Y:（ ）; Z:（ ）;
Rotation X:（ ）; Y:（ ）; Z:（ ）; W:（ ）。

> **小提示：**
> 由于无人小车的激光雷达安装在固定位置，其姿态描述是可以确定的，用户无须测量该值，可直接使用如下的默认值。
>
> Rotation　W: 0.7071; X: 0.0; Y: 0.0; Z: 0.7071;
> Transtation 矩阵可以手动测量得出，X: 0; Y: 0.414; Z: 0.897。

四、激光雷达外参标定

（1）按下 IPC 电源开关，启动 IPC。在用户登录界面中，进入 Ubuntu 系统。

（2）在终端命令行窗口中输入并执行以下命令，切换到 perception_plat 目录下：

cd　perception_plat

（3）在终端命令行窗口中输入并执行以下命令，启动外参标定软件 SensorCalibrationTool：

sudo ./qt_tool/SensorCalibrationTool　./qt_tool/conf/conf.txt

（4）输入密码 apollo，如图 4-32 所示。

图 4-32　输入密码 apollo

（5）在启动的外参标定软件中单击"激光雷达外参标定"标签，进入"激光雷达外参标定"标签页（见图 4-33）。

（6）将测量到的数据填写到对应的位置姿态栏中，并单击"设置"按钮配置激光雷达的外参到自动驾驶系统中（见图 4-34）。

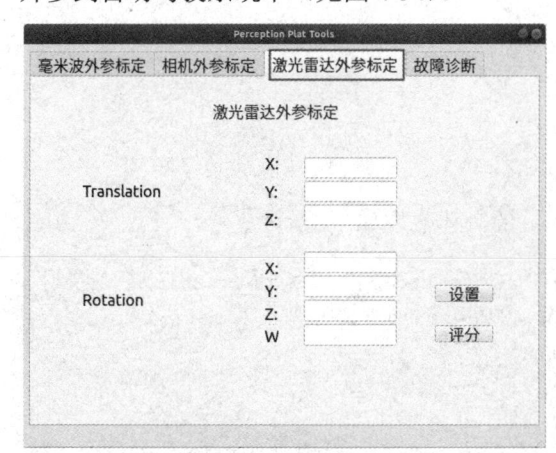

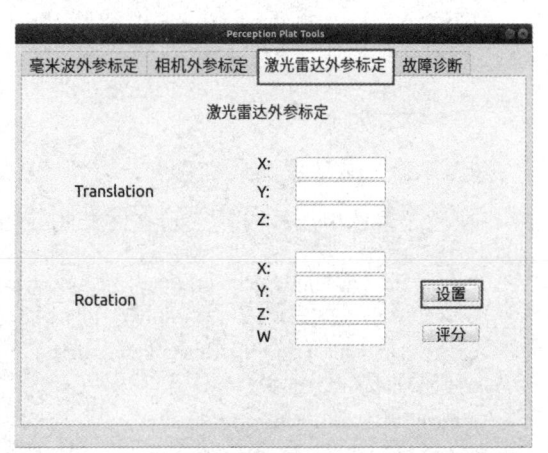

图 4-33　"激光雷达外参标定"标签页（1）　　图 4-34　"激光雷达外参标定"标签页（2）

单击"设置"按钮后，激光雷达的外参会被写入 Apollo 自动驾驶系统中对应的外参文件中。

设置完成后，可以单击"评分"按钮，查看设置的参数是否正确。

（7）关闭外参标定软件，关闭电源总开关。

【知识拓展】

拓展知识：基于 MATLAB 的激光雷达-摄像头联合标定

图 4-35 为激光雷达和摄像头标定的工作流程，实验中采用棋盘作为校准对象，从激光雷达和摄像头采集的数据中提取棋盘的角和面，建立它们坐标系之间的几何关系进行标定。

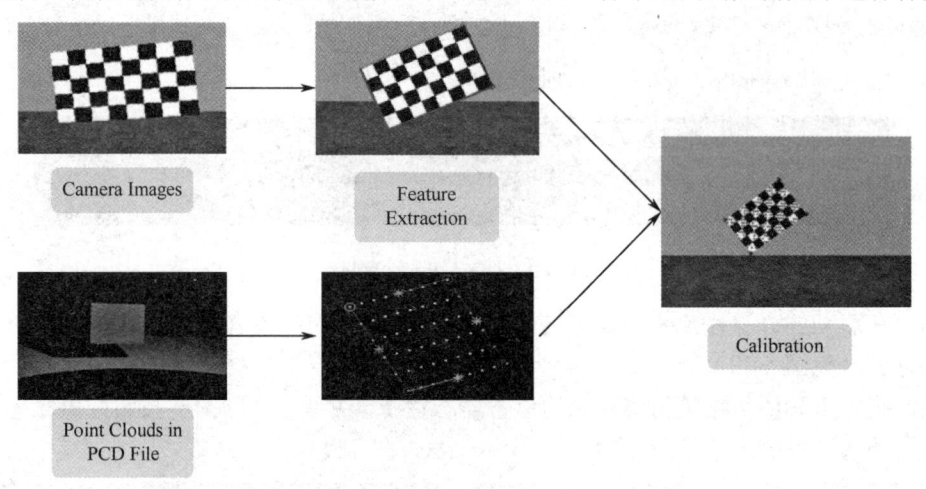

图 4-35　激光雷达和摄像头标定的工作流程

实验步骤如下所示。

1）从激光雷达中加载内置点云文件（HDL-64）

从激光雷达中加载内置点云文件（HDL-64）的具体实现如下所示：

```
imagePath = fullfile(toolboxdir('lidar'),'lidardata','lcc','HDL64','images');
ptCloudPath = fullfile(toolboxdir('lidar'),'lidardata','lcc','HDL64','pointCloud');
cameraParamsPath = fullfile(imagePath,'calibration.mat');
% Load camera intrinsics.
intrinsic = load(cameraParamsPath);
% Load images using imageDatastore.
imds = imageDatastore(imagePath);
imageFileNames = imds.Files;
% Load point cloud files.
pcds = fileDatastore(ptCloudPath,'ReadFcn',@pcread);
ptCloudFileNames = pcds.Files;
% Square size of the checkerboard.
squareSize = 200;
% Set random seed to generate reproducible results.
rng('default')
```

2）执行棋盘角点检测

使用棋盘图案进行校准，从摄像头采集的数据中估计棋盘的边缘，使用 estimateCheckerboardCorners3d 函数来计算棋盘角的坐标和实际棋盘的尺寸，单位为毫米（mm），该函数以世界坐标系中的三维坐标来估计各个角：

```
[imageCorners3d,checkerboardDimension,dataUsed] = ...
estimateCheckerboardCorners3d(imageFileNames,intrinsic.cameraParams,squareSize);
% Remove image files that are not used.
    imageFileNames = imageFileNames(dataUsed);
```

使用 helperShowImageCorners 函数对测试结果进行可视化显示（见图 4-36）：

```
% Display checkerboard corners.
helperShowImageCorners (image Corners3d, image File Names, intrinsic.
cameraParams)
```

图 4-36　测试结果的可视化显示

3）激光雷达棋盘检测

使用 detectRectangularPlanePoints 函数来检测激光雷达采集的数据中的棋盘平面，该函数使用 estimateCheckerboardCorners3d 函数计算出的棋盘尺寸来检测棋盘：

```
% Extract the checkerboard ROI from the detected checkerboard image corners.
roi = helperComputeROI(imageCorners3d,5);
% Filter the point cloud files that are not used for detection.
ptCloudFileNames = ptCloudFileNames(dataUsed);
[lidarCheckerboardPlanes,framesUsed,indices] = ...
    detectRectangularPlanePoints(ptCloudFileNames,checkerboardDimension,ROI=roi);
% Remove ptCloud files that are not used.
ptCloudFileNames = ptCloudFileNames(framesUsed);
% Remove image files.
imageFileNames = imageFileNames(framesUsed);
% Remove 3-D corners from images.
imageCorners3d = imageCorners3d(:,:,framesUsed);
```

使用 helperShowImageCorners 函数对激光雷达棋盘检测结果进行可视化显示，如图 4-37 所示。

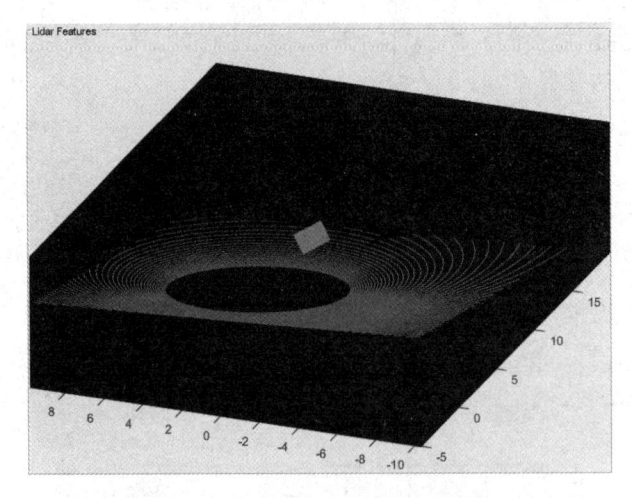

图 4-37　激光雷达棋盘检测结果的可视化显示

4）校准激光雷达和摄像头

使用 estimateLidarCameraTransform 函数估计激光雷达和摄像头之间的刚性变换（校准）矩阵：

```
[tform,errors] = estimateLidarCameraTransform (lidar Checker
  boardPlanes, ...
imageCorners3d,intrinsic.cameraParams);
```

校准完成后，可以通过以下两种方式使用校准矩阵：
- 使用图像中的色彩表示增强激光雷达点云，即生成彩色点云；
- 在图像上投影激光雷达点云。

使用 helperFuseLidarCamera 函数对融合结果进行可视化显示（见图 4-38）：

```
helperFuseLidarCamera(imageFileNames,ptCloudFileNames,indices, ...
intrinsic.cameraParams,tform);
```

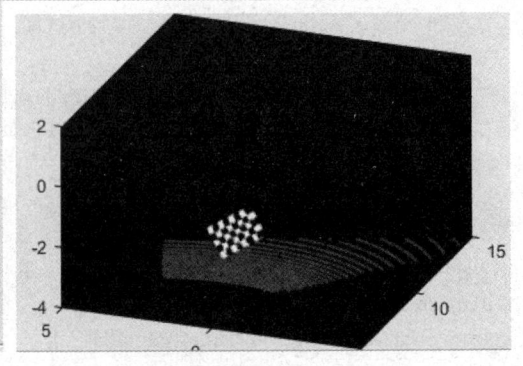

图 4-38　可视化融合结果（棋盘校准结果）的可视化显示

使用 helperShowError 函数绘制估计误差值图（见图 4-39）：

helperShowError(errors);

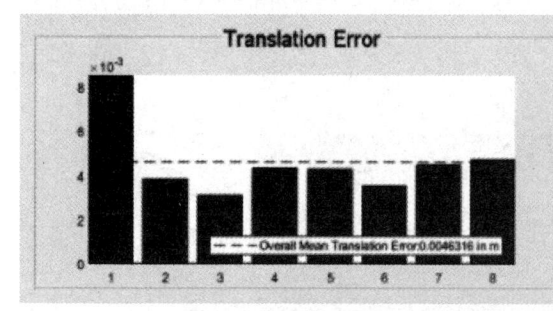

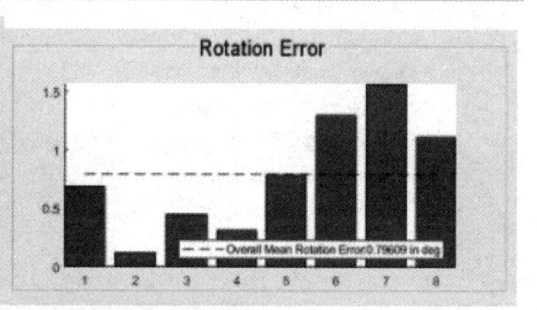

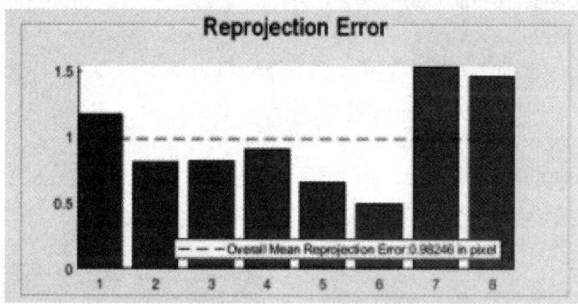

图 4-39 估计误差值图

5）对真实数据进行测试

在实际的 VLP-16 激光雷达上对真实数据进行测试，测试结果如图 4-40 所示，测试估计误差值图如图 4-41 所示：

```
clear
imagePath = fullfile(toolboxdir('lidar'),'lidardata','lcc','vlp16','images');
ptCloudPath = fullfile(toolboxdir('lidar'),'lidardata','lcc','vlp16','pointCloud');
cameraParamsPath = fullfile(imagePath,'calibration.mat');
% Load camera intrinscs.
intrinsic = load(cameraParamsPath);
% Load images using imageDatastore.
imds = imageDatastore(imagePath);
imageFileNames = imds.Files;
% Load point cloud files.
pcds = fileDatastore(ptCloudPath,'ReadFcn',@pcread);
ptCloudFileNames = pcds.Files;
% Square size of the checkerboard in mm.
squareSize = 81;
% Set random seed to generate reproducible results.
rng('default')
% Extract checkerboard corners from the images.
[imageCorners3d,checkerboardDimension,dataUsed] = ...
    estimateCheckerboardCorners3d(imageFileNames,intrinsic.cameraParams,squareSize);
% Remove the unused image files.
imageFileNames = imageFileNames(dataUsed);
```

```
% Filter the point cloud files that are not used for detection.
ptCloudFileNames = ptCloudFileNames(dataUsed);
% Extract ROI from the detected checkerboard image corners.
roi = helperComputeROI(imageCorners3d,5);
% Extract checkerboard plane from point cloud data.
[lidarCheckerboardPlanes,framesUsed,indices] = detectRectangularPlanePoints( ...
    ptCloudFileNames,checkerboardDimension,RemoveGround=true,ROI=roi);
imageCorners3d = imageCorners3d(:,:,framesUsed);
% Remove ptCloud files that are not used.
ptCloudFileNames = ptCloudFileNames(framesUsed);
% Remove image files that are not used.
imageFileNames = imageFileNames(framesUsed);
[tform,errors] = estimateLidarCameraTransform(lidarCheckerboardPlanes, ...
    imageCorners3d,intrinsic.cameraParams);
helperFuseLidarCamera(imageFileNames,ptCloudFileNames,indices, ...
    intrinsic.cameraParams,tform);
```

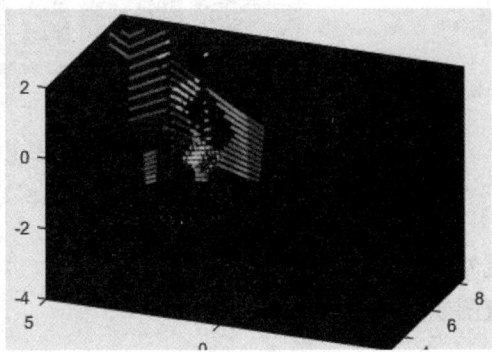

图 4-40 测试结果

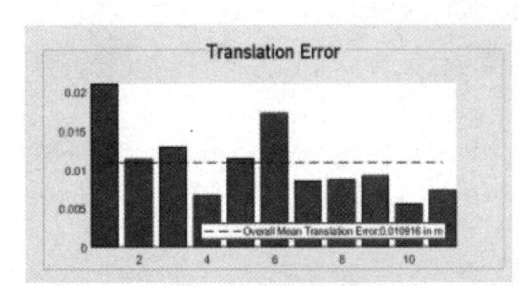

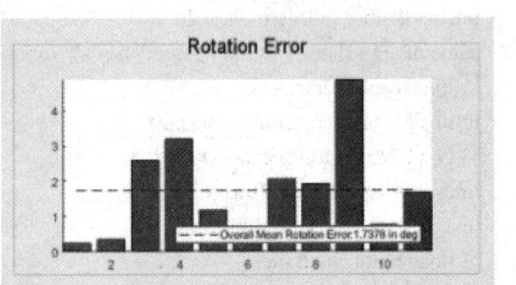

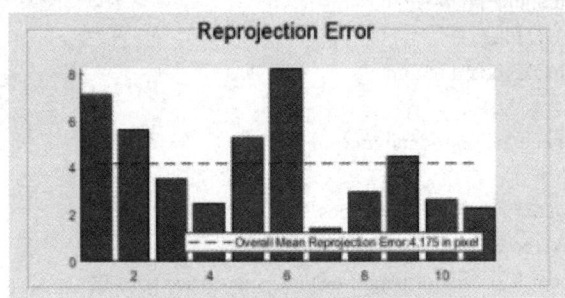

图 4-41 测试估计误差值图

【任务评价】

评价项目	评价内容	评价标准	分值	评价			综合得分
				自评	互评	师评	
激光雷达参数标定	激光雷达内外参标定的原因	能正确描述为什么要进行激光雷达的参数标定	10				
激光雷达标定原理	坐标系、激光雷达标定原理	能合理描述激光雷达的标定原理	20				
激光雷达的标定实验	激光雷达的外参标定	能按照标准顺序标定激光雷达的外参	30				
安全生产	设备操作 场地 6S 安全意识	1. 安全正确操作设备； 2. 工作场地整洁，工件、量具等摆放整齐规范； 3. 做好事故防范措施，具备安全操作和环保意识	20				
职业素养	学习态度 团队合作 现场管理	1. 积极学习相关基础知识并参与任务计划； 2. 严格按照团队分工完成任务； 3. 服从安排，遵守实验室管理制度	20				

【自我审视】

激光雷达的标定效果不理想会是什么原因导致的呢？请给出你的观点。

_____
_____
_____
_____
_____

任务三　基于激光雷达的障碍物检测及识别

【任务描述】

障碍物的检测是指从点云数据中提取出潜在的障碍物，得到它们的方位、尺寸、形状、朝向等信息。根据任务安排，需要您基于激光雷达完成障碍物的检测及识别，请查阅资料，分析激光雷达检测及识别障碍物的流程与方法，在规定时间内，基于 Apollo、MATLAB 软件

完成激光雷达的障碍物检测及识别任务，在工作过程中注意总结不同软件操作时的区别，并做好记录。

【问题探究】

引导问题 4-3-1：通过查询资料，请分析激光雷达环境感知的特点是什么？

_____
_____
_____
_____
_____

知识 4-3-1　激光雷达环境感知的特点

环境感知指的是通过摄像头、激光雷达等对自动驾驶行为参与方环境的监控以及信息获取。自动驾驶中，采用激光雷达感知可分为两个层次：低层次感知，也叫障碍物检测，只需要探测到前方有障碍物即可；高层次感知，可以看成目标识别，需要对障碍物信息进一步分类。

1. 激光雷达环境感知的优点

（1）分辨率高，精度高：激光雷达可以获得极高的角度分辨率和距离分辨率，其中角度分辨率可以达到 0.1°。

（2）抗有源干扰能力强：自然界中能够对激光雷达起干扰作用的信号源不多，因此激光雷达具有很强的抗干扰能力。

（3）获取的信息丰富：可以直接获得目标的距离、角度、反射强度、速度等信息。

2. 激光雷达环境感知的缺点

（1）受天气影响较大。激光在晴朗天气中的传播距离比较远，而在雨、雪、雾等天气中的传播距离会大受影响。

（2）难以分辨交通标识的含义和红绿灯的颜色。

（3）成本较高。

引导问题 4-3-2：激光雷达检测障碍物的方法有哪些？

_____
_____
_____
_____
_____
_____

知识 4-3-2　激光雷达障碍物检测方法

1. 基于几何特征和网格

几何特征包括直线、圆和矩形等。基于几何特征的激光雷达障碍物检测方法是首先对激光雷达采集到的数据进行处理，然后采用聚类算法将数据聚类并与障碍物的几何特征进行对比，最后对障碍物进行检测和分类。

为了提高对不同点云数据检测的可靠性，基于几何特征的激光雷达障碍物检测方法与光谱特征结合，将几何特征和影像特征综合考虑，从多个维度对障碍物进行识别，同时引入权重系数来反映不同的特征对识别的影响。

对于非结构化的道路，障碍物的形状复杂，较难用具体的几何形状去描述，此时需要用基于网格的激光雷达障碍物检测方法来识别此类障碍物。该方法将激光雷达采集到的数据投影到网格地图中，然后利用无向图相关方法对点云数据进行处理。

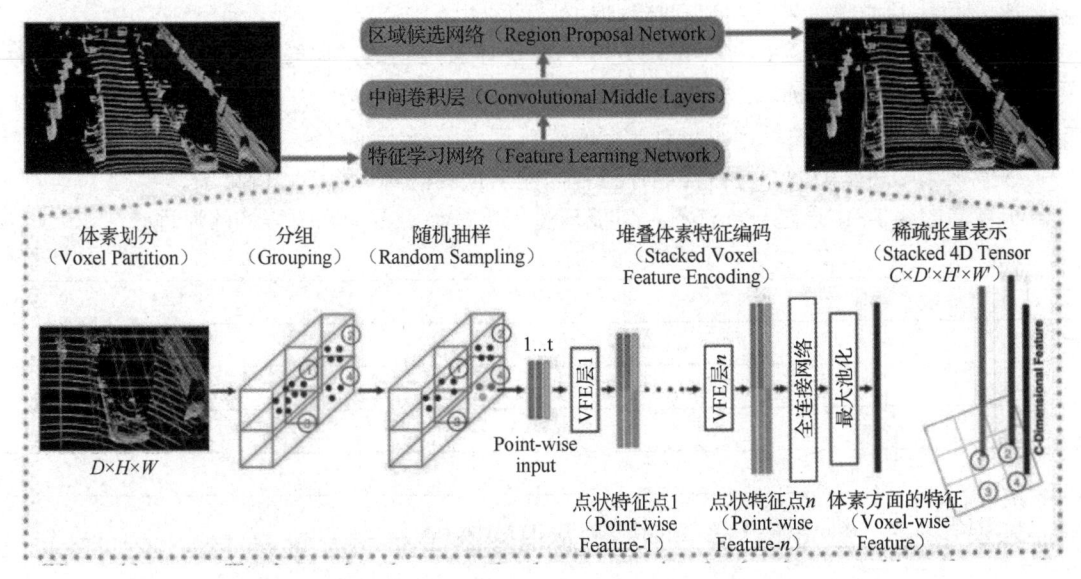

2. 基于 VoxelNet

VoxelNet 是一个端到端利用点云数据进行 3D 目标检测的网络，其把点云数据在空间中均匀划分为不同的体素（Voxel），再把不同 Voxel 中的点云数据通过体素特征编码（Voxel Feature Encoding，VFE）层转换为一个统一的特征表达，最后使用区域候选网络（Region Proposal Network，RPN）对物体进行分类和位置回归。

如图 4-42 所示，VoxelNet 主要由 3 个模块组成：特征学习网络、中间卷积层和区域候选网络。特征学习网络将点云数据划分为体素（Voxel）形式，通过 VFE 层提取特征，得到体素级的特征向量，主要分为体素划分、分组、随机抽样、堆叠体素特征编码、稀疏张量表示五个步骤。

图 4-42　VoxelNet

（1）体素划分：给定输入的点云数据，先将空间划分为 Voxel 形式。

（2）分组：将点云数据根据空间位置划分到对应的体素中，由于距离、遮挡、物体的相对姿态和采样不均匀等原因，激光雷达获取的点云数据在空间中的分布不均匀，所以分组时会造成不同的体素中包含的点云数据量不同，如图 4-43 所示。

（3）随机抽样：VoxelNet 采用随机抽样的策略，具体方法是随机从拥有多于 T 个点的体素中随机采样 T 个点云数据。随机抽样策略从一定程度上减少了体素之间点云数据分布的不平衡，减少了采样的偏移，更有利于训练，节省计算量，如图 4-44 所示。

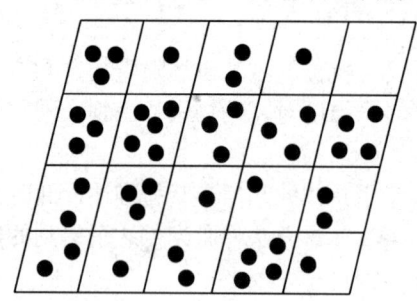

图 4-43　体素划分和分组

（黑色点云代表 $T=2$ 时采样点云数据）

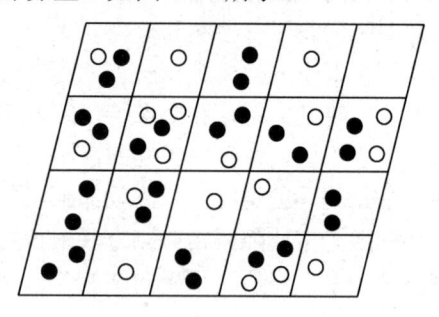

图 4-44　随机抽样

（黑色点云代表 $T=2$ 时采样点云数据）

（4）堆叠体素特征编码：通过级联 VFE 层实现基于点的点特征和局部特征的融合。以第一层 VFE 层为例，流程如下。

- 首先对每个网格中的点云数据进行去中心化，得到每个点的 VFE 层的输入；
- 每个点经过包含 ReLU 函数和批正则化（Batch Normal，BN）运算的全连接网络，得到点特征；
- 对每个点特征进行最大池化运算，得到局部聚合特征；
- 将点特征和局部特征进行融合，得到最后的特征向量；
- 对每个体素进行处理，得到特征提取层的输出。

（5）稀疏张量表示：在对体素划分时，许多体素是空的，此时只需要对非空体素进行 VFE 处理，将其表示为稀疏张量，可以有效节省资源。

中间卷积层负责将特征向量进行三维卷积，提取特征，获取全局特征。

区域候选网络（RPN）将特征进行整合，输出预测概率，给出预测结果。

引导问题 4-3-3：通过查询资料，请梳理激光雷达检测及识别障碍物的流程。

_____
_____
_____
_____
_____

知识 4-3-3　激光雷达障碍物检测及识别流程

激光雷达障碍物的检测及识别流程通常为以下几个步骤，如图 4-45 所示。

```
激光雷达点     感兴趣区域          点云数据      障碍物聚类
云数据    →   (Region of Interest, ROI)  →  分割    →
              过滤                                      ↓
                          障碍物跟踪  ←  边界框拟合
```

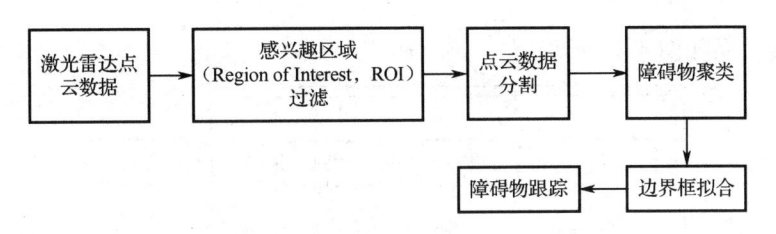

图 4-45　激光雷达障碍物的检测及识别流程

➢ 由于激光雷达每次采集障碍点时的视角不同,所以采集到的部分障碍点的坐标会变化较大,并且很多障碍点与障碍物的跟踪不相关,如路边的建筑物和树木等。由于障碍点过多会影响外接框轮廓的提取,所以首先对原始点云数据进行筛选,选出感兴趣区域(Region of Interest, ROI),然后对点云数据做预处理,减少数据量,剔除噪声点。

➢ 每帧点云数据中包含大量的地面点,地面点会对位于地面上的物体点集造成干扰,为获取准确的障碍物信息,需要进一步分割出地面点云数据。

➢ 通常使用无监督的聚类算法使地面上的物体点集形成多个团簇,每个团簇表示一个障碍物。

➢ 对团簇进行识别。

➢ 对每一块团簇做边界框拟合,计算障碍物的属性,比如中心点、质心点和长宽高等。

➢ 跟踪障碍物,估计障碍物的运动状态,包括运动方向、速度大小、加速度、角速度、运动轨迹等信息。

【任务实施】

子任务一:Apollo 环境下激光雷达感知

同学们掌握了激光雷达检测及识别障碍物的方法,那么如何播放感知数据包,利用 Cyber 调试工具查看和分析感知模块的数据结构呢?

引导问题 4-3-4:请查阅资料,分析在"Module Control"标签页中需要开启哪些模块?

_____
_____
_____
_____
_____

知识 4-3-4　激光雷达(Lidar)与感知(Perception)和预测(Prediction)模块的关系

在 Apollo 自动驾驶系统中,激光雷达检测及识别障碍物的控制策略是:激光雷达检测到障碍物信息(位置、姿态)后,将数据传递至感知模块,感知模块获得所有感知传感器信息后对其进行融合处理,然后通过预测模块进行分析,获取前面的路况信息。激光雷达与感知

和预测模块的关系如图 4-46 所示。

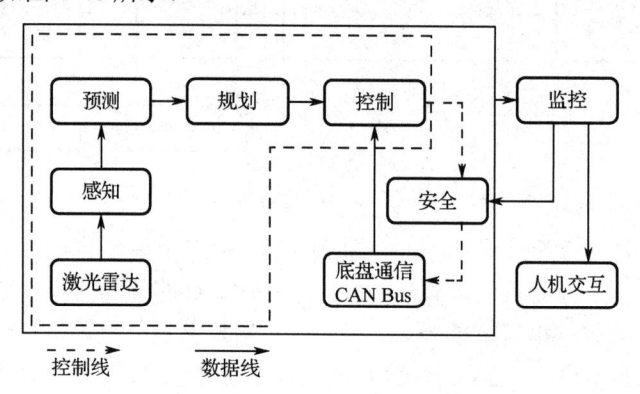

图 4-46 激光雷达与感知和预测模块的关系

知识 4-3-5 变换（Transform）模块

激光雷达检测到的路面物体特征是相对于激光雷达坐标系的坐标，但是在车辆运行过程中，其是基于大地坐标系来运行的。因此，需要将激光雷达检测到的路面物体坐标转换为大地坐标系中的坐标。

任务：请在 Apollo 自动驾驶系统中启动激光雷达，并完成激光雷达的感知。

一、实验准备

（1）实验设备：无人小车。
（2）软件版本：Apollo D-KIT 6.0 EDU 版本。
（3）小组成员：5～6 人一组，明确任务分工。
（4）注意事项：注意人身和设备安全；面积足够大的场地，无障碍物；设备上电前，需经过教师检查确认。

二、实训台正常上电

（1）车辆正常上电。
（2）启动工控机。

三、启动 Apollo Docker 环境

（1）在终端命令行窗口中输入并执行以下命令，切换到 apollo 目录下：

```
cd apollo
```

（2）在终端命令行窗口中输入并执行以下命令，启动并进入 Apollo Docker 环境（见图 4-47）：

```
./apollo.sh
```

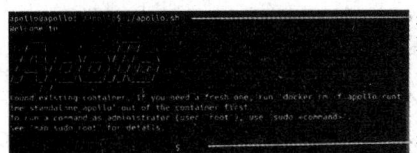

图 4-47　启动 Apollo Docker 环境

（3）在终端命令行窗口中输入并执行以下命令，启动 DreamView（见图 4-48）：

bash scripts/bootstrap.sh

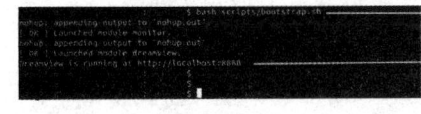

图 4-48　启动 DreamView

> **小提示：**
> 如果启动 DreamView 时提示 Fail to start DreamView，请执行以下命令：
>
> bash scripts/bootstrap.sh stop
> bash scripts/bootstrap.sh start
>
> 如果启动 DreamView 失败，报错信息为需要编译项目，使用下面命令编译项目：
>
> bash apollo.sh build_opt_gpu

（4）在浏览器中输入网址 localhost:8888（见图 4-49），打开 DreamView 界面（见图 4-50）。

图 4-49　输入网址 localhost:8888

图 4-50　DreamView 界面

> **小提示：**
> 如图 4-51 所示，在终端命令行窗口中右键单击 http://localhost:8888，然后在弹出的右键菜单中选择"Open Link"，这样也可打开 DreamView 界面。

图 4-51 在终端命令行窗口中打开 DreamView 界面

移动鼠标指向网址，直到网址下面出现横线，单击鼠标右键，在弹出的右键菜单中选择"Open Link"

四、在 DreamView 界面中选择模式、车型和地图

在 DreamView 界面中的菜单栏里选择模式、车型和地图。

① 在 setup mode 内，模式选择为 Dev Kit Debug；

② 在 vehicle 内选择车辆的铭牌信息和对应的车型（见表 4-6）。开环测试地图本节可不选，也可以选择自己制作的地图，本任务选择 Sunnyvale Big Loop。

表 4-6　车辆的铭牌信息和对应的车型

车辆的铭牌信息	车型选择
Apollo D-KIT Lite	Dev Kit
Apollo D-KIT Standard	Standard
Apollo D-KIT Advanced(NE-S)	Dev Kit Advanced Ne-s
Apollo D-KIT Advanced(SNE-R)	Dev Kit Advanced Sne-r

五、启动并验证定位相关模块

（1）如图 4-52 所示，在 DreamView 界面的左侧栏中单击"Module Controller"标签。在"Module Controller"标签页中的"Modules"标题栏下选择 GPS、Localization 和 Transform，启动 GPS 模块、Localization 模块和 Transform 模块。

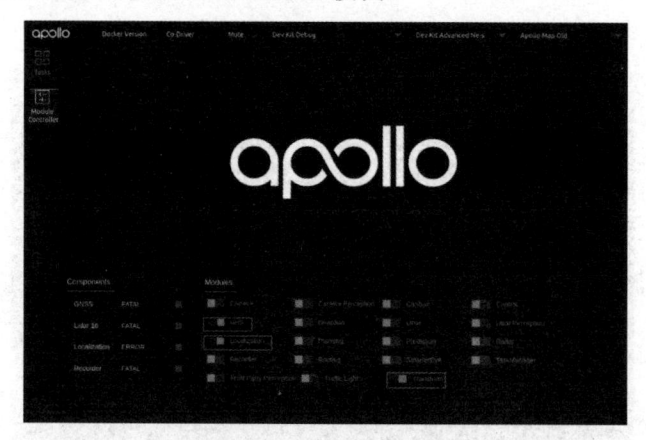

图 4-52　启动定位相关模块

（2）在 Apollo Docker 环境下，打开一个新的终端（快捷键为 Ctrl+Alt+T），在终端命令行窗口中输入并执行以下命令启动 cyber_monitor 工具（见图 4-53）：

cyber_monitor

图 4-53 启动 cyber_monitor 工具

（3）检查数据通道是否正常输出。

在 cyber_monitor 工具界面中，绿色表示有数据输出，按上下方向键选中某条数据通道，按右方向键进入此数据通道，按左方向键退出此数据通道。使用 Page Up 和 Page Down 键进行翻页。若使用车辆自带的键盘，翻页需要使用组合键"Fn+上下方向键"，其中选中的数据通道反向显示。

如图 4-54 所示，查看/apollo/localization/pose 数据通道，若其变绿且帧率在 100 左右，表示 GPS 模块启动成功（查看 sol_type 项是否是 NARROW_INT，若为 NARROW_INT，则表示 GPS 信号良好，符合定位要求；若不为 NARROW_INT，则遥控移动车辆，直到出现 NARROW_INT 为止）；查看/tf、/tf_static 数据通道，若其变绿且帧率在 100 左右，表示 Transform 模块和 Localization 模块启动成功。若要退出 cyber_monitor 工具，则按组合键 Ctrl+C。

图 4-54 定位相关模块启动成功

数据通道名称及其说明如表 4-7 所示。

表 4-7 数据通道名称及其说明

数据通道名称	说　　明
/apollo/localization/pose	定位数据 100Hz
/tf	坐标变化 100Hz
/tf_static	坐标变换
/apollo/sensor/lidar16/compensator/PointCloud2	激光雷达补偿点云 10Hz
/apollo/perception/obstacles	障碍物感知 10Hz

六、启动并验证激光雷达模块

（1）定位启动完成后，在 DreamView 界面的"Module Controller"标签页中，在"Modules"标题栏下选择"Lidar"（见图 4-55），启动激光雷达。

（2）切换到 cyber_monitor 工具界面中，查看激光雷达的数据通道输出，若与激光雷达相关的 3 个数据通道都变为绿色，且帧率都在 10 左右，表示激光雷达启动完成（见图 4-56）。

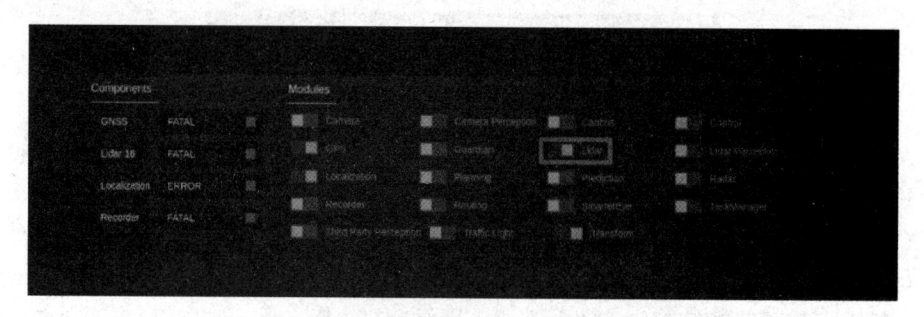

图 4-55 选择"Lidar"

图 4-56 激光雷达启动完成

七、启动并验证激光雷达感知

（1）如图 4-57 所示，在 DreamView 界面的"Module Controller"标签页中，在"Modules"标题栏下选择"Lidar Perception"，启动激光雷达感知。若激光雷达感知启动成功，会在 DreamView 界面中显示感知到的障碍物。

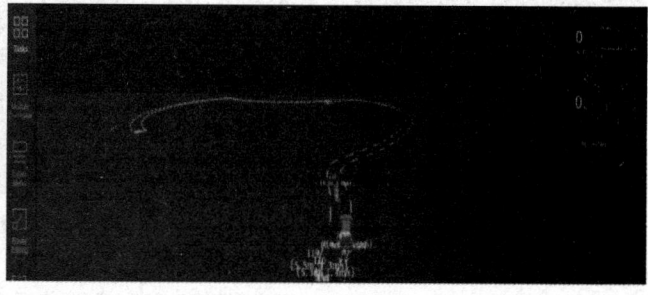

图 4-57 启动激光雷达感知

（2）如图 4-58 所示，切换到 cyber_monitor 工具界面中，查看感知输出数据通道信息。

使用上下方向键选择/apollo/perception/obstacles 数据通道，按右方向键进入该感知输出数据通道，查看该感知输出数据通道信息。

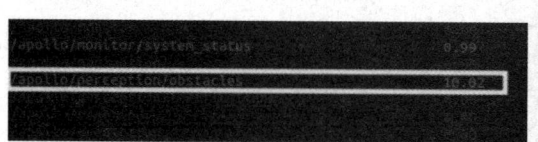

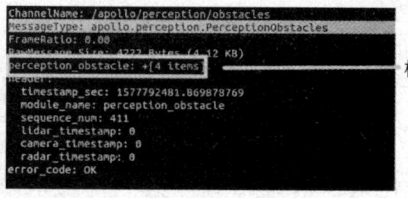

检测到4个障碍物

图 4-58 查看感知输出数据通道信息

八、实验关闭

关闭车辆电源,结束实验。

【知识拓展】

Apollo 使用深度卷积神经网络对障碍物进行精确检测和分割。Apollo 卷积神经网络（Convolutional Neural Network，CNN）分割检测算法包括通道特征提取、基于 CNN 的障碍物检测、障碍物聚类和后处理四部分。

1. 通道特征提取

给定点云框架,Apollo 自动驾驶系统在地方坐标系中构建俯视图(投影到 xy 平面)2D 网格。基于 x、y 坐标,相对于激光雷达原点的预定范围,每个点被量化为 2D 网格的一个单元。量化后,Apollo 自动驾驶系统计算网格内每个单元格中的点的 8 个统计测量,这是传递给 CNN 的通道特征。计算的 8 个统计测量为：

- 单元格中的点的最大高度—max_height_data；
- 单元格中的最高点的强度—top_intensity_data；
- 单元格中的点的平均高度—mean_height_data；
- 单元格中的点的平均强度—mean_intensity_data；
- 单元格中的点数—count_data；
- 单元格中心相对于原点的角度—direction_data；
- 单元格中心与原点之间的距离—distance_data；
- 二进制值标示单元格是空还是被占用—nonempty_data。

2. 基于 CNN 的障碍物检测

基于上述通道特征,Apollo 自动驾驶系统使用一个全卷积神经网络来预测 cell 中的障碍物的属性,包括相对于物体中心的偏移量(称为中心偏移,center offset)、是不是目标的概率(objectness)、有效目标概率(positiveness)和物体的高度(object height)。

Apollo 自动驾驶系统使用的全卷积神经网络包括特征编码器、特征解码器和障碍物属性预测器三部分。

特征编码器将通道特征图像作为输入,并连续对其空间分辨率进行下采样,以提高特征抽象程度。之后,特征解码器对编码的特征图像逐渐进行上采样,使其大小与 2D 网格的空间分辨率一致,这可以恢复特征图像的空间细节,以便于 cell 障碍物属性的预测。下采样和上采样是以带非线性激活层(例如,ReLU)的卷积/反卷积层堆栈实现的,如图 4-59 所示。

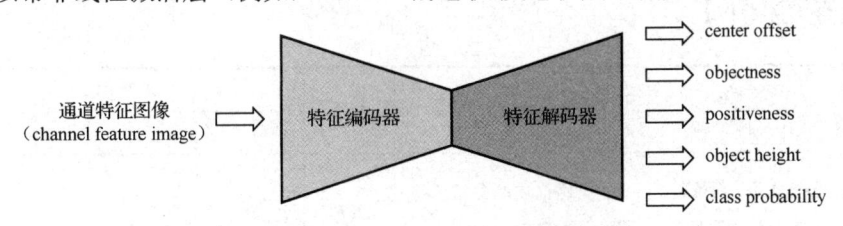

图 4-59 基于 CNN 的障碍物检测

3. 障碍物聚类

在基于 CNN 的预测之后，Apollo 自动驾驶系统利用单元格的 4 个单元对象属性图像获取单个单元格的预测信息。其中，包含：

（1）中心偏移/instance_pt；

（2）对象性/category_pt；

（3）积极性/configdence_pt；

（4）对象高度/height_pt。

为生成障碍物，Apollo 自动驾驶系统基于单元格的中心偏移构建有向图，并搜索连接的组件作为候选对象集群。

如图 4-60 所示，每个单元格是一个节点，并且基于单元格的中心偏移预测构建有向边，其指向对应于另一单元格的父节点。图 4-60（a）中的箭头表示每个单元格对象的中心偏移预测；深色填充对应于物体概率不小于 0.5 的单元格。图 4-60（b）中的深色多边形框内的单元格组成候选对象集群，由五角星填充的范围表示对应于连接组件子图的根节点（单元格）。一个候选对象集群可以由其根节点彼此相邻的多个相邻连接组件组成。

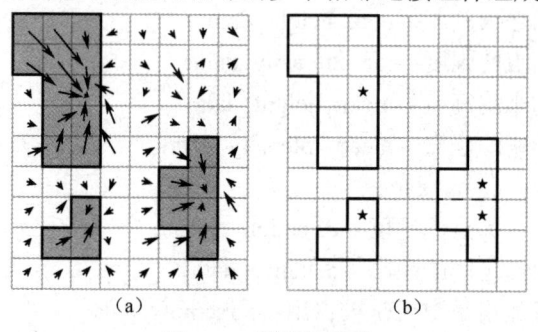

图 4-60　障碍物聚类

Apollo 自动驾驶系统采用压缩的联合查找算法（Union Find Algorithm）有效查找连接组件，每个组件都是候选障碍物对象集群。Apollo 自动驾驶系统将非对象单元格定义为目标小于 0.5 的单元格。因此，Apollo 自动驾驶系统可以过滤出每个候选对象集群的空单元格和非对象集。

4. 后处理

聚类之后，Apollo 获得一组候选目标簇，每个候选目标簇包括几个 cell。在后处理中，通过计算该簇所包含的 cell 的 positiveness 和 object height 的均值，Apollo 自动驾驶系统首先计算出每个候选簇的检测置信度。然后移除比预测目标高度高很多的点，并收集每个候选簇有效 cell 内的点。最后移除置信度非常低或者包含点数比较少的候选簇，输出最终障碍簇/分割。

【任务评价】

评价项目	评价内容	评价标准	分值	评价			综合得分
				自评	互评	师评	
激光雷达的障碍物检测方法	激光雷达检测障碍物的方法及其特点	能正确描述激光雷达检测障碍物的方法	15				

续表

评价项目	评价内容	评价标准	分值	评价			综合得分
				自评	互评	师评	
激光雷达的障碍物检测流程	激光雷达检测障碍物的流程	能正确描述激光雷达检测障碍物的流程	15				
激光雷达的感知	激光雷达的感知实践	能按照标准流程正确启动激光雷达感知，并可以通过 cyber_monitor 工具查看激光雷达感知输出的数据	30				
安全生产	设备操作场地 6S 安全意识	1. 安全正确操作设备； 2. 工作场地整洁，工件、量具等摆放整齐规范； 3. 做好事故防范措施，具备安全操作和环保意识	20				
职业素养	学习态度团队合作现场管理	1. 积极学习相关基础知识并参与任务计划； 2. 严格按照团队分工完成任务； 3. 服从安排，遵守实验室管理制度	20				

【自我审视】

激光雷达感知出的障碍物的位置和姿态偏差较大的原因是什么？请给出你的观点。

_____
_____
_____
_____
_____

子任务二：激光雷达点云启动

启动激光雷达，并显示激光雷达点云图。

一、实验准备

（1）实验设备：Apollo D-KIT Lite（无人小车）。
（2）软件版本：Apollo D-KIT 6.0 EDU 版本。
（3）小组成员：5~6 人一组，明确任务分工。
（4）注意事项：注意人身和设备安全；面积足够大的场地，无障碍物；设备上电前，需

经过教师检查确认。

二、实训台正常上电

（1）车辆正常上电。

（2）启动工控机。

三、启动 Apollo Docker 环境

（1）在终端命令行窗口中输入并执行以下命令，切换到 apollo 目录下：

cd apollo

（2）在终端命令行窗口中输入并执行以下命令，启动并进入 Apollo Docker 环境：

./apollo.sh

（3）在终端命令行窗口中输入并执行以下命令，启动 DreamView：

bash scripts/bootstrap.sh

> 小提示：
>
> 如果启动 DreamView 时提示 Fail to start Dreamview，请执行以下命令：
>
> bash scripts/bootstrap.sh stop
> bash scripts/bootstrap.sh start
>
> 如果启动 DreamView 失败，报错信息为需要编译项目，使用下面命令编译项目：
>
> bash apollo.sh build_opt_gpu

（4）在浏览器中输入网址 localhost:8888，打开 DreamView 界面。

> 小提示：
>
> 在终端命令行窗口中右键单击 http://localhost:8888，然后在弹出的右键菜单中选择"Open Link"，这样也可打开 DreamView 界面。

四、播放离线数据包

如图 4-61（a）所示，输入并执行以下命令：

cyber_recorder play –f databag/sensor_rgb.record

重新打开一个终端，启动 cyber_monitor 工具，查看相关数据通道（Channel）信息，如图 6-61（b）所示。从图中可以看出，激光雷达是 64 线束的。

（a）

图 4-61　播放离线数据包

(b)

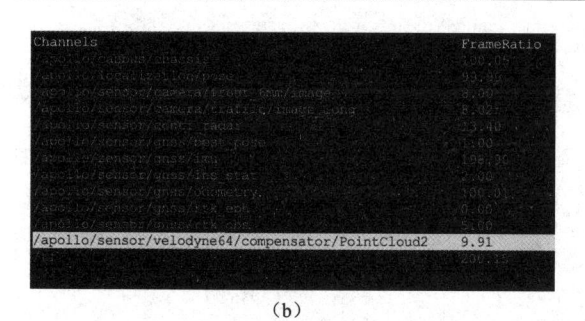

图 4-61 播放离线数据包（续）

注：此时从 Layer Menu 的 Perception 中启动 Point Cloud，发现点云启动失败。

五、添加 point cloud_topic 数据

（1）输入并执行以下命令（见图 4-62），寻找路径：

vim /apollo/

图 4-62 寻找路径

（2）输入并执行以下命令，选择 modules 路径（见图 4-63）：

vim /apollo/modules/

图 4-63 选择 modules 路径

（3）输入并执行以下命令，选择 data 路径（见图 4-64）：

vim /apollo/modules/common/data/

图 4-64 选择 data 路径

（4）选择 global_flagfile.txt 文件（见图 4-65）。

图 4-65 选择 global_flagfile.txt 文件

小提示：
添加 pointcloud_topic 数据的路径，如图 4-66 所示。

图 4-66　pointcloud_topic 数据的路径

（5）启动编辑模式。按下键盘中的 I 键，若在最下面显示"INSERT"（见图 4-67），则说明可进行命令的编辑。按下键盘中的上下键，可移动光标对命令进行编辑。

图 4-67　启动编辑模式

（6）输入并保存下列命令（见图 4-68）：

--pointcloud_topic=/apollo/sensor/velodyne64/compensator/PointCloud2

图 4-68　输入并保存命令

小提示：
（1）退出编辑模式：按 Esc 键。
（2）保存并退出：英文状态下输入 wq，按 Enter 键。

六、修改 Channel

（1）采用"vim+路径"的方式直接打开文件（见图 4-69）。

图 4-69　打开文件

小提示：
修改 Channel 的路径，如图 4-70 所示。

图 4-70　修改 Channel 的路径

（2）将图 4-71 中框选中的 lidar128 修改为 lidar64，然后保存并退出。

```
module_config {
    module_library : "/apollo/bazel-bin/modules/perception/onboard/component/libperception_component_lidar.so"

    components {
        class_name : "DetectionComponent"
        config {
            name: "Velodyne128Detection"
            config_file_path: "/apollo/modules/perception/production/conf/perception/lidar/velodyne128_detection_conf.pb.txt"
            flag_file_path: "/apollo/modules/perception/production/conf/perception/perception_common.flag"
            readers {
                channel: "/apollo/sensor/lidar128/compensator/PointCloud2"
            }
        }
    }
}
```

图 4-71　修改 Channel

注：这个路径就是 cyber_monitor 中激光雷达的路径。

七、重新启动 DreamView

输入并执行以下命令，重新启动 DreamView。

```
bash scripts/bootstrap.sh restart
```

八、启动点云

如图 4-72 所示，在"Layer Menu"标签页的"Perception"标题栏中选择"Point Cloud"，发现点云启动成功。

图 4-72　启动点云

九、实验关闭

关闭车辆电源，结束实验。

【知识拓展】

vim 是从 vi 发展出来的一个文本编辑器，具有代码补全、编译及错误跳转等功能，编程方便，是一个很好用的工具。

vim 共分为 3 种模式，分别是命令模式、输入模式和底线命令模式。这 3 种模式的作用如下。

1. 命令模式

启动 vi/vim，便进入了命令模式。在此模式下通过敲击键盘输入的内容会被 vim 识别为命令，而非字符。比如我们此时按下 I 键，并不会输入一个字符，而是被当成一个命令。

以下是常用的几个命令。

（1）I：切换到输入模式，以输入字符；

（2）X：删除当前光标所在位置处的字符；

（3）:：切换到底线命令模式，以在最底一行输入命令。

若想要编辑文本，则首先启动 vim，进入命令模式，按下 I 键，切换到输入模式。

2. 输入模式

在命令模式下，按下 I 键，此时就进入了输入模式。在输入模式中，可以使用以下按键。

（1）字符+Shift 组合键：输入字符；

（2）Enter：回车键，换行；

（3）Backspace：退格键，删除光标前一个字符；

（4）Del：删除键，删除光标后一个字符；

（5）方向键：在文本中移动光标；

（6）Home/End：移动光标到行首/行尾；

（7）Page Up/Page Down：上/下翻页；

（8）Insert：切换光标为输入/替换模式，光标将变成竖线/下画线；

（9）Esc：退出输入模式，切换到命令模式。

3. 底线命令模式

在命令模式下按下:（英文冒号）键，此时就进入了底线命令模式。在底线命令模式下，可以输入单个或多个字符的命令，可用的命令非常多。

在底线命令模式下，基本的命令有（已经省略了冒号）：

（1）Q：退出程序；

（2）W：保存文件。

按 Esc 键可随时退出底线命令模式。

【任务评价】

评价项目	评价内容	评价标准	分值	评价			综合得分
				自评	互评	师评	
激光雷达添加点云数据的方法	激光雷达添加点云数据的步骤	能正确添加激光雷达的点云数据	25				
激光雷达 Channel 路径的修改方法	Channel 路径的修改方法	能正确修改 Channel 的路径	25				
激光雷达启动点云数据的方法	激光雷达点云数据的启动	能正确启动激光雷达的点云数据	10				

续表

评价项目	评价内容	评价标准	分值	评价			综合得分
				自评	互评	师评	
安全生产	设备操作场地 6S 安全意识	1. 安全正确操作设备；2. 工作场地整洁、工件、量具等摆放整齐规范；3. 做好事故防范措施，具备安全操作和环保意识	20				
职业素养	学习态度团队合作现场管理	1. 积极学习相关基础知识并参与任务计划；2. 严格按照团队分工完成任务；3. 服从安排，遵守实验室管理制度	20				

【自我审视】

请问除使用 vim 编辑器外，还有其他方法可以编辑命令吗？

子任务三：MATLAB 环境下激光雷达障碍物的检测及识别

随着自动驾驶技术的发展，激光雷达检测及识别障碍物的方法也层出不穷。MATLAB 具有视觉处理工具箱，丰富了激光点云数据的处理方法，请同学们运用 MATLAB 软件完成激光雷达检测及识别障碍物的仿真实验。

一、实验准备

（1）实验设备：计算机。
（2）小组成员：5～6 人一组，明确任务分工。
（3）确保激光雷达 Velodyne HDL-32E 正常工作。
（4）注意事项：注意人身和设备安全；面积足够大的场地，无障碍物；设备上电前，需经过教师检查确认。

二、创建 velodyneFileReader 对象

创建 velodyneFileReader 对象以读取录制的.pcap 文件：

```
fileName = 'lidarData_ConstructionRoad.pcap';
deviceModel = 'HDL32e';
veloReader = velodyneFileReader(fileName,deviceModel);
```

三、读取激光雷达扫描数据

veloReader 是 velodyneFileReader 从 .pcap 文件中读取的点云数据。点云的位置属性是 $M×N×3$ 的矩阵，包含点的 X、Y、Z 坐标，单位为米（m）：

```
ptCloud=readFrame(veloReader);
```

四、设置点云数据的显示

（1）pcplayer 用于可视化点云数据，通过配置 pcplayer 设置车辆周围的区域：

```
%设置点云显示的区域
xlimits = [-25,45];
ylimits = [-25,45];
zlimits = [-20,20];
%创建 pcplayer
lidarViewer = pcplayer(xlimits,ylimits,zlimits);
%定义坐标轴标签
xlabel(lidarViewer.Axes,'X(m)')
ylabel(lidarViewer.Axes,'Y(m)')
zlabel(lidarViewer.Axes,'Z(m)')
%显示激光雷达的点云数据
view(lidarViewer,ptCloud)
```

激光雷达的点云数据如图 4-73 所示。

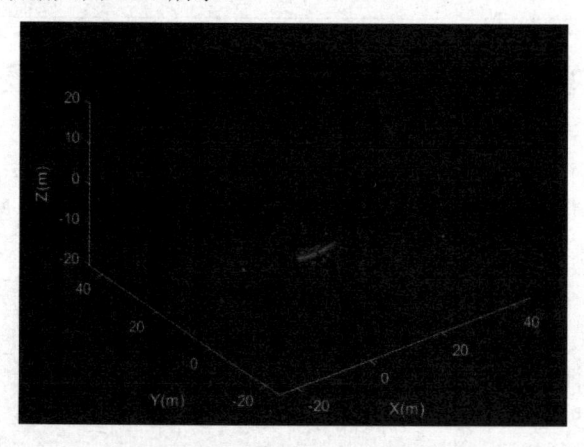

图 4-73　激光雷达的点云数据

（2）分割属于地平面、主车和附近障碍的点；设置用于标记这些点的颜色映射（见图 4-74）：

```
%定义用于分段点的标签
colorLabels=[...
    0        0.4470 0.7410;...%未标记点
    0.4660 0.6740 0.1880;...%地平面点
```

```
    0.9290 0.6940 0.1250;...%主车点
    0.635,0.078,0.1840];%障碍点
%为每个标签定义索引
colors.Unlabeled=1;
colors.Ground=2;
colors.Ego=3;
colors.Obstacle=4;
%设置点的颜色映射
colormap(lidarViewer.Axes, colorLabels)
```

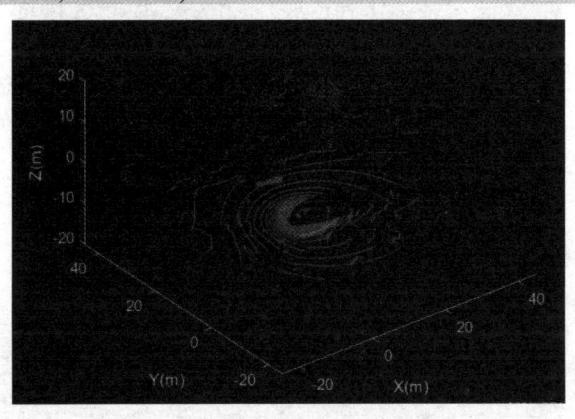

图 4-74　点的颜色映射

五、分割主车

常见的激光雷达安装在车顶，其点云数据可能包含属于车辆本身的点，了解车辆尺寸，分割出车辆最近的点。

（1）创建车辆尺寸对象为存储车辆尺寸，如车辆尺寸为 4.7m×1.8m×1.4m：

```
vehicleDims=vehicleDimensions ();
```

（2）在车辆坐标系中指定激光雷达的安装位置。在该示例中，车辆坐标系的原点位于后轴中心，正 X 方向指向前方，正 Y 方向指向左侧，正 Z 方向指向上方，激光雷达安装在车辆的顶部，与地面平行：

```
mountLocation= [...
    vehicleDims.Length/2-vehicleDims.RearOverhang,...    %设置X方向
    0,...                                                %设置Y方向
    vehicleDims.Height];                                 %设置Z方向
```

（3）使用 helperSegmentEgoFromLidarData 函数分割主车，该函数分割主车定义的长方体内的所有点；将分段点存储在结构 points 中：

```
points=struct();
points.EgoPoints=helperSegmentEgoFromLidarData(ptCloud,vehicleDims, mountLocation);
```

（4）使用 helperUpdateView 函数可视化主车的分段点云数据（见图 4-75）：

```
closePlayer=false;
helperUpdateView(lidarViewer,ptCloud,points,colors,closePlayer);
```

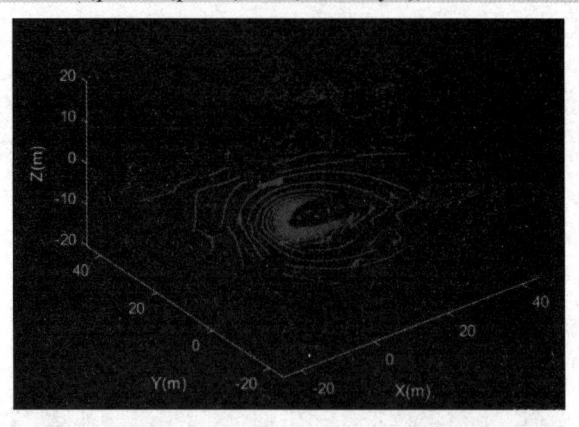

图 4-75 可视化主车的分段点云数据

① helperSegmentEgoFromLidarData 函数如下：

```
%helperSegmentEgoFromLidarData 函数
function
egoPoints=helperSegmentEgoFromLidarData(ptCloud, vehicleDims,mountLocation)
bufferZone= [0.1,0.1,0.1];
%在车辆坐标系中定义主车限值
egoXMin=-vehicleDims.RearOverhang-bufferZone (1);
egoXMax=egoXMin+vehicleDims.Length+bufferZone (1);
egoYMin=-vehicleDims.Width/2-bufferZone (2);
egoYMax=egoYMin+vehicleDims.Width+bufferZone (2);
egoZMin=0-bufferZone (3);
egoZMax=egoZMin+vehicleDims. Height+bufferZone (3);
egoXLimits= [egoXMin, egoXMax];
egoYLimits= [egoYMin, egoYMax];
egoZLimits= [egoZMin, egoZMax];
%转换为在激光雷达坐标系下的坐标
egoXLimits=egoXLimits-mountLocation(1);
egoYLimits=egoYLimits-mountLocation(2);
egoZLimits=egoZLimits-mountLocation(3);
%使用逻辑索引选择主车长方体内的点
egoPoints=ptCloud.Location(:,:,1)>egoXLimits(1)...
    & ptCloud. Location(:,:,1) <egoXLimits(2)...
    & ptCloud. Location(:,:,2) >egoYLimits(1)...
    & ptCloud. Location(:,:,2) <egoYLimits(2)...
    & ptCloud. Location(:,:,3) >egoZLimits(1)...
    & ptCloud. Location(:,:,3) <egoZLimits(2);
end
```

② helperUpdateView 函数如下：

```
%helperUpdateView 函数
function isPlayerOpen=helperUpdateView(lidarViewer,ptCloud,points,colors,closePlayer)
```

```
if closePlayer
        hide (lidarViewer);
        isPlayerOpen=false;
        return;
end
scanSize=size (ptCloud.Location);
scanSize=scanSize (1:2);
%初始化颜色映射
colormapValues=ones (scanSize,'like',ptCloud.Location) * colors.Unlabeled;
if isfield(points,'GroundPoints')
        colormapValues (points.GroundPoints)=colors.Ground;
end
if isfield(points, 'EgoPoints')
        colormapValues (points.EgoPoints)=colors.Ego;
end
if isfield (points, 'ObstaclePoints')
        colormapValues (points.ObstaclePoints)=colors.Obstacle;
end
%更新视图
view (lidarViewer,ptCloud. Location, colormapValues)
%检查播放器是否打开
isPlayerOpen=isOpen (lidarViewer);
end
```

六、分割地平面和周围的障碍物

（1）为了从激光雷达采集的数据中识别障碍物，使用 segmentGroundFromLidarData 函数对地面进行分段，从数据中分割出属于地平面的点：

```
elevationDelta = 10;
points.GroundPoints=segmentGroundFromLidarData(ptCloud,'ElevationAngleDelta', elevationDelta);
%分割地平面的可视化
helperUpdateView(lidarViewer,ptCloud,points,colors,closePlayer);
```

分割地平面的可视化如图 4-76 所示。

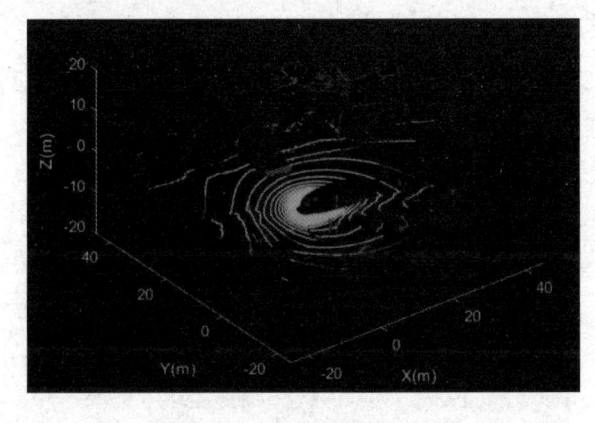

图 4-76　分割地平面的可视化

（2）使用点云数据上的选择功能删除属于主车和地平面的点，将"Outputsize"指定为"full"，以保留点云数据的组织性质：

```
nonEgoGroundPoints=~points.EgoPoints &~points.GroundPoints;
ptCloudSegmented=select(ptCloud,nonEgoGroundPoints,'OutputSize','full');
```

（3）通过寻找距离主车一定半径内所有不属于地平面和主车的点来分割附近的障碍物，这个半径可以根据激光雷达采集数据的范围和感兴趣的区域来确定：

```
sensorLocation=[0,0,0];%传感器位于坐标系的原点处
radius=40;
points.ObstaclePoints=findNeighborsInRadius(ptCloudSegmented,sensorLocation,radius);
%分割障碍物的可视化
helperUpdateView(lidarViewer,ptCloud,points,colors,closePlayer);
```

分割障碍物的可视化如图4-77所示。

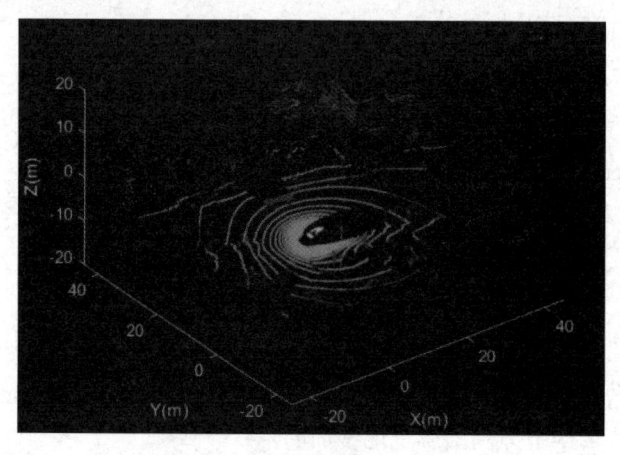

图4-77 分割障碍物的可视化

七、激光雷达的数据处理

（1）处理30s内激光雷达记录的数据序列：

```
reset(veloReader);
stopTime=veloReader.StartTime+seconds(20);
isPlayerOpen=true;
while hasFrame(veloReader)&&veloReader.CurrentTime<stopTime&&isPlayerOpen
%获取下一次的激光雷达扫描
ptCloud=readFrame(veloReader);
%属于主车的分段点
points.EgoPoints=helperSegmentEgoFromLidarData(ptCloud,vehicleDims,mountLocation);
%属于地平面的分段点
points.GroundPoints=segmentGroundFromLidarData(ptCloud,'ElevationAngleDelta',elevationDelta);
%删除属于主车和地平面的点
nonEgoGroundPoints=~points.EgoPoints&~points.GroundPoints;
ptCloudSegmented=select(ptCloud,nonEgoGroundPoints,'OutputSize','full');
%分段障碍物
```

```
points.ObstaclePoints=findNeighborsInRadius(ptCloudSegmented,sensorLocation,radius);
closePlayer=~hasFrame(veloReader);
%更新激光雷达显示
isPlayerOpen=helperUpdateView(lidarViewer,ptCloud,points,colors,closePlayer);
end
snapnow
```

（2）单击 Run 按钮，可以看到激光雷达点云数据（30s 内）的变化（见图 4-78）。

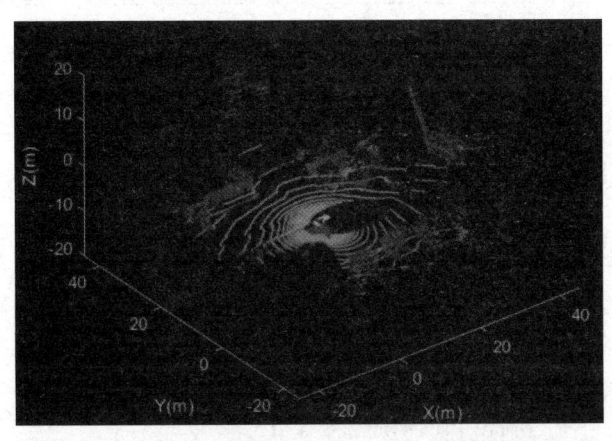

图 4-78　激光雷达点云数据（30s 内）的变化

【任务评价】

评价项目	评价内容	评价标准	分值	评价			综合得分
				自评	互评	师评	
激光三维点云	显示激光三维点云	能正确显示激光三维点云图	15				
激光点云的颜色映射	激光点云的颜色标签、颜色映射	能正确对激光点云设置颜色标签，并进行颜色映射	20				
物体分割	车辆、地面和障碍物的分割	能正确分割车辆、地面和障碍物的点	25				
安全生产	设备操作 场地 6S 安全意识	1. 安全正确操作设备；2. 工作场地整洁，工件摆放整齐规范；3. 做好事故防范措施，具备安全操作和环保意识	20				
职业素养	学习态度 团队合作 现场管理	1. 积极学习相关基础知识并参与任务计划；2. 严格按照团队分工完成任务；3. 服从安排，遵守实验室管理制度	20				

【自我审视】

运用 MATLAB 软件进行激光雷达障碍物的检测时遇到了什么困难？请给出你的观点。

_____
_____
_____
_____
_____

评价反思

项目完成后，学生进行自评，评价自己是否能完成激光雷达的选型与装配，是否能完成激光雷达的标定，以及障碍物的检测和按时完成实训工单内容等。教师对学生进行评价的内容包括：实训报告撰写是否工整规范，报告内容的真实性、重复性，实训结果分析是否合理，是否起到实训作用等。

（1）按照表 4-8，学生进行自我评价。

表 4-8 学生自评表

姓名：	组别：	学号：	
评价项目	评价标准	分　值	得　分
激光雷达的组成与原理	能正确描述激光雷达的组成、分类及测距原理	10	
激光雷达的选型	能正确选择激光雷达的型号	10	
激光雷达的装配	能按照正确的操作流程装配激光雷达	10	
激光雷达外参标定	能正确完成激光雷达的外参标定	15	
激光雷达障碍物的检测与识别	能正确使用激光雷达完成障碍物的检测与识别	15	
工作态度	态度端正，无无故缺勤、迟到及早退现象	10	
协调能力	小组成员、同学之间能合作交流，协调工作	10	
职业素养	能做到安全生产、文明实验，爱护公共设施	10	
创新意识	举一反三，能对所学知识创新应用	10	
		100	

（2）以小组为单位，同学们对激光雷达装配与调试项目中小组成员的表现进行互评，填写在表 4-9 中。

表 4-9 学生互评表

评价项目	分值	等级								评价对象					
										1	2	3	4	5	6
方案精准	15	优秀	15~10	良好	10~8	中等	8~5	差	<5						
团队协作	10	优秀	10~8	良好	8~6	中等	6~5	差	<5						
组织有序	10	优秀	10~8	良好	8~6	中等	6~5	差	<5						
工作质量	10	优秀	10~8	良好	8~6	中等	6~5	差	<5						
工作完整	10	优秀	10~8	良好	8~6	中等	6~5	差	<5						
工作规范	10	优秀	10~8	良好	8~6	中等	6~5	差	<5						
成果展示	15	优秀	15~10	良好	10~8	中等	8~5	差	<5						
实验完成度	20	优秀	20~15	良好	15~13	中等	13~10	差	<10						

（3）教师对各小组在项目制作过程中的表现及项目完成情况进行评价，填写在表 4-10 中。

表 4-10 教师综合评价表

评价项目		评价标准	分值	得分
考勤（10%）		无无故缺勤、迟到及早退现象	10	
过程评价（60%）	激光雷达的组成与原理	能正确描述激光雷达的组成及测距原理	8	
	激光雷达的选型	能正确选择激光雷达的型号	10	
	激光雷达的装配	能按照正确的操作流程装配激光雷达	10	
	激光雷达外参标定	能正确完成激光雷达的外参标定	10	
	激光雷达障碍物的检测与识别	能正确完成激光雷达障碍物的检测与识别	12	
	职业素养	能做到安全生产、文明实验，爱护公共设施	5	
	团队协作	小组成员、同学之间能合作交流，协调工作	5	
结果评价（20%）	项目完整度	能按时完成项目	7	
	报告规范性	报告撰写规范、重复率	7	
	成果展示	能准确表达、汇报工作成果	8	
增值评价（10%）	横向增值	本项目各任务的成绩相比上一项目各任务增幅5分及以上	8	
综合评价	学生自评（15%）	小组互评（25%）	教师评价（55%）	增值评价（5%）	综合得分

练习提升

【知识巩固题】

1. 单项选择题

（1）（ ）不是激光雷达测量的目标信息。

　　A．距离　　　　B．速度　　　　C．位置　　　　D．方位角

（2）激光雷达环境感知的特点是（　　）。
　　A．成本低　　　　　　　　　　B．可以获取颜色信息
　　C．分辨率高　　　　　　　　　D．全天候工作
（3）下列不是激光雷达组件的是（　　）。
　　A．激光发射器　B．激光接收器　C．控制系统　　D．旋转电机
（4）下列激光雷达类型中，测量范围最远的是（　　）。
　　A．机械式激光雷达　　　　　　B．MEMS
　　C．Flash　　　　　　　　　　　D．OPA
（5）激光雷达外参标定是求解激光雷达自身坐标系相对于（　　）的相对变换关系，是需要进行标定的。
　　A．摄像头坐标系　　　　　　　B．激光雷达发射器坐标系
　　C．车身坐标系　　　　　　　　D．世界坐标系
（6）激光雷达是基于光的探测与测距，简称（　　）。
　　A．IMU　　　　B．Lidar　　　　C．Radar　　　　D．Camera
（7）（　　）不属于按有无机械旋转部件对激光雷达的分类。
　　A．单线激光雷达　　　　　　　B．机械式激光雷达
　　C．固态激光雷达　　　　　　　D．混合固态激光雷达
（8）在Apollo自动驾驶系统中，为方便查看调试组件，可通过（　　）工具查看各个组件的输入输出数据。
　　A．sim control　B．cyber_monitor　C．cyber_visualizer　D．cd
（9）在MATLAB软件中，创建三维点云的函数为（　　）。
　　A．pcread　　　　　　　　　　B．pctransform
　　C．pointCloud　　　　　　　　D．segmentLidardata
（10）L3级别及以上自动驾驶必不可少的传感器是（　　）。
　　A．超声波传感器　　　　　　　B．毫米波传感器
　　C．激光雷达　　　　　　　　　D．摄像头

2．判断题

（1）单线束激光雷达指激光源发出的线束是单线的雷达，可以获得2D或3D数据。（　　）
（2）多线束激光雷达主要用于对无人驾驶汽车的3D地图进行精准定位，并进行道路和车辆的识别等。（　　）
（3）激光雷达安装底座的材质建议使用铝合金材质，有助于散热。（　　）
（4）激光雷达坐标系的原点在激光雷达的几何中心点上。（　　）
（5）应用于车道线检测、目标分类与运动跟踪的是毫米波雷达。（　　）
（6）激光雷达不能识别交通标志和交通信号灯。（　　）
（7）L4和L5级别的智能网联汽车必须使用多线束激光雷达，360°发射激光，获取车辆周围区域的三维点云。（　　）
（8）TOF测距方法的原理简单，相对成熟，适用于短距离探测。（　　）
（9）视场角（FOV）指的是激光雷达在水平和垂直方向的检测角度。（　　）
（10）Apollo使用深度卷积神经网络对障碍物进行精确检测和分割。（　　）

3．简答题

（1）请简述激光雷达的优缺点。

（2）请简述激光雷达外参标定的步骤。

（3）请简述激光雷达在智能网联汽车中的应用。

（4）请简述为什么需要对激光雷达进行标定。

（5）请简述激光雷达检测及识别障碍物的流程。

（6）请简述激光雷达的选型原则及装配位置。

（7）请简述机械式激光雷达的优缺点。

（8）请简述 Lidar 与 Perception 和 Prediction 模块的关系。

（9）请简述激光雷达的工作原理。

（10）请简述激光雷达检测障碍物的主要方法。

【实践巩固题】

（1）在 Apollo 虚拟仿真平台上完成下列题目。

主车行驶过程中，前方监测到静态类型的障碍物后借道绕行。距离目标障碍物的横向距离至少保持 1.2m，借道避障限速不得超过 5m/s。场景图如图 4-79 所示。

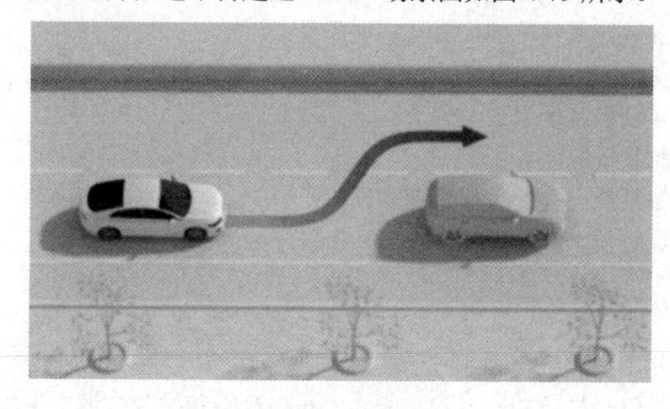

图 4-79　场景图

项目五

组合导航的装配与调试

学习目标

【知识目标】

1. 熟悉常见的全球卫星导航系统；
2. 掌握北斗卫星导航系统的组成及定位原理；
3. 掌握实时动态（Real-Time Kinematic，RTK）定位原理；
4. 熟悉惯性导航系统的组成及分类；
5. 掌握各导航系统的差异；
6. 掌握各导航系统组合的工作原理和过程；
7. 掌握组合导航技术参数。

【能力目标】

1. 能够熟练使用安装组合导航时所需的工具；
2. 能正确完成组合导航的选型和装配，能正确诊断和排除装调常见故障；
3. 能正确完成组合导航的参数标定，并能判断标定结果；
4. 能正确完成组合导航的自动循迹。

【素质目标】

1. 养成独立思考、处理和分析问题的能力；
2. 养成持之以恒、精益求精的工作精神；
3. 养成灵活思维、协同创新的精神；
4. 形成弘扬正能量的社会主义核心价值观。

情景导入

智能网联汽车能够在道路上安全行驶的前提条件是需要解决"我在哪"和"我要到哪里去"的问题，而解决这两个问题就离不开定位与导航。在古代，人们利用夜空中的北极星恒定在北方方位的特性来判知东西南北，借助日月星辰判断海上航行的方向。再后来，我国古代先人在长期的实践中有了对磁石磁性的认识，发明了指南针（司南），通过磁极相吸相斥的特性来辨别方位。

随着智能网联汽车对定位精度的要求不断提高，单一定位方式已经无法满足要求，因此出现了多种定位方式融合的组合导航方式。现行的导航方式到底有哪些？工作原理分别是什么？它们又是如何配合工作的？带着这些问题，让我们进入本项目的学习。

且思且行

学生准备	1. 按照 5~6 人一组，完成异质分组，建立团队文化； 2. 完成组合导航基础知识的预习工作； 3. 安装 Apollo 软件，并熟悉常用命令的使用方法； 4. 安装 MATLAB 软件，并熟悉常用命令的使用方法。
教师准备	1. 选定调试软件，并测试软件稳定性； 2. 设计实验任务单、技能评价单的样式； 3. 检查实训设备运行情况，确保设备电量充足； 4. 准备授课需要的各种硬件设备、工具及各种资料。
资源准备	微课、二维三维动画、中国 MOOC、视频、Apollo 软件、MATLAB 软件、Apollo D-KIT Lite（无人小车）等

任务一　组合导航的认识与装配

【任务描述】

导航定位技术最初应用于军事领域，随着科技水平的不断提升，其在民用领域也发挥着重要作用。从智能穿戴设备到陆海空交通出行，再到各种战略导弹武器，导航定位影响着社会生活的方方面面，在国防安全和社会经济建设中都发挥了重要作用。近年来，随着自动驾驶、车路协同等技术的发展，对位置信息的精确性、可靠性和实时性都提出了更高的要求，导航定位技术成为当下研究的热门领域。目前主要的导航定位技术有卫星导航、惯性导航、天文导航、地图匹配导航和视觉导航等。在上述导航定位技术中，卫星导航和惯性导航目前应用最为广泛。

一辆智能网联汽车经车厂技术人员检修发现，该车的组合导航系统损坏，需要更换。作为一名工程师，您对组合导航了解多少呢？组合导航有哪些技术参数呢？如何进行组合导航的选型及装配呢？带着这些问题，进入我们本任务的学习。

【问题探究】

引导问题 5-1-1：通过查询资料，请简述常见定位方式的工作原理。

知识 5-1-1　全球导航卫星系统定义

全球导航卫星系统（Global Navigation Satellite System，GNSS）是全球所有导航卫星系统的总称，主要包含美国的全球定位系统（Global Positioning System，GPS）、俄罗斯的格洛纳斯导航卫星系统（GLONASS）、欧盟的伽利略卫星导航系统和我国的北斗导航卫星系统（BeiDou Navigation Satellite System，BDS）。GNSS 能够全天候、实时提供连续的高精度三维导航信息，在各行各业中得到了广泛应用。GNSS 是多系统、多层次的组合，相比于单一的导航卫星系统，其能够提供精度更高、稳定性更强的导航服务。

知识 5-1-2　北斗导航卫星系统定位原理

北斗导航卫星系统分为北斗一代和北斗二代，两代北斗导航卫星系统所提供的定位服务不同，一代提供的是卫星无线电测量卫星业务（Radio Determination Satellite Service，RDSS），二代提供的是卫星无线电导航卫星业务（Radio Navigation Satellite Service，RNSS）。

1. 北斗一代

以北斗一代两颗卫星（卫星坐标已知）为球心，以两颗卫星到用户机的距离为半径（约为 36000km），分别做两个球。两个球必定相交产生一个大圆，用户机的位置就在这个大圆上。定位原理如图 5-1 所示。

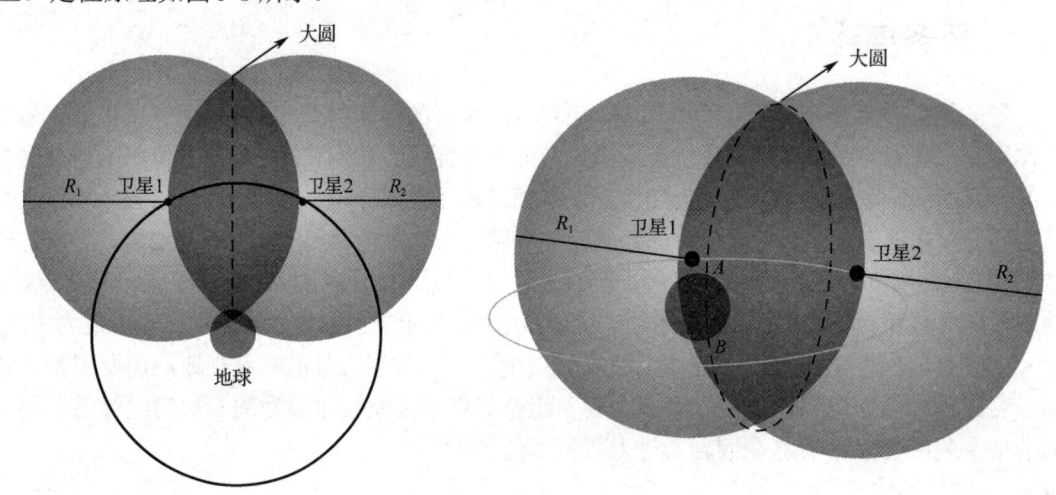

图 5-1　北斗一代定位原理

北斗一代的定位有两种模式：单收双发和双收单发。

1）单收双发

中心站定时向两颗卫星发射询问测距信号，然后用户机只接收和响应其中一颗卫星转发的信号，而后用户机向两颗卫星发射响应信号，最后两颗卫星向中心站转发这一响应信号，完成一次信号的传输。整个过程如下：中心站→一颗卫星→用户机→两颗卫星→中心站。

2）双收单发

双收单发就是中心站定时向两颗卫星发射询问测距信号，然后用户机先后接收和响应两颗卫星转发的信号，而后用户机向其中一颗卫星发射响应信号，最后由这颗卫星向中心站转发这一响应信号，完成一次信号的传输。整个过程如下：中心站→两颗卫星→用户机→一颗卫星→中心站。

卫星定位采用的是无线电测距方式，即距离=光速×传播时延。由于光速非常大。因此，为了精确测出距离，必须精确测出传播时延。也就是说，如果采用无源定位的单向信号传输方式，必须精确测量出卫星发射信号的时间和卫星接收信号的时间。在当时的技术条件下，用于计算传播时延的原子钟精度不够，导致北斗一代的定位精度不能满足要求。因此，出现了北斗二代。

2. 北斗二代

以北斗二代三颗卫星（卫星坐标已知）为球心，以三颗卫星到用户机的距离为半径，分别做三个球，如图 5-2 所示。三个球必定相交于两个点，设三颗卫星到用户机的距离为半径，分别为 R_1、R_2、R_3，三颗卫星发射信号的时刻分别为 t_s^1、t_s^2、t_s^3，三颗卫星的坐标分别为 (X^1,Y^1,Z^1)、(X^2,Y^2,Z^2)、(X^3,Y^3,Z^3)，接收机的坐标为 (X,Y,Z)，那么可以列出如下方程：

$$\begin{cases} R_1 = c(t_r - t_s^1) = \sqrt{(X^1-X)^2+(Y^1-Y)^2+(Z^1-Z)^2} \\ R_2 = c(t_r - t_s^2) = \sqrt{(X^2-X)^2+(Y^2-Y)^2+(Z^2-Z)^2} \\ R_3 = c(t_r - t_s^3) = \sqrt{(X^3-X)^2+(Y^3-Y)^2+(Z^3-Z)^2} \end{cases}$$

将接收机的时间与卫星高精度原子钟的时间进行比较，得出时间差为 dt_r，于是三颗卫星交会的实际方程为：

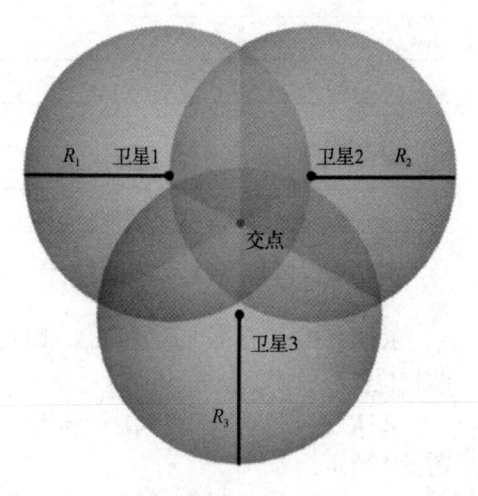

图 5-2 北斗二代定位原理

$$\begin{cases} R_1 = c(t_r + dt_r - t_s^1) = \sqrt{(X^1-X)^2+(Y^1-Y)^2+(Z^1-Z)^2} \\ R_2 = c(t_r + dt_r - t_s^2) = \sqrt{(X^2-X)^2+(Y^2-Y)^2+(Z^2-Z)^2} \\ R_3 = c(t_r + dt_r - t_s^3) = \sqrt{(X^3-X)^2+(Y^3-Y)^2+(Z^3-Z)^2} \end{cases}$$

至此，就可以完整求解出接收机的位置坐标了。

知识 5-1-3　GNSS 定位误差来源

卫星定位虽然已经很准确了，但是在某些场景下还是无法满足需求。例如，打车的时候定位点离车辆有一定距离、步行导航的时候难以区分方向甚至会定位到马路对面、静止的时候定位点总是飘来飘去、在室内的时候定位点乱飘。这需要从卫星信号的发射、传输和接收过程来解释。

卫星信号从发射到被设备接收，需要经过大气层。其中，大气电离层有数千千米厚，这部分大气非常稀薄，但是存在大量被电离的电子，这部分电子会让电磁波变慢一点，从而产生时延。在对流层，也会产生一定的时延。在地表附近，由于各种建筑、山体、水面的影响，卫星信号可能被反射或折射（多径效应），产生时延。

在卫星信号发射侧和接收侧，也有很多与系统相关的误差，比如时钟偏差、处理时延等，这些时延加上传输时延，使卫星信号的传输时间并不是准确地等于物理距离/光速。另外，卫星的星历也有误差，卫星位置和真实位置存在偏差，最终造成了定位结果产生偏差，如图5-3所示。

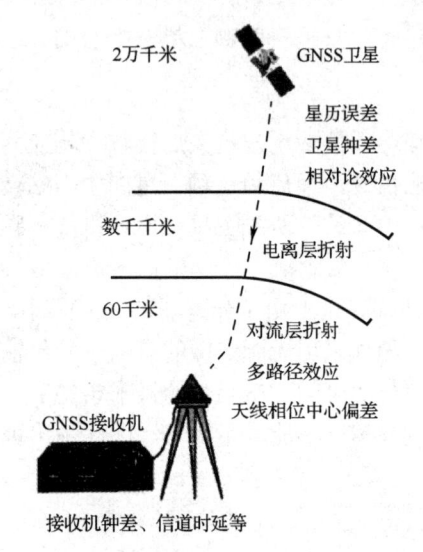

图5-3　GNSS定位误差原理

引导问题5-1-2：请讨论GNSS定位误差的原因。

_____
_____
_____
_____
_____

知识5-1-4　RTK定位技术

RTK（Real-Time Kinematic），即实时动态，这是一个简称，全称其实应该是实时动态载波相位差分技术。

RTK是一个对GNSS进行辅助的技术，其包括卫星、基准站和流动站，定位原理如图5-4所示。

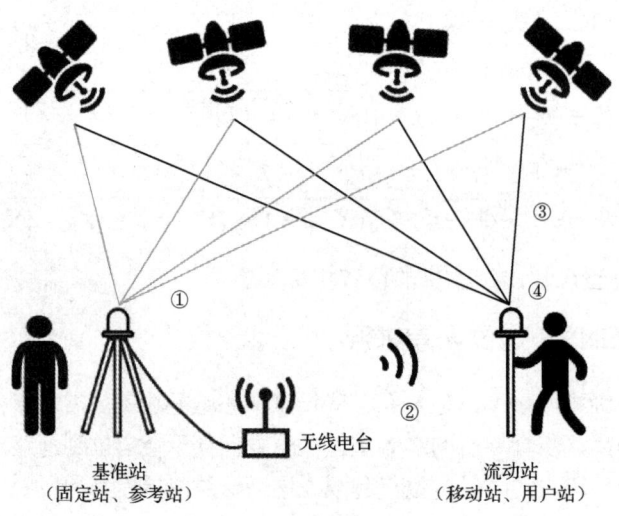

图5-4　RTK技术的定位原理

第①步，基准站先观测和接收卫星数据；

第②步，基准站通过旁边的无线电台（数据链），将观测数据实时发送给流动站（距离一般不超过 20km）；

第③步，流动站收到基准站数据的同时，也观测和接收了卫星数据；

第④步，流动站在基准站数据和自身数据的基础上，根据相对定位原理，进行实时差分运算，从而解算出流动站的三维坐标及其精度，其定位精度可达 1～2cm。

至此，测量完成。

传统 RTK 技术实施简单，成本低廉。但是，它也存在一个很大的问题，那就是流动站和基准站之间存在距离限制。距离越远，误差因素差异变大，定位精度就会下降。而且，距离远了，超过了无线电台的通信范围，其也就无法工作了。

为了克服传统 RTK 技术的缺陷，又出现了网络 RTK 技术。在网络 RTK 技术中，在一个较大的区域内，均匀分散设置多个基准站（3 个或以上），构成一个基准站网，其定位原理如图 5-5 所示。

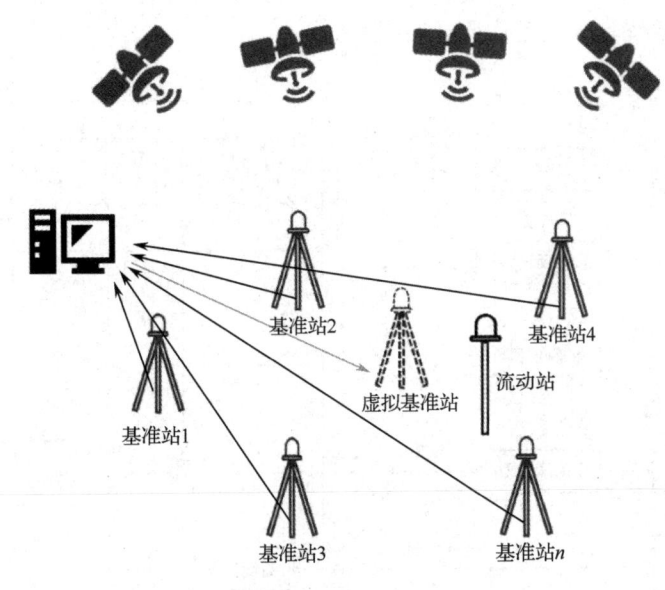

图 5-5 网络 RTK 技术的定位原理

网络 RTK 技术相比传统 RTK 技术，其实是用区域型的 GNSS 网络误差模型取代了单点 GNSS 误差模型。多个基准站组成的基准站网，它们将数据发给中央服务器。中央服务器会根据数据，模拟出一个"虚拟基准站"。所以，网络 RTK 技术也被称为"虚拟基准站技术"或"虚拟参考站技术"。对于流动站来说，它只会"看到"这个"虚拟基准站"。基于这个"虚拟基准站"发来的数据，流动站完成最终的测量运算。但是，在网络 RTK 技术的模型中，网络的稳定性对定位精度影响极大。必须保证网络通信稳定，从而确保差分数据稳定下发，这样才能实现超高定位精度。

引导问题 5-1-3：请讨论 RTK 技术的定位原理。

知识 5-1-5 惯性导航系统

惯性导航系统（Inerial Navigation System，INS）是以牛顿力学定律为基础的一种自主式导航系统。通过惯性测量单元（Inerial Measurement Unit，IMU）中的陀螺仪、加速计获取载体的实时角速度和比力信息，系统在获取初始状态信息后，利用导航更新算法对角速度和比力信息进行积分运算，得到载体的实时姿态、速度和位置信息。惯性导航系统分为平台式惯性导航系统（PINS）和捷联式惯性导航系统（SINS）两种。其中，PINS 需要建立实际的物理平台来模拟导航坐标系；SINS 通过惯性器件和运动载体进行绑定，利用编写好的数学平台代替物理平台。SINS 具有结构简单、体积小、造价低廉、可靠性高等优点，得到了更广泛的应用。惯性导航系统不依赖外部信息，也不受外界干扰，具有自主性强、抗干扰性强、导航信息输出频率高等优点，其工作原理如图 5-6 所示。

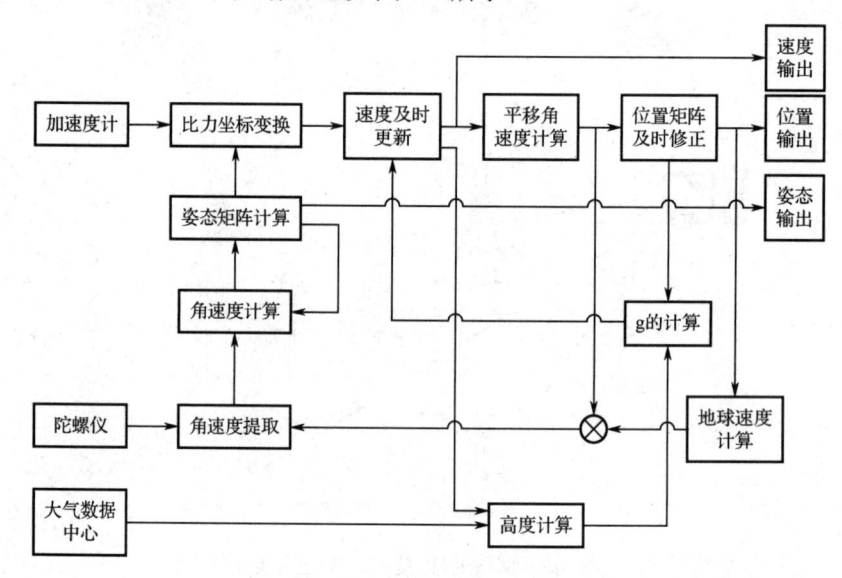

图 5-6 惯性导航系统的工作原理

IMU 是一个电子模块，其通过集成多个惯性传感器以生成多个轴或自由度的加速度和角速度测量值，如六自由度（DOF）IMU 由三轴陀螺仪和三轴加速度计组成，使用扩展卡尔曼滤波器（EKF）将这些传感器随时间变化的测量值进行组合，可以进行高精度的位置、速度、姿态或方向计算。航姿参考系统（AHRS）将磁力计读数与 IMU 数据相结合，以计算航向、侧倾和俯仰。IMU 的工作原理如图 5-7 所示。

惯性导航解算算法（见图 5-8）通常分以下几步。

（1）姿态更新：对陀螺仪输出的角速度进行积分得到姿态增量，叠加到上次的姿态上；

（2）比力坐标变换：从 IMU 坐标系到位置、速度求解坐标系（惯性坐标系）；

（3）速度更新：需要考虑重力加速度的去除，得到惯性导航系统下的加速度，通过积分得到速度；

（4）位置更新：通过速度积分得到位置。

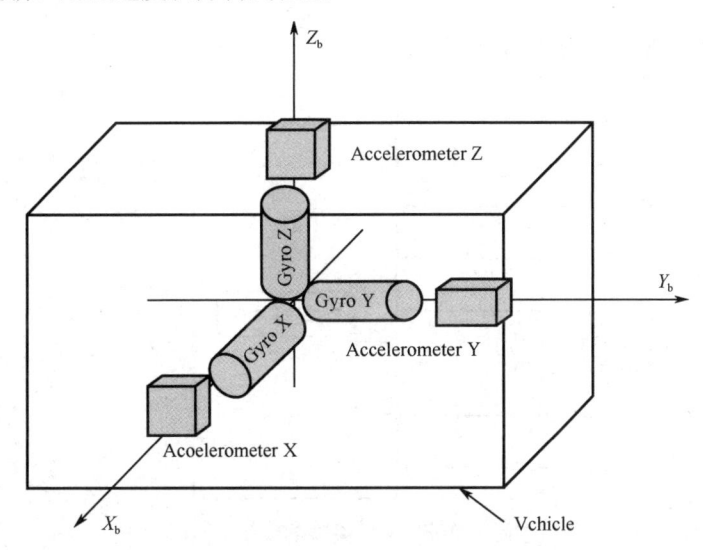

图 5-7　IMU 的工作原理

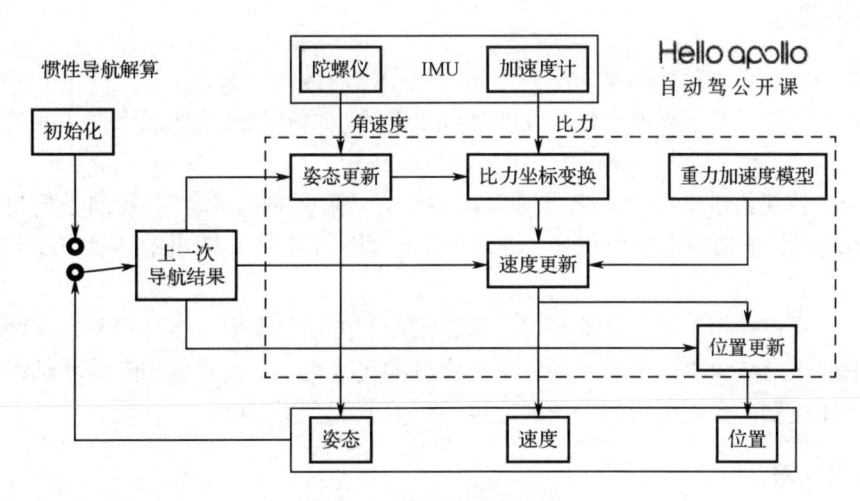

图 5-8　惯性导航解算算法

在典型的智能网联汽车应用中，惯性导航系统结合交通路线、高清地图，以及感知传感器系统来确定车辆路线和如何进行导航。当所有系统在良好的环境条件和卫星覆盖范围内正常运行时，带有传统汽车级 IMU 的惯性导航系统通常可提供足够的定位精度和可靠性，以确保安全运行。

引导问题 5-1-4：请讨论惯性导航系统的定位原理。

知识 5-1-6　惯性导航系统误差来源

惯性导航系统的误差来源如图 5-9 所示。

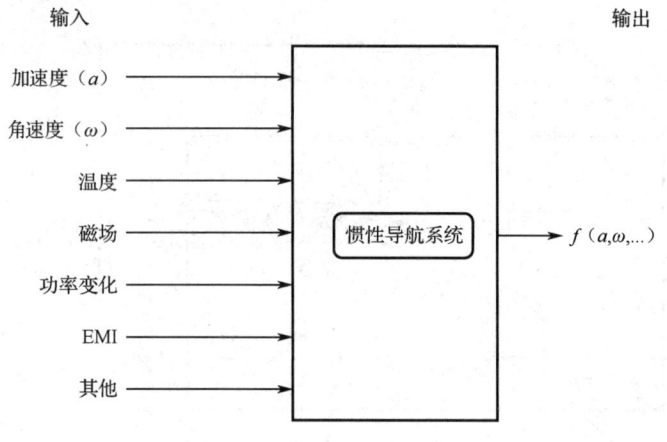

输入：加速度（a）、角速度（ω）、温度、磁场、功率变化、EMI、其他 → 惯性导航系统 → 输出：$f(a,\omega,...)$

图 5-9　惯性导航系统的误差来源

1. 随机误差

（1）传感器白噪声：传感器白噪声通常与电子噪声合在一起。

（2）变温误差：变温误差类似时变的加性噪声源，由外部环境的温度变化或内部热分布变化引起。

（3）传感器随机游动噪声：来自速率陀螺仪的"角度随机游动"，等同于角速度输出的白噪声；加速度计输出的白噪声积分，等同于"速度随机游动"；随机游动噪声随着时间线性增大。

（4）谐波噪声：由于热量传输延迟，故温度控制方法经常引入循环误差，这些都可在传感器输出中引入谐波噪声，谐波周期取决于设备的尺寸大小；主载体的悬挂和结构共振也会被引入谐波加速度，会对传感器中的加速度敏感误差源产生影响。

2. 固定误差

（1）偏差：输入为零时，惯性导航系统任何非零的输出；

（2）尺度因子误差：来自制造偏差；

（3）非线性：不同程度地存在于多种传感器中；

（4）尺度因子符号不对称性：来自不匹配的推挽式放大器；

（5）死区误差：由机械静摩擦力或死锁引起；

（6）量化误差：在所有数字系统中固有的误差，由于它可能存在于标准化环境中，故当输入不变时，它的值可能变化。

知识 5-1-7　组合导航技术

为了满足社会发展对导航定位技术在多领域、多场景中应用的更高需求，将多系统进行组合，取长补短、优势互补，推动导航定位技术在更多领域的深度应用，助力行业发展。对比 GNSS 和 INS 的系统性能，发现两者具有很好的互补效果，将 GNSS 和 INS 进行组合，可以得到导航性能更加突出的组合导航系统。在 GNSS/INS 组合导航系统中，利用 INS 辅助 GNSS，弥补了 GNSS 抗干扰能力差、信号输出频率低的缺点，而通过 GNSS 高精度的定位结果对 INS 进行校正，又解决了 INS 误差随时间累计，无法长时间导航的缺点，在高动态环境、外界干扰和连续导航等多场景中均明显优于单一的导航系统。因此，对 GNSS/INS 组合导航系统展开进一步的研究具有十分重要的理论意义和社会价值。

目前，在全球导航卫星系统应用领域中，GNSS 和 INS 被公认为是最佳的组合导航方案，组合导航根据组合方式可以分为松组合、紧组合和超紧组合三种。

（1）松组合导航系统在结构设计上较为简单，实际工程中实现较为容易，其使用两个子导航系统分别计算出位置信息和速度信息，然后分别将两种子导航系统得到的位置信息和速度信息进行做差处理，得到的结果作为滤波器的输入，最后根据滤波器输出的导航定位误差信息对 INS 进行反馈校正，进而得到导航状态的最优估计值。但一旦导航卫星系统不能正常解算出运载体的位置和速度信息时，将无法对 INS 进行有效的校正，使松组合导航系统的误差随时间不断积累。GNSS/INS 松组合结构框图如图 5-10 所示。

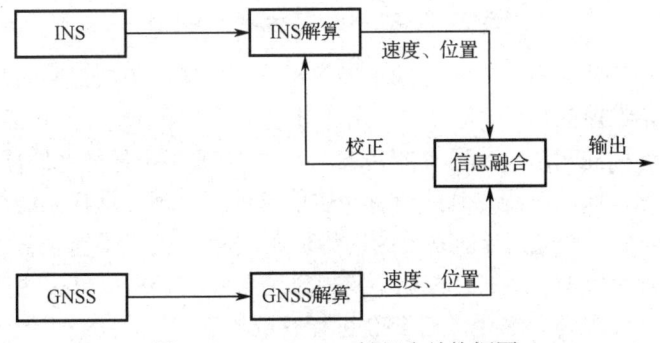

图 5-10　GNSS/INS 松组合结构框图

（2）紧组合导航系统利用导航卫星子系统的伪距和伪距率等原始数据进行信息融合，此时 GNSS 和 INS 都不是独立的导航系统，GNSS 给 INS 提供精准的位置信息和速度信息，避免其误差积累过大，INS 给 GNSS 提供实时的位置和速度等导航信息，并在 INS 的辅助下，GNSS 无须接收 4 颗以上的卫星信号也能发挥作用（尽量多接收卫星信息有助于对系统滤波器滤波的校正）。紧组合结构比松组合结构更紧密，精度更高，速度快，能够让 INS 和 GNSS 之间相互辅助，即使在少于 4 颗卫星的情况下也对导航系统有用，抗干扰能力强。GNSS/INS 紧组合结构框图如图 5-11 所示。

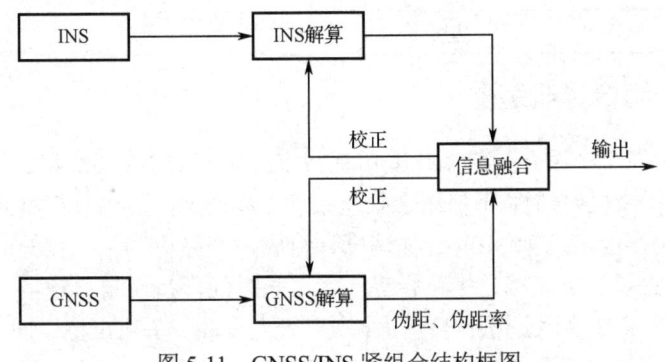

图 5-11　GNSS/INS 紧组合结构框图

（3）超紧组合导航系统的卫星信号采用矢量环路跟踪方法，各通道间相互辅助，提高了卫星导航系统在有干扰和动态性能强等复杂环境中的可靠性。在这种组合模式中，滤波器的输出会反馈给接收机和 INS 作为误差补偿，这种方式的两种导航系统信息融合的程度比前两种组合方式的更加深入。GNSS/INS 超紧组合结构框图如图 5-12 所示。

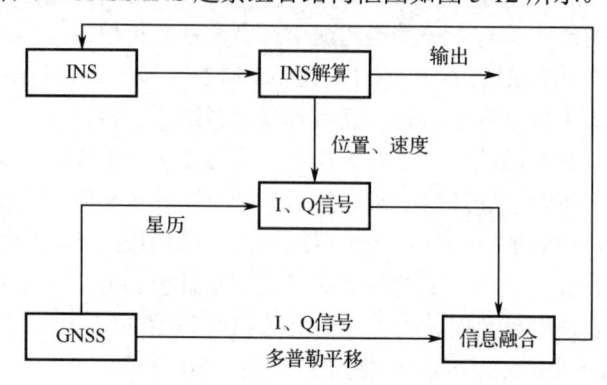

图 5-12　GNSS/INS 超紧组合结构框图

组合导航实质是将多种有互补性能的子导航系统按照某种方式进行信息融合，以达到提高组合导航系统整体性能的目的。在许多复杂的环境中，对导航精度和可靠性的要求都很高，任何单一的导航系统往往无法满足所有的要求。此时，需要多个导航系统同时在载体上工作，测量载体的导航信息，然后对测量到的所有导航信息进行处理，这样才能得到更加精准和可靠的导航结果。GNSS/INS 组合导航系统的优势是在 GNSS 信号不能正常被接收的情况下，接收机不能实现有效定位的时候，INS 能不断提供运载体的导航信息，并且 GNSS 把测得的大量运载体导航信息反馈到 INS 中，对 INS 进行有效校正，提高 INS 的定位精度和稳定性。因此，GNSS 与 INS 组合导航系统并不是两个子系统的简单组合，也不是两者之中的最优者，而是能产生一加一大于二的效果的组合导航系统。

引导问题 5-1-5：请讨论组合导航技术的类型。

知识 5-1-8　组合导航装配

百度 Apollo 智能小车组合导航系统采用星网宇达生产的 Newton-M2 型号的组合导航系统，该系统是新一代微机电惯性/卫星组合导航系统。本系列产品由高精度测绘级卫星接收板卡、三轴 MEMS 陀螺仪、三轴 MEMS 加速度计组成。产品可在星况良好的环境下提供厘米级定位精度，并在卫星信号遮挡、多路径等环境下长时间保持位置、速度、姿态精度。产品整体设计轻便小巧，简单易用，适用于辅助驾驶、无人驾驶、车载定位定向、AGV 车等环境。该组合导航系统的硬件组成包括 Newton-M2 主机 1 个（见图 5-13）、卫星天线 2 根（测量型卫星天线，信号接口为 TNC 母口，如图 5-14 所示）、射频连接线 2 根（射频连接线的两端分别为 TNC 公口和 SMA 母口）和数据/电源线缆 1 根（一端是和主机相连的接口，另一端含有一个串口母口、一根 RJ-45 网线母口、一根电源接口和一个 USB 接口）。

图 5-13　Newton-M2 主机　　　　　　　图 5-14　卫星天线

组合导航装配的具体安装步骤如下所示。

（1）将 Newton-M2 主机安装在小车后轴的中心位置上，使主机铭牌上标示的坐标系 XOY 面尽量与载体坐标系平行并保持各轴向一致，将 Y 轴的正向保持与载体的前进方向一致，Newton-M2 主机必须与被测载体固连，可用强力双面胶进行粘贴。

（2）GNSS 双天线应尽量与载体坐标系 Y 轴平行并且前天线（Secondary）应在 Y 轴正方向上，要尽可能将 GNSS 天线安置于测试载体的最高处，以保证能够接收到良好的 GNSS 信号。将天线分别安装在小车车架头尾预留的小圆片上。

（3）将两根射频线的 TNC 公头与卫星天线的 TNC 母口连接（见图 5-15）。

（4）将射频连接线的 SMA 母口与 IMU 主机的 SMA 公口连接，车尾天线为主天线，将其连接在 IMU 的 Primary 接口上（见图 5-16）。

图 5-15　卫星天线接线　　　　　　　图 5-16　IMU 接线（1）

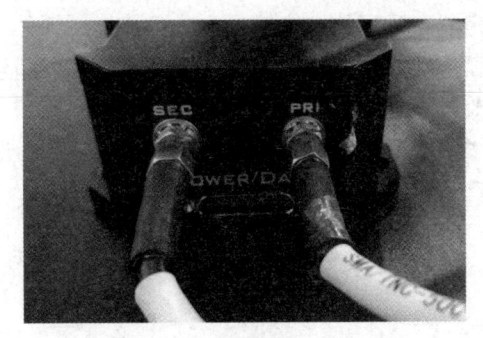

（5）将数据/电源线缆的公口和 IMU 主机的母口连接（见图 5-17）。

（6）将数据/电源线缆的串口母口与工控机的串口公口 COM1 连接，此线若过短，请使用串口延长线。注意：此线在完全配置完 IMU 之后就不需要再连接在 IPC 上了（见图 5-18）。

（7）将数据/电源线缆的网线母口和路由器 LAN 口接出来的有线网的水晶头相连接（见图 5-19）。

（8）将数据/电源线缆的 USB 接口与 IPC 的 USB 接口连接（见图 5-20）。

图 5-17　IMU 接线（2）

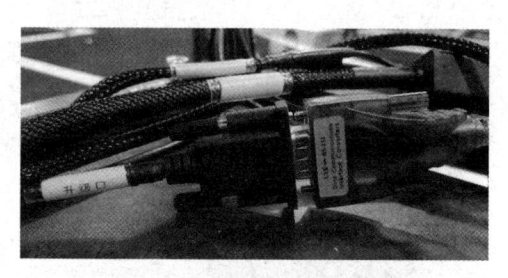

图 5-18　工控机的串口接线

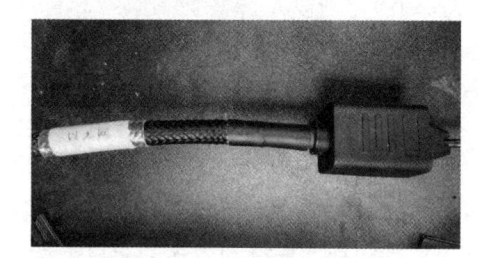

图 5-19　网线接线

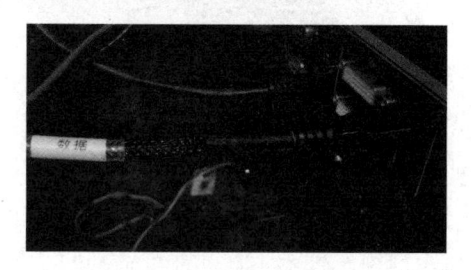

图 5-20　IPC 接线

（9）将数据/电源线缆的电源线接口与小车的 12V 电源接口连接起来。

在后续配置 IMU 的参数时，会用到主天线的杆臂值，因此需要先量取并记录下它留作后用。杆臂值的量取参考下述步骤：

当主机和天线处在正确位置时量取天线到主机的距离。主机的中点和天线的中点标记在设备的外部。天线到主机的距离记录为 X 轴偏移 x_offset、Y 轴偏移 y_offset 和 Z 轴偏移 z_offset（见图 5-21 和图 5-22）。坐标轴由主机的位置确定。偏移量的误差应该被控制在 1cm 以内，以获取高精度的定位信息。杆臂是指后天线（Primary）的几何中心位置相对于主机几何中心在直角坐标系内 X、Y、Z 三方向上的位置差。例如，x_offset 为 X 方向上的杆臂误差，单位为米（m），以此类推。注：上述坐标 X、Y、Z 为设备坐标轴配置后的实际坐标，一般应与载体坐标系一致，注意补偿的是后天线（Primary）杆臂值。对导航模式进行配置后，必须重新启动设备。

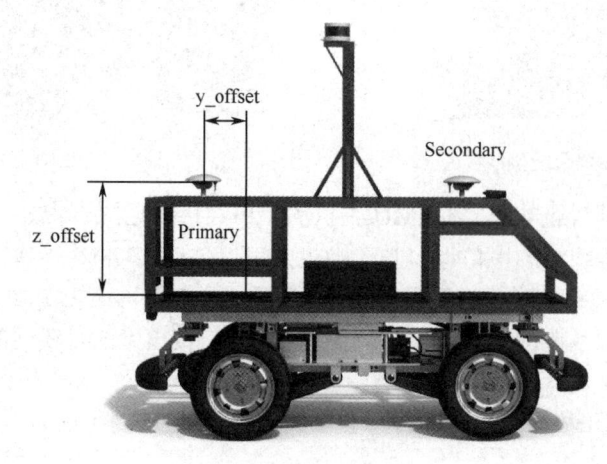

图 5-21　Y 轴偏移、Z 轴偏移

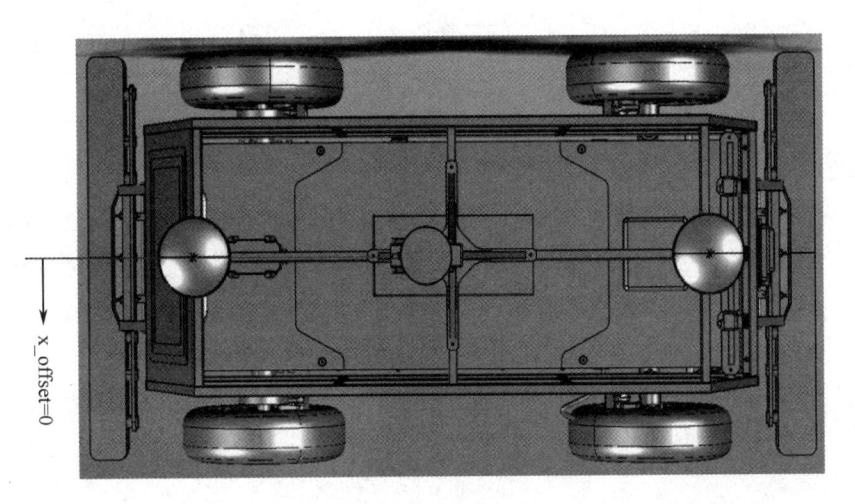

图 5-22 X 轴偏移

任务二 组合导航系统的配置

【任务描述】

目前主流的高精度定位技术有 GPS/IMU 融合定位、先验地图定位和即时定位与地图构建（Simultaneous Localization and Mapping，SLAM）等。在 D-KIT 系列小车上用的是 RTK-GPS 和 IMU 的组合导航技术，其中通过实时动态（Real-Time Kinematic，RTK）载波相位差分技术进行高精度定位需要将移动端设备通过网络连接至位置服务器。

为了使车辆能够获得正确的位置信息，在使用之前需要正确配置车辆的组合导航参数。在本任务中，需要完成对车辆组合导航系统的配置和验证，确保车辆的组合导航系统被正确配置并可以正常定位。在任务实施的过程中，需要学习和掌握 RTK-GPS 和 IMU 组合导航系统的配置方法与相关软件的操作，为后续的任务打下基础。

【问题探究】

引导问题 5-2-1：什么是 RTK 载波相位差分技术？这种技术与 GPS 定位技术有什么不同？

【任务实施】

任务：组合导航系统的参数配置

同学们掌握了组合导航系统配置的基础知识，那么在实际工作中，如何配置组合导航系统的参数呢？

引导问题 5-2-2：请查阅资料，绘制组合导航系统的参数配置流程图。

引导问题 5-2-3：请在无人小车上完成组合导航系统的配置。

一、实验准备

1．设备准备

实验设备：无人小车。

2．人员准备

（1）小组成员：5～6 人一组，明确任务分工。

（2）任务分工：1 人负责观察周围是否有车辆或行人经过；1 人手持遥控器，随时准备接管车辆控制权；2 人负责测量 RTK 主天线和 IMU 的相对位置并记录；1 人负责计算机与导航系统的连接，并输入相关参数和命令；1 人负责确认配置结果；任务完成后人员轮换。

注意：负责遥控车辆的同学务必做到能够熟练操控车辆，防止车辆失控或误操作引发安全事故；其余同学做好安全防护。

3．场地准备

配置组合导航系统时需要 GPS 信号及网络信号与千寻的基站通信，故对场地要求如下：

➤ 场地无高大建筑物或乔木遮蔽；
➤ 无强电磁干扰；
➤ 视野开阔，光照良好；
➤ 非阴雨天气。

4．试验车辆工作条件准备

（1）准备 RS232 串口延长线一条，长度约 1.5m，如图 5-23 所示。

图 5-23　RS232 串口延长线

图 5-24 所示为 D-KIT Lite 小车上使用的与 IMU 相连接的线束，请在线束上找到用于连接 IMU 的串口，该串口所在线束的标签为_____。

（2）在工控机上找到标记为 COM1 的串口，并使用 RS232 串口延长线连接 IMU 和工控机。图 5-25 中的 COM1 串口位于工控机的_____。

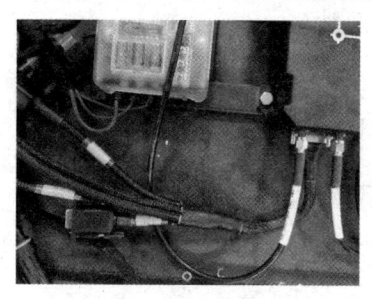

图 5-24　IMU 连接线束　　　　图 5-25　工控机的 COM1 和 COM2 串口

（3）测量 RTK 主天线（后天线）在 IMU 坐标系中的坐标值，单位为米（m）：
X：（　）；Y：（　）；Z：（　）。

> 小提示：
> 在 IMU 坐标系中，以 IMU 为坐标中心，在 IMU 零部件表面印刷有 X 轴和 Y 轴的正方向标记，其 X 轴正方向指向车辆长度方向中心平面的右侧方向，其 Y 轴的正方向指向车头方向，其 Z 轴的正方向垂直于车辆底盘平面方向向上。在测量 RTK 主天线在 IMU 坐标系中的坐标值时要注意区分其正负值，在 D-KIT Lite 车型上，RTK 主天线的典型坐标值为（0，-0.1，0.6），单位为米。
>
> 不同的车型其 RTK 主天线相对于 IMU 的位置大致相同，具体坐标值有所不同。

5．启动车辆

上电启动车辆前请指导老师检查确认。

二、组合导航系统的参数配置

1．新建配置文件

在 home 文件夹下使用 touch 命令新建两个文件，分别为 imusysinfo.conf 和 imu_lite_s.conf，建好后如图 5-26 所示。

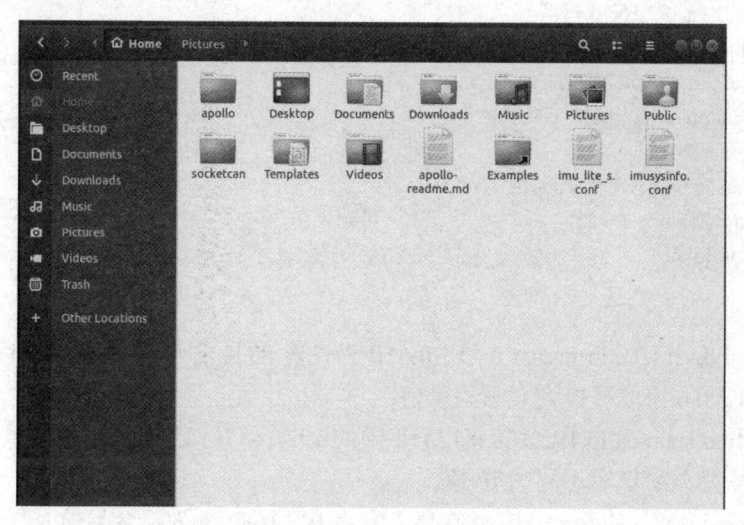

图 5-26　新建文件及存放位置示意图

2. 更改配置文件中的内容

（1）打开 imusysinfo.conf 文件，写入如下内容后保存：

$cmd,output,com0,gpfpd,null*ff
$cmd,get,sysinfo*ff
$cmd,get,netpara*ff
$cmd,get,leverarm*ff

以上命令用于获取当前 IMU 的系统信息、网络配置信息和 RTK 主天线的坐标位置信息等。

（2）打开 imu_lite_s.conf 文件，写入如下内容后保存：

$cmd,set,leverarm,gnss,0,-0.1,0.6*ff
$cmd,set,headoffset,0*ff
$cmd,set,navmode,FineAlign,off*ff
$cmd,set,navmode,coarsealign,off*ff
$cmd,set,navmode,dynamicalign,on*ff
$cmd,set,navmode,gnss,double*ff
$cmd,set,navmode,carmode,on*ff
$cmd,set,navmode,zupt,on*ff
$cmd,set,navmode,firmwareindex,0*ff
$cmd,output,usb0,rawimub,0.010*ff
$cmd,output,usb0,inspvab,0.010*ff
$cmd,through,usb0,bestposb,1.000*ff
$cmd,through,usb0,rangeb,1.000*ff
$cmd,through,usb0,gpsephemb,1.000*ff
$cmd,through,usb0,gloephemerisb,1.000*ff
$cmd,through,usb0,bdsephemerisb,1.000*ff
$cmd,through,usb0,headingb,1.000*ff
$cmd,set,localip,192,168,0,123*ff
$cmd,set,localmask,255,255,255,0*ff
$cmd,set,localgate,192,168,0,1*ff
$cmd,set,netipport,203,107,45,154,8002*ff
$cmd,set,netuser,qianxun1234:abc123*ff
$cmd,set,mountpoint,RTCM32_GGB*ff
$cmd,set,ntrip,enable,enable*ff
ppscontrol enable positive 1.0 10000
log com3 gprmc ontime 1 0.25
$cmd,save,config*ff

其中：

① 命令 $cmd,set,leverarm,gnss,0,-0.1,0.6*ff 为设置 RTK 主天线在 IMU 坐标系中的位置，需要将 0、-0.1、0.6 字段替换为实际测量值；

② 命令 $cmd,set,localip,192,168,0,123*ff 中的 192.168.0.123 为组合导航系统的 IP 地址，此地址需根据实际型号填写不同的 IP 值；

③ 命令 $cmd,set,localgate,192,168,0,1*ff 中的 192.168.0.1 为组合导航系统的网关地址；

④ 命令$cmd,set,netuser,qianxun1234:abc123*ff 中的 qianxun1234:abc123 字段为千寻账号和密码，需要将该字段替换为实际账号和密码。

3．使用 CuteCom 软件确认 IMU 固件版本

（1）在终端中输入命令 sudo cutecom，打开 CuteCom 软件，如图 5-27 所示。

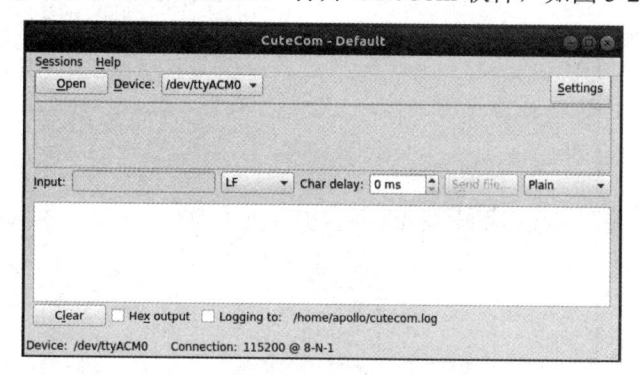

图 5-27　CuteCom 软件界面

（2）按照如图 5-28 中所示的标号顺序依次操作：

① 在 Device 选项中选择/dev/ttyS0 设备；
② 单击 Open 按钮将设备端口打开；
③ 单击 Send file 按钮将 imusysinfo.conf 文件发送给 IMU，如图 5-29 所示。

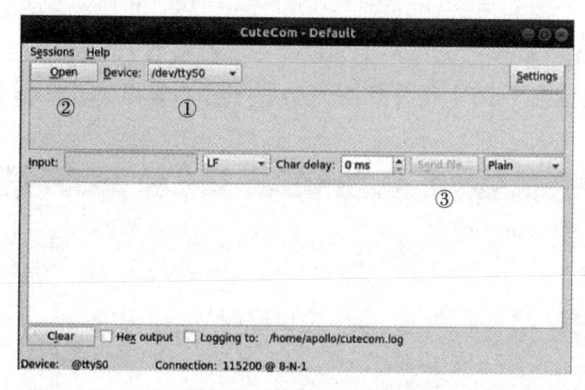

图 5-28　CuteCom 软件操作

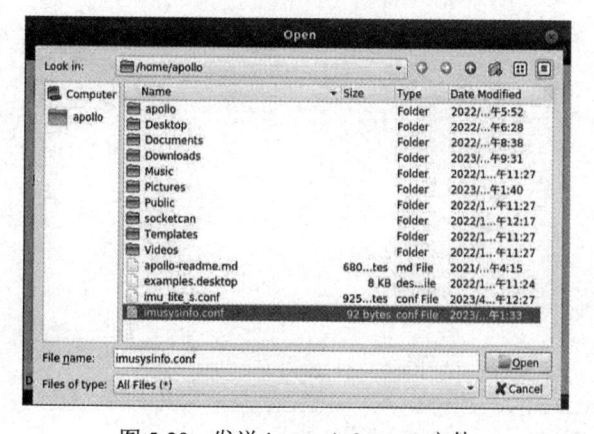

图 5-29　发送 imusysinfo.conf 文件

（3）IMU 返回当前固件的版本信息，应为 2.8.xxx，如图 5-30 所示。

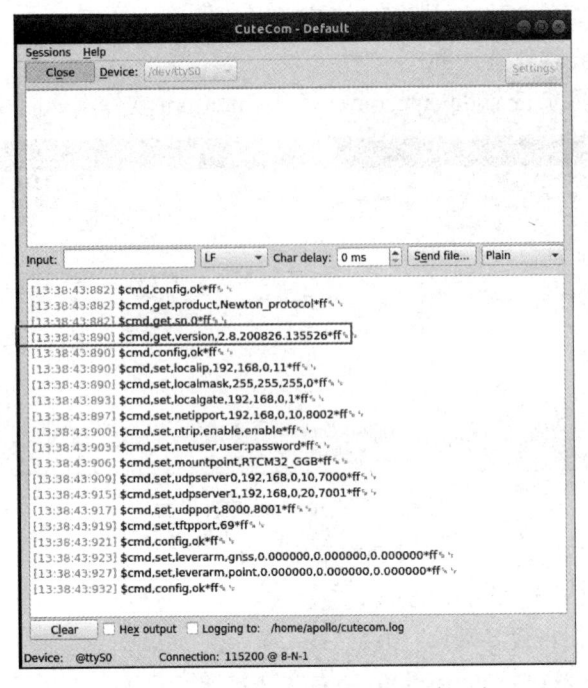

图 5-30　IMU 返回当前固件的版本信息

（4）使用 CuteCom 软件打开/dev/ttyS0 设备，并将设置好 IP 地址和千寻账号信息的 imu_lite_s.conf 文件发送给 IMU，软件界面应返回 25 个 ok 信息（见图 5-31），组合导航系统配置完成。

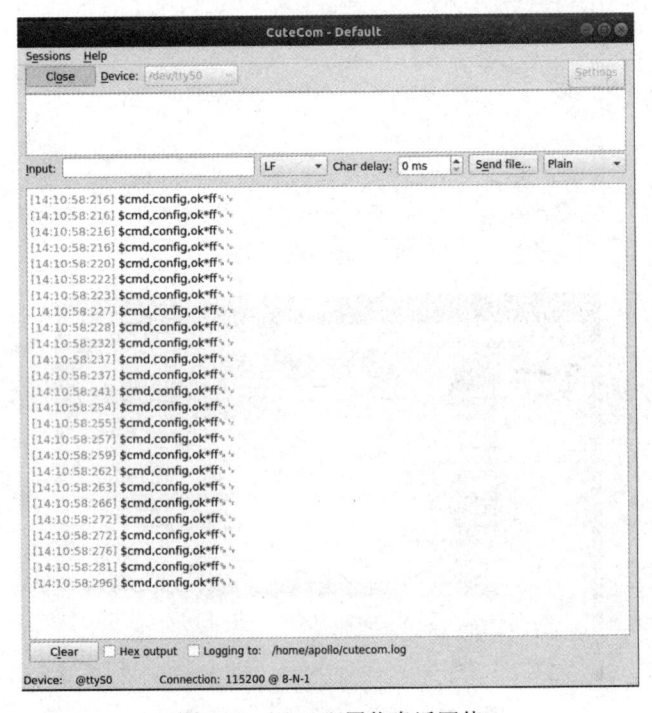

图 5-31　IMU 配置信息返回值

4. 验证配置信息是否正确

（1）使用 CuteCom 软件打开/dev/ttyS0 设备后发送 imusysinfo.conf 文件给 IMU，检查其返回的 IP 地址、千寻账号、RTK 主天线在 IMU 坐标系中的坐标值等信息是否与配置文件中的一致，如图 5-32 所示。

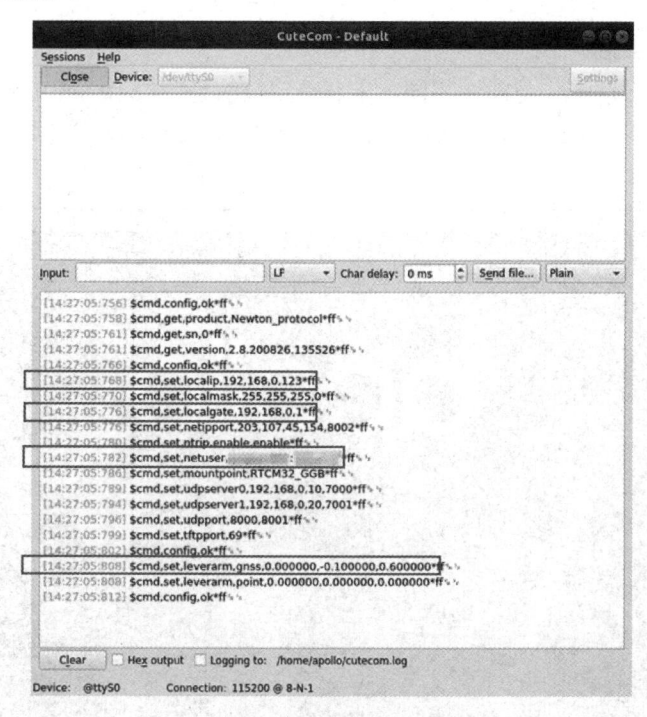

图 5-32 验证 IMU 配置信息

（2）测试 IMU 是否正确获得 IP 地址，使用 ping 192.168.0.123 命令，如图 5-33 所示。若返回图中所示的信息，则代表 IMU 已正常联网。

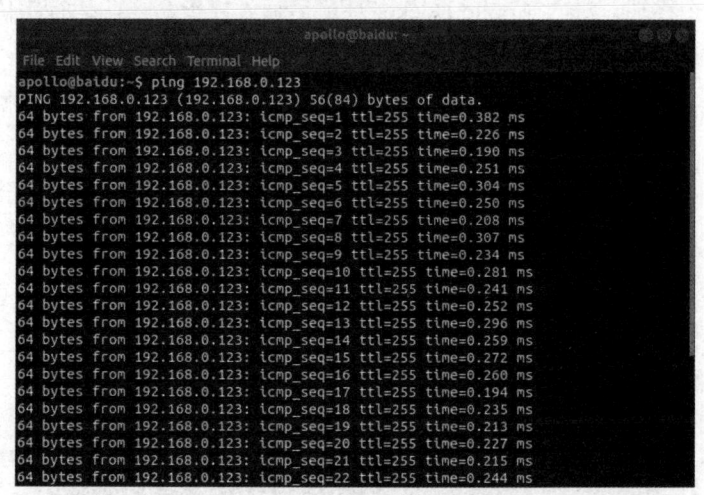

图 5-33 验证 IMU 的 IP 地址

（3）检查完成后断开 RS232 延长线，将工控机关机后整车断电。

三、验证配置效果

实验台架在室内，GNSS 信号较弱，一般无法获取定位信息，可以使用脚本发布模拟定位信息，使用 cyber_monitor 工具查看定位信息，在 DreamView 中查看定位效果，具体操作步骤如下。

1. 启动 DreamView

DreamView 的启动方法与前述相同，未获得定位信息前的 DreamView 界面如图 5-34 所示，模式选择"Dev Kit Perception Plat"，车辆选择"Dev Kit New"，地图选择"Sunyvale Big Loop"。

图 5-34　未获得定位信息前的 DreamView 界面

2. 运行定位信息发布脚本

重新打开一个终端，进入 Apollo Docker 环境后输入以下命令，运行定位信息发布脚本，并保持该终端运行，不要关闭（见图 5-35）：

./bazel-bin/modules/tools/sensor_calibration/fake_tf_pose_publisher

图 5-35　运行定位信息发布脚本

3．使用 cyber_monitor 工具观察定位信息

（1）重新打开一个终端，进入 Apollo Docker 环境后输入 cyber_monitor 命令，启动该工具，如图 5-36 所示。

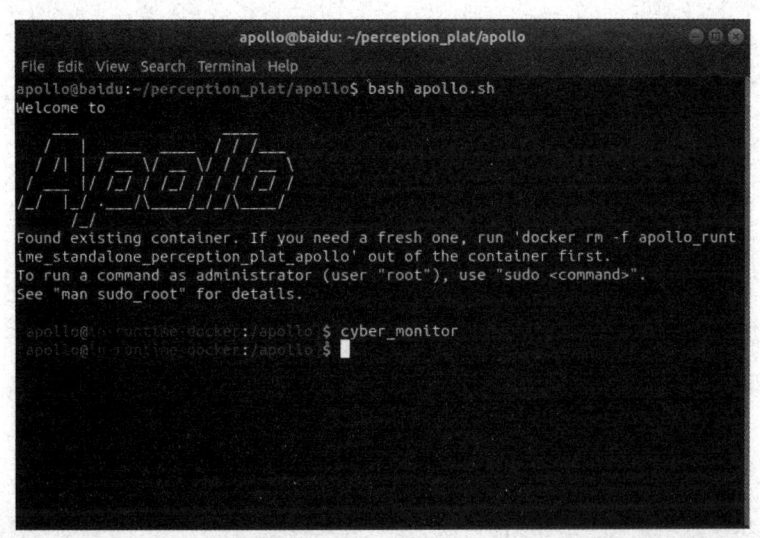

图 5-36　启动 cyber_monitor 工具

（2）在 cyber_monitor 工具中找到 /apollo/localization/pose 数据通道（定位信息条目），如图 5-37 所示。

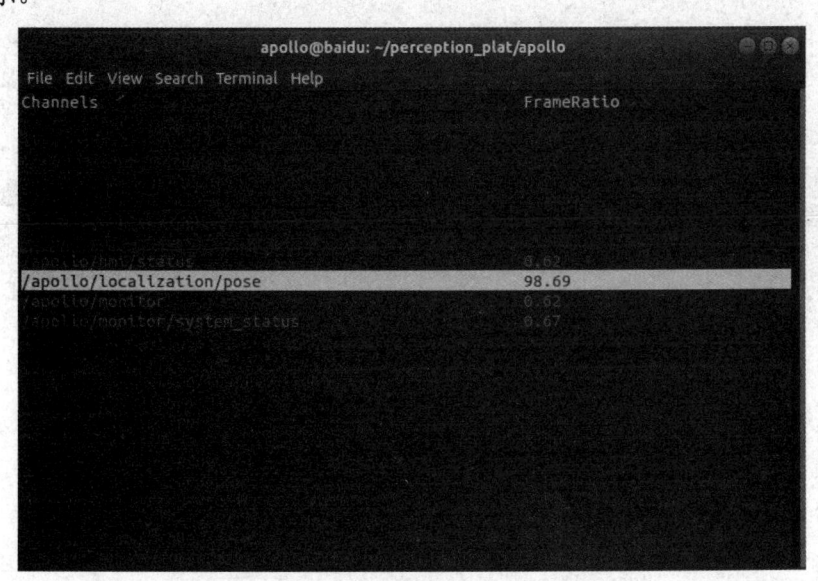

图 5-37　定位信息条目

（3）在 /apollo/localization/pose 数据通道上按 Enter 键或向右方向键即可查看该数据通道中的信息（定位信息），如图 5-38 所示。

（4）此时检查 DreamView 界面，车辆已成功定位，显示车辆在高精地图中的定位，如图 5-39 所示。

图 5-38 定位信息详情

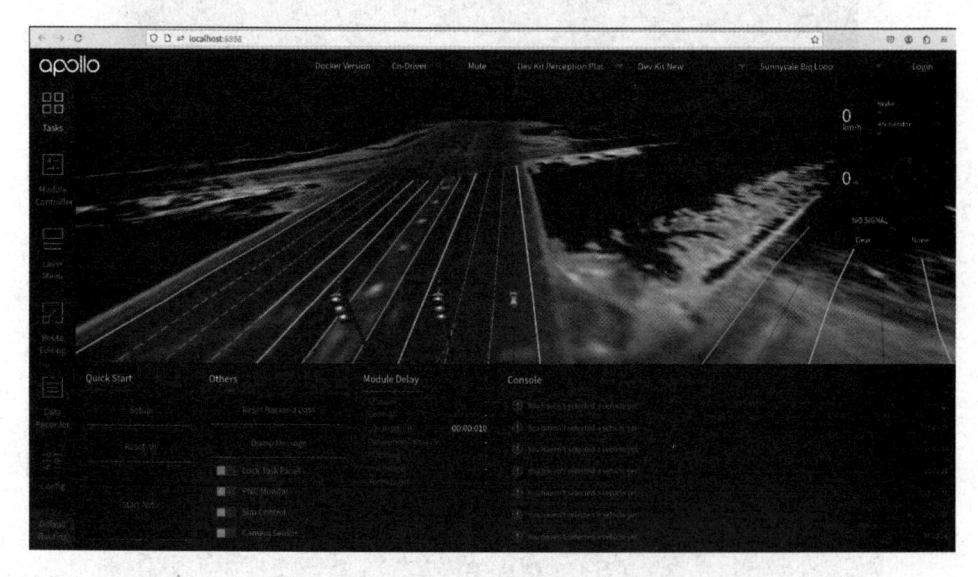

图 5-39 车辆在高精地图中定位成功

定位模块发布的信息中包含了当前车辆的位姿信息，如图 5-38 中的/apollo/localization/pose 数据通道中包含了 position、orientation、linear_velocity、linear_acceleration（图中未截取）和 heading 信息。其中，position 下的 x、y 和 z 值指的是当前车辆的三维坐标；orientation 下的 qx、qy、qz 和 qw 指的是车辆的姿态信息，用四元数来表示；linear_velocity 和 linear_acceleration 下的数据分别表示当前车辆沿 X 轴、Y 轴、Z 轴方向的速度和加速度值；heading 下的数据指当前的航向角。

四、常见问题排查方法

1. 输入 sudo cutecom 命令后提示不存在该文件或路径

此问题是由于系统未安装 CuteCom 软件所致，解决办法如下：

打开终端，在终端命令行窗口中输入命令 sudo apt-get install cutecom，如图 5-40 所示。

图 5-40　CuteCom 软件安装命令

2. 在 DreamView 中打开 GPS 后自动回弹，GPS 不能正常启动

出现该故障后需要检查如下项目：

（1）IMU 数据线的 USB 接口是否插在工控机第一排 USB 接口的第 4 个位置处；

（2）是否正确配置千寻账号和 IP 地址；

（3）IMU 固件的版本是否正确；

（4）USB 设备是否被系统正确识别。

输入命令 ls /dev/tty*，查看是否有 ttyS0 串口终端设备，如图 5-41 所示。若无，则需重新驱动 IMU 设备或重新安装 Apollo 镜像。

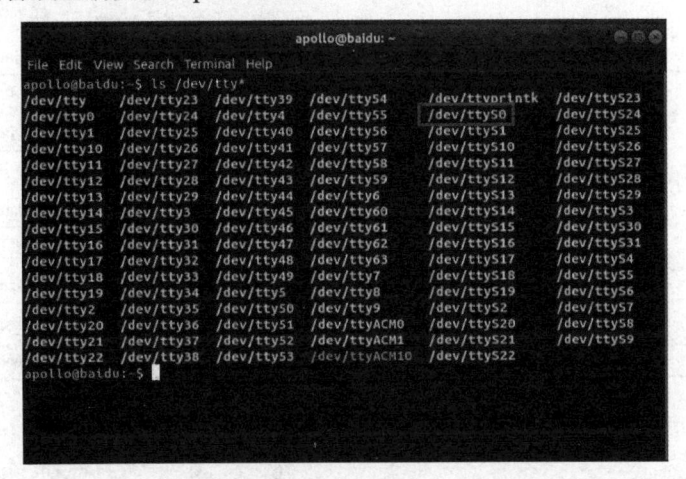

图 5-41　查看是否有 ttyS0 串口终端设备

3．GPS 模块信号的 sol_type 字段值不为 NARROW_INT

出现该故障后需要检查如下项目：

（1）IMU 配置结束后是否断开 RS232 延长线；

（2）整车是否断电重启；

（3）尝试小范围移动车辆后等待约 2min 后再次尝试。

【知识拓展】

拓展知识一：Apollo 8.0 版本操作的命令

（1）进入 Apollo Docker 环境的命令：

cd ~/apollo-dkit
aem start_gpu
aem enter

（2）启动 DreamView 的命令：

aem bootstrap

（3）在 DreamView 界面中登录账号，从云端同步车辆配置文件的存放位置：

~/apollo-dikt/data/calibration_data/dev_kit_s(此文件夹名称为车辆的型号)/

不同型号设备配置文件的存放位置名称如表 5-1 所示。

表 5-1　不同型号设备配置文件的存放位置

车辆铭牌信息	文 件 路 径
Apollo D-KIT Lite	~/apollo/modules/calibration/data/dev_kit/（Apollo 6.0 EDU） ~/apollo-dkit/data/calibration_data/dev_kit/(Apollo 8.0)
Apollo D-KIT Lite S	~/apollo/modules/calibration/data/dev_kit_lite_s/(Apollo 6.0 EDU) ~/apollo-dkit/data/calibration_data/dev_kit_lite_s/(Apollo 8.0)
Apollo D-KIT Standard	~/apollo/modules/calibration/data/dev_kit_standard/（Apollo 6.0 EDU） ~/apollo-dkit/data/calibration_data/dev_kit_standard/（Apollo 8.0）
Apollo D-KIT Standard S	~/apollo/modules/calibration/data/dev_kit_standard_s/（Apollo 6.0 EDU） ~/apollo-dkit/data/calibration_data/dev_kit_standard_s/（Apollo 8.0）
Apollo D-KIT Advanced(NE-S)（单激光雷达）	~/apollo/modules/calibration/data/dev_kit_advanced_ne-s/(Apollo 6.0 EDU) ~/apollo-dkit/data/calibration_data/dev_kit_advanced_ne-s/(Apollo 8.0)
Apollo D-KIT Advanced(SNE-R)（三激光雷达）	~/apollo/modules/calibration/data/dev_kit_advanced_sne-r/ (Apollo 6.0 EDU) ~/apollo-dkit/data/calibration_data/dev_kit_advanced_sne-r/ (Apollo 8.0)

（4）修改 utm zone 数值的 gnss 配置文件的存放路径：

~/apollo-dkit/data/calibration_data/dev_kit_s/gnss_conf.pb.txt

拓展知识二：在 D-KIT 自动驾驶实验平台车辆上完成对组合导航数据的检查

1. 车辆配置文件的下载与同步

在实际启动车辆定位之前需要将车辆的配置信息从云端下载到本地，主要步骤如下所示。

（1）登录 studio.apollo.auto 网站，如图 5-42 所示，在 Fuel 研发云子菜单中的设备管理页面上将账号和车辆绑定，绑定后如图 5-43 所示。

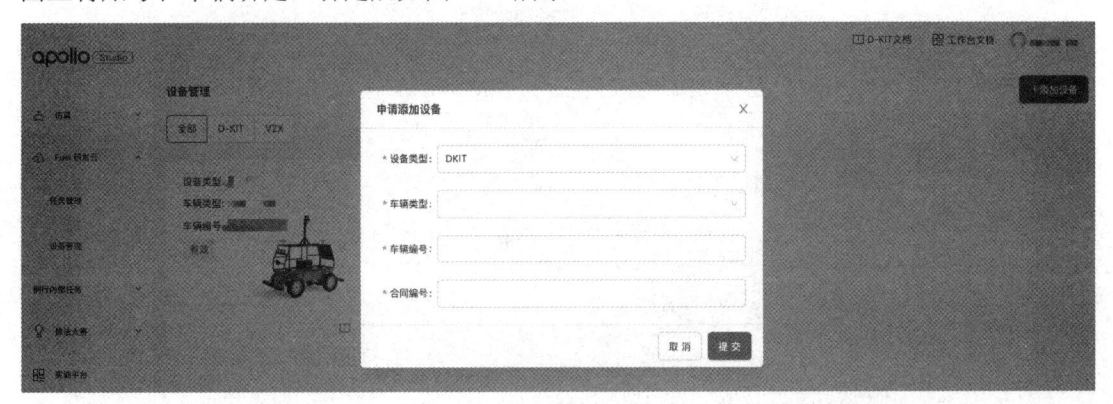

图 5-42　账号与设备的绑定

图 5-43　完成账号和设备的绑定

（2）启动 DreamView 并登录绑定该设备的账号，单击 DreamView 界面左下角的 Config 选项，出现 Vehicle Profiles，在"VIN: We Cannot detect your vehicle, please click and set you VIN to enable profile feature"处单击并输入设备 VIN 号，如图 5-44 所示。

图 5-44　配置设备 VIN 信息

（3）如图 5-45 所示，单击 Refresh 按钮，自动从云端将车辆的配置文件同步到本地，同步完成后在 UNKNOW 位置处显示为 CLEAN。

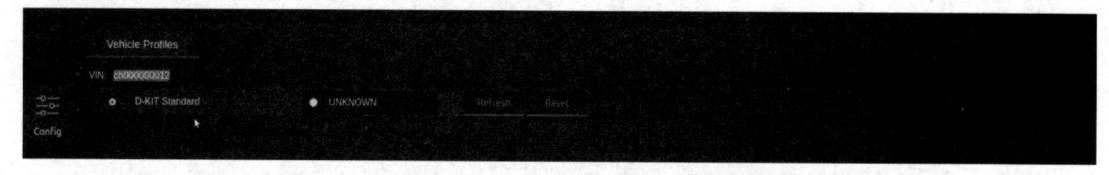

图 5-45　同步设备配置文件

2. 修改配置文件

（1）找到 ~/apollo/modules/calibration/data/dev_kit_s/gnss_conf/ 路径下的 gnss_conf.pb.txt 文件并打开，在 utm zone 处将该处的值改为实际 utm zone 的值，如图 5-46 所示。

图 5-46　修改 utm zone 的值

> **小提示：**
> 获取当前位置所处的时区，可以通过访问如下网址查询：https://mangomap.com/robertyoung/maps/69585/what-utm-zone-am-i-in-#。

（2）找到 apollo/modules/calibration/data/dev_kit_s/localization_conf/ 路径下的 localization.conf 文件并打开，将 enable_lidar_localization 的值由 true 改为 false，如图 5-47 所示。

图 5-47　修改 enbale_lidar_localization 的值

（3）校验其他数据。对比图 5-39 中所示的字段数据是否按照表 5-2 中所述的数据进行修改。

表 5-2　其他需要校验的数据

参　　数	说　　明
lidar_height_default	需要将该参数值修改为激光雷达中心到地面的距离，单位为米（m）
local_utm_zone_id	需要用户查询所在地区的 utm_zone，并进行修改。例如，北京地区的 utm_zone 为 50
imu_to_ant_offset_x	X 轴方向杆臂值，单位为米（m），需要将该参数值修改为该车杆臂值 x
imu_to_ant_offset_y	Y 轴方向杆臂值，单位为米（m），需要将该参数值修改为该车杆臂值 y
imu_to_ant_offset_z	Z 轴方向杆臂值，单位为米（m），需要将该参数值修改为该车杆臂值 z

3．检查确认

以 Apollo 6.0 EDU 版本为例，按照如下步骤执行。

1）启动 DreamView

（1）打开终端，在终端命令行窗口输入并执行以下命令，切换到 apollo 目录下：

cd apollo

（2）输入并执行以下命令运行 apollo.sh 脚本：

bash apollo.sh

（3）执行上述脚本后进入 Apollo Docker 环境，如图 5-48 所示，若显示[apollo@in-runtime-docker:/apollo]$，则代表成功进入 Apollo Docker 环境。

图 5-48　进入 Apollo Docker 环境

（4）输入并执行以下命令，运行 scripts 目录下的 bootstrap.sh 脚本，启动 DreamView，执行结果如图 5-49 所示：

bash scripts/bootstrap.sh

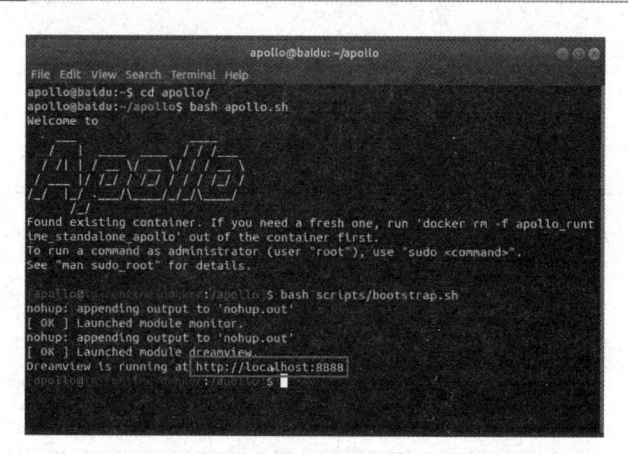

图 5-49　启动 DreamView

（5）右键单击 http://localhost:8888，在弹出的右键菜单中选择 open link，打开 DreamView 界面。在该界面中，登录绑定了车辆的账号，选择相应的运行模式和车辆型号，此处选择 Dev Kit Debug 模式和 Dev Kit 车辆，如图 5-50 所示。

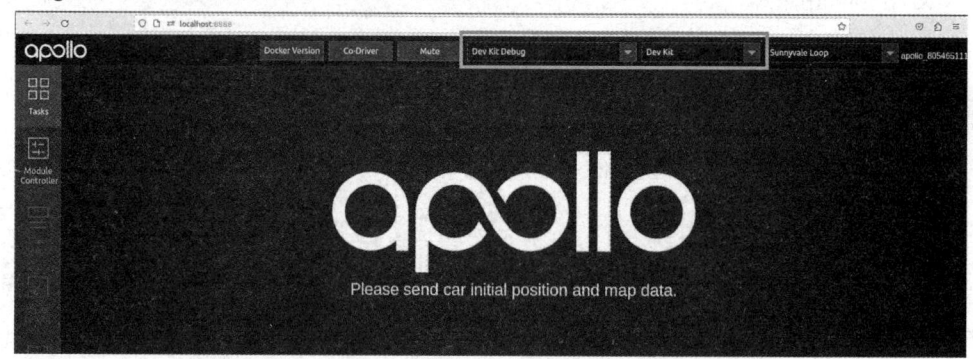

图 5-50　选择运行模式和车辆型号

（6）在"Module Controller"标签中启动 GPS 和 Localization 功能模块，如图 5-51 所示。

图 5-51　启动 GPS 和 Localization 功能模块

在上述步骤中选择车辆型号时，对照表 5-3 进行选择。

表 5-3　不同的车辆铭牌信息与车型的对照表

车辆铭牌信息	选 择 车 型
Apollo D-KIT Lite	Dev Kit
Apollo D-KIT Lite S	Dev Kit Lite s
Apollo D-KIT Standard	Dev Kit Standard
Apollo D-KIT Standard S	Dev Kit Standard s
Apollo D-KIT Advanced（NE-S）（单激光雷达）	Dev Kit Advanced Ne-s
Apollo D-KIT Advanced（SNE-R）（三激光雷达）	Dev Kit Advanced Sne-r

2）启动 cyber_monitor 工具

打开一个新的终端，在 Apollo Docker 环境下启动 cyber_monitor 工具，如图 5-52 和图 5-53 所示。

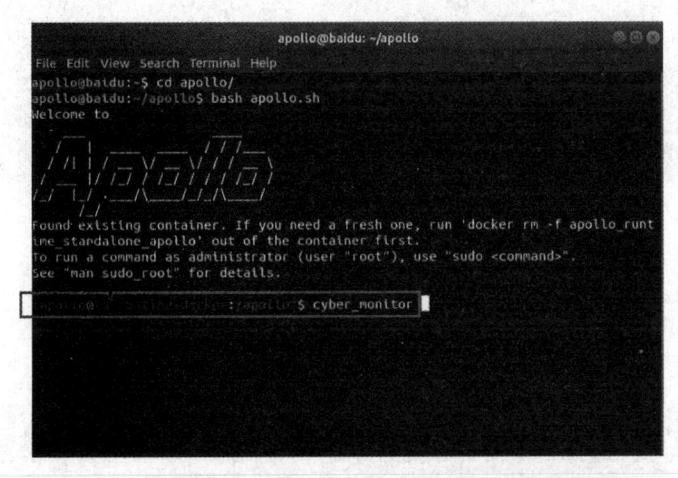

图 5-52　启动 cyber_monitor 工具的命令

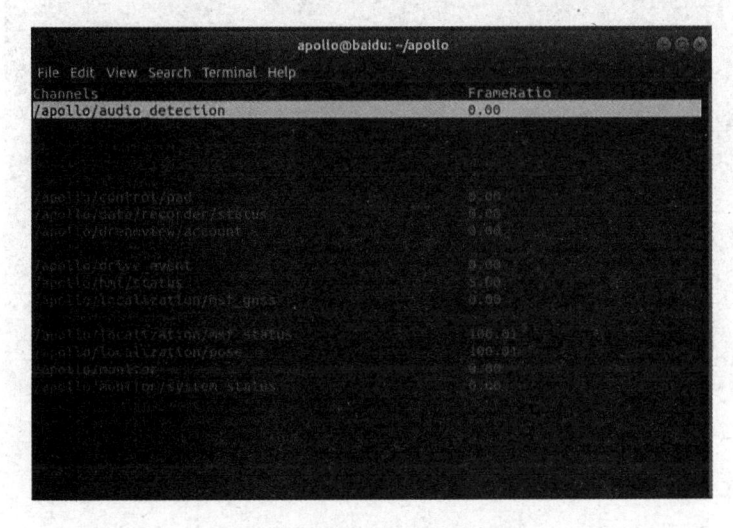

图 5-53　启动 cyber_monitor 工具

3）验证 GPS 模块信号

找到/apollo/sensor/gnss/best_pose 数据通道并按 Enter 键或方向右键打开此数据通道，查看此数据通道中 sol_type 字段的值是否为 NARROW_INT，如图 5-54 所示。若该字段的值为 NARROW_INT，表示定位模块工作正常，信号良好。否则需要进一步排查原因，直到车辆可以正确定位为止。

图 5-54　/apollo/sensor/gnss/best_pose 数据通道中的信息

4）验证 IMU 工作状态

进入/apollo/sensor/gnss/imu 数据通道，查看该数据通道中是否有数据刷新。若有，则表明 IMU 工作正常，如图 5-55 所示。

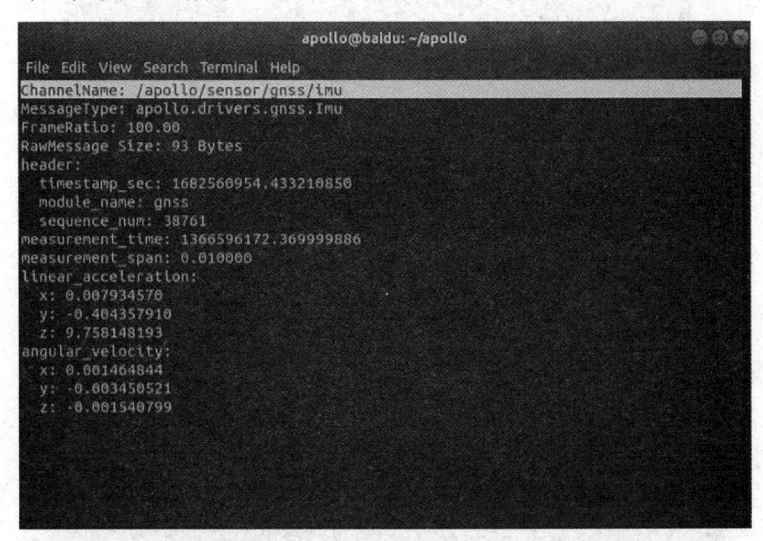

图 5-55　/apollo/sensor/gnss/imu 数据通道中的信息

5）验证定位模块状态

进入/apollo/localization/pose 数据通道，移动一下车辆并等待约 2min 后，该数据通道中

的数据有刷新，表明车辆定位模块启动成功，如图 5-56 所示。

图 5-56 /apollo/localization/pose 数据通道中的信息

【任务评价】

评价 项目	评价 内容	评价 标准	分值	评价			综合 得分
				自评	互评	师评	
RTK 主天线坐标测量	测量 RTK 主天线坐标	能正确测量 RTK 主天线坐标并将其写入 IMU 配置文件的合适位置	10				
IMU 参数配置	配置 IMU 参数	能正确使用 RS232 延长线连接 IMU 和工控机，能使用 CuteCom 软件正确将配置文件写入和查看 IMU 系统信息	10				
修改设备配置文件	不同设备配置文件的修改	能正确将设备和账号绑定，能正确找到设备配置文件的存放位置，能正确修改配置文件中的字段	20				
查看组合导航系统的配置	组合导航系统配置结果的查看	能正确使用 cyber_monitor 工具查看 GPS 模块、IMU 模块和定位模块的工作状态，能正确根据模块数据字段判断其是否工作正常，能根据故障现象做常见故障的检修	20				

续表

评价项目	评价内容	评价标准	分值	评价			综合得分
				自评	互评	师评	
安全生产	设备操作 场地 6S 安全意识	1. 安全正确操作设备；2. 工作场地整洁，工件、量具等摆放整齐规范；3. 做好事故防范措施，具备安全操作和环保意识	20				
职业素养	学习态度 团队合作 现场管理	1. 积极学习相关基础知识并参与任务计划；2. 严格按照团队分工完成任务；3. 服从安排，遵守实验室管理制度	20				

【自我审视】

请问如果小组成员数量只有 2 人时，如何分工协作，保证导航模块可以安全、正确地配置并得到验证？

_____
_____
_____
_____

任务三　基于组合导航系统的循迹

【任务描述】

组合导航系统配置完成后，完成任务二的验证部分，车辆可以正确定位并且有较高的定位精度。在本任务中，需要在任务二的基础上使用 RTK Recorder 功能录制一份行驶轨迹，使用 RTK Player 功能回放录制的轨迹数据，通过 Control 功能将回放轨迹时车辆的速度、坐标、加速度等信号转换为 CAN 总线数据下发给线控底盘，控制底盘沿着录制的轨迹完成循迹功能。

在任务实施的过程中，需要学习和掌握 RTK Recorder 和 RTK Player 功能模块的使用方法与软件的操作，并学习线控底盘的相关控制知识。

【问题探究】

引导问题 5-3-1：什么是线控底盘技术？

知识 5-3-1　线控底盘技术简介

线控底盘技术是指用电信号传输控制命令取代传统的机械连接实现对底盘执行器控制的一种技术。通过传感器感知驾驶员的操作，控制器收集传感器信号并做出逻辑判断后，生成控制命令发送给执行器，由执行器实现子系统响应的动作。

目前正在蓬勃发展的线控底盘技术包括线控转向、线控制动、线控油门、线控换挡和线控悬架等。在低阶高级驾驶辅助系统（Advanced Driver Assistance System，ADAS）技术中，自适应巡航、自动紧急制动、自动泊车及高阶的自动驾驶等功能的实现均需要在线控底盘平台上实现。

引导问题 5-3-2：查看实训车辆，讨论该车辆底盘用到了哪些线控技术？找出不同线控系统的执行器位置。

【任务实施】

任务：基于组合导航系统的循迹实操

在配置好组合导航系统后，如何通过 Apollo 自动驾驶系统使用组合导航系统实现循迹功能呢？

引导问题 5-3-3：请查阅资料，绘制基于组合导航系统的循迹操作流程图。

引导问题 5-3-4：请在无人小车上完成基于组合导航系统的循迹。

一、实验准备

1．设备准备

实验设备：D-KIT Lite 实训小车。

2．人员准备

（1）小组成员：5~6 人一组，明确任务分工。

（2）任务分工：1 人负责观察周围是否有车辆或行人经过；1 人手持遥控器，随时准备接管车辆控制权；1 人负责手持键盘控制 DreamView 功能模块的开关；1 人负责确认录制的数据；1 人负责回放数据；任务完成后人员轮换。

注意：负责遥控车辆的同学务必做到能够熟练操控车辆，防止车辆失控或误操作引发安全事故；其余同学做好安全防护。

3．场地准备

基于组合导航系统的循迹需要车辆有良好的定位信号，因车辆循迹时无主动避让障碍物或行人功能，故车辆的运行需要开阔的场地和相对安全的环境。

➢ 场地无高大建筑物或乔木遮蔽；
➢ 无强电磁干扰；
➢ 视野开阔，光照良好；
➢ 非阴雨天气；
➢ 能够允许车辆做一段较长距离的运行。

4．试验车辆工作条件准备

➢ 确认车辆的组合导航系统已经正确配置；
➢ 确认工控机的 CAN0 接口和底盘的 CAN 接口已经通过数据线正确连接。

在图 5-57 所示的接口中，底盘 CAN 接口的序号为_____。

图 5-57 底盘

5．启动车辆

车辆上电启动前请指导老师检查确认。

二、启动 CAN 总线通信

如下操作步骤以 Apollo 6.0 EDU 版本为例。

1. 启动 CAN Bus 驱动

打开终端，在终端命令行窗口中输入并执行命令 cd socketcan/，切换到 socketcan 文件夹；输入并执行命令 bash start.sh，启动 CAN Bus 驱动，如图 5-58 所示。

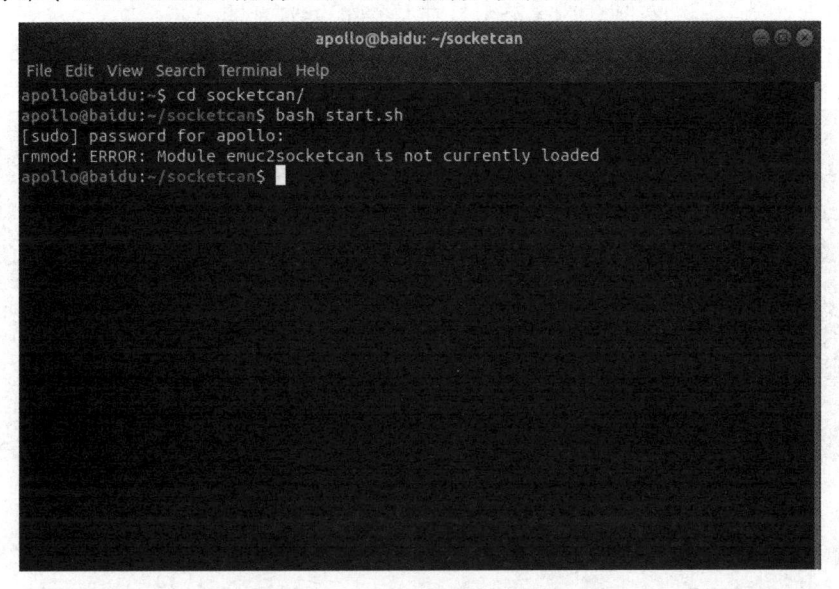

图 5-58　启动 CAN Bus 驱动

2. 确认 CAN Bus 是否启动成功

在终端命令行窗口中输入并执行命令 ifconfig，如图 5-59 所示，查看是否有 CAN 设备信息，若图中有 can0 和 can1 信息，表示 CAN Bus 驱动启动成功。

图 5-59　查看 CAN 设备信息

三、录制轨迹数据

1. 启动 DreamView

（1）参考任务二中的步骤在浏览器中打开 DreamView 界面。

（2）启动 DreamView 后，在模式中选择 Rtk，在设备中选择 Dev Kit，如图 5-60 所示。

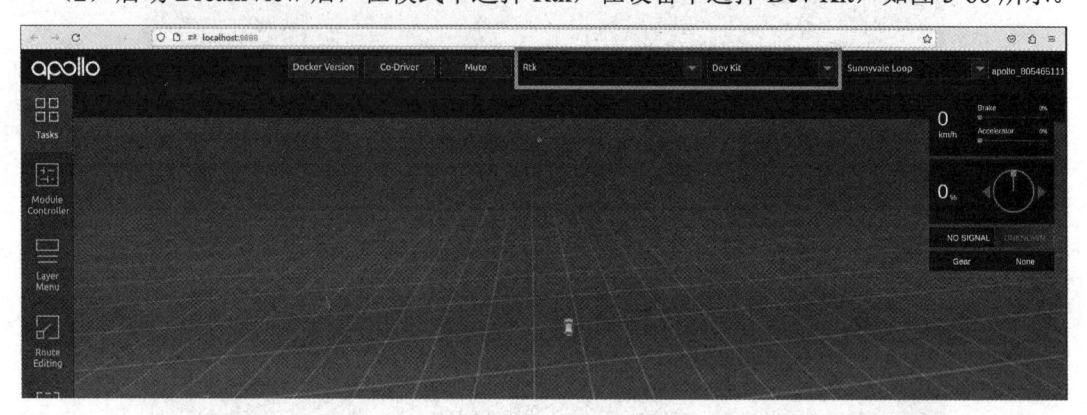

图 5-60 选择模式和设备

（3）单击左侧的"Module Controller"标签，切换到"Module Controller"标签页，在该标签页中选择打开 GPS、Localization 和 Canbus 三个功能模块，如图 5-61 所示。

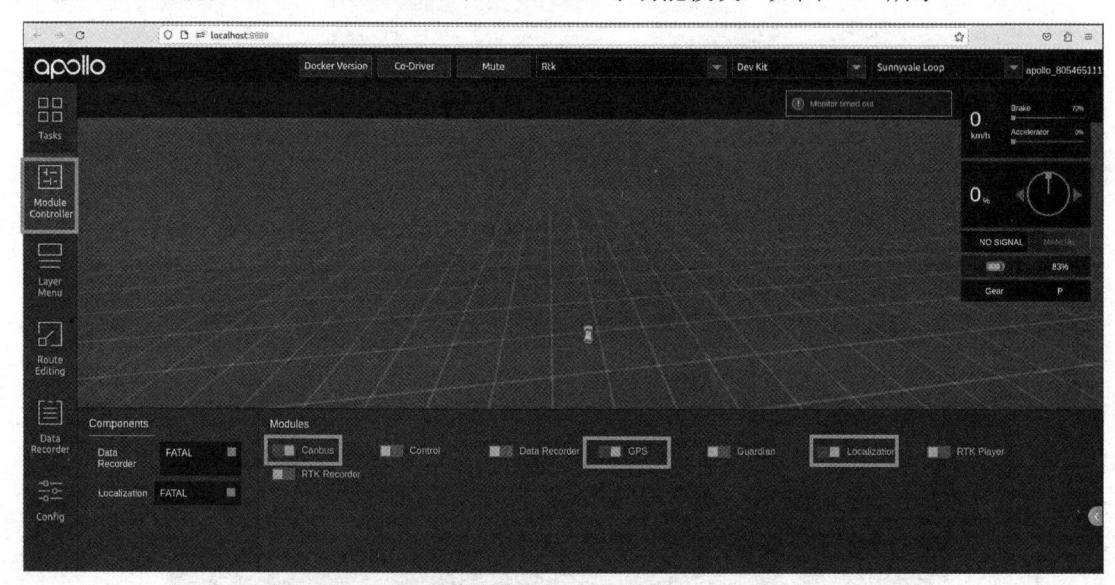

图 5-61 打开 3 个功能模块

2. 确认导航相关数据是否正确

（1）在 Apollo Docker 环境下启动 cyber_monitor 工具，查看/apollo/canbus/chassis、/apollo/canbus/chassis_detail 和/apollo/localization/pose 数据通道是否为绿色状态、帧率是否在 100 左右，如图 5-62 所示。

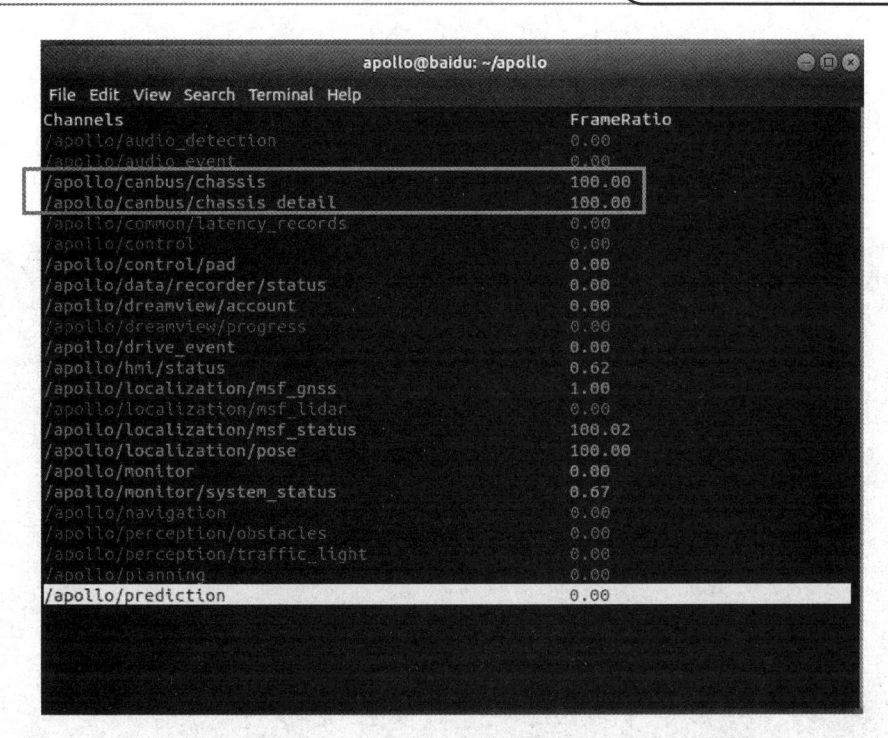

项目五 组合导航的装配与调试

图 5-62 查看 CAN Bus 通信数据帧率

（2）按照任务二中的方法检查/apollo/sensor/gnss/bestpose 数据通道中的 sol_type 值是否为 NARROW_INT。若不是该值，应排查原因，直到该值为 NARROW_INT 为止。

> **小提示：**
>
> 进入/apollo/canbus/chassis_detail 数据通道，该数据通道中的报文信息为底盘相关控制器和传感器信息，如图 5-63 所示。 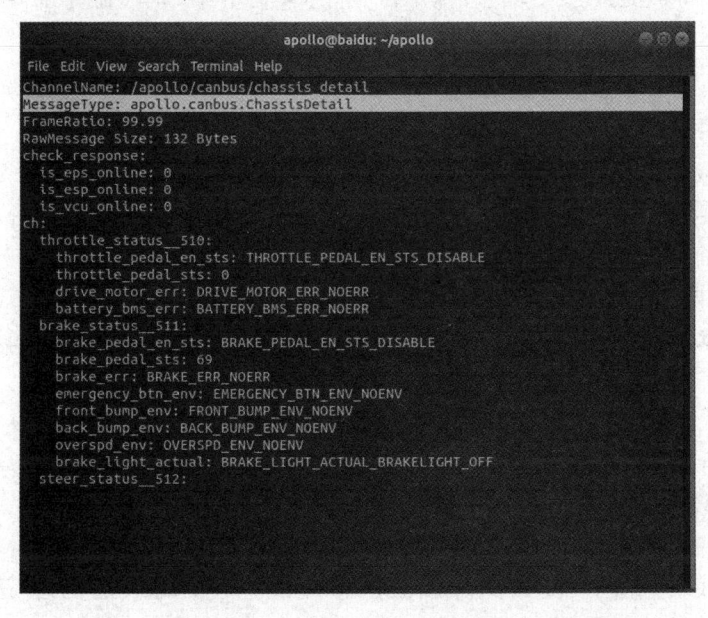
>
> 图 5-63 /apollo/canbus/chassis_detail 数据通道中的信息

3. 录制轨迹数据

在 DreamView 界面中保持 Canbus、GPS 和 Localization 功能模块打开，继续打开 RTK Recorder 功能模块，使用遥控器遥控车辆行走一定的轨迹后关闭 RTK Recorder 功能模块，如图 5-64 所示。

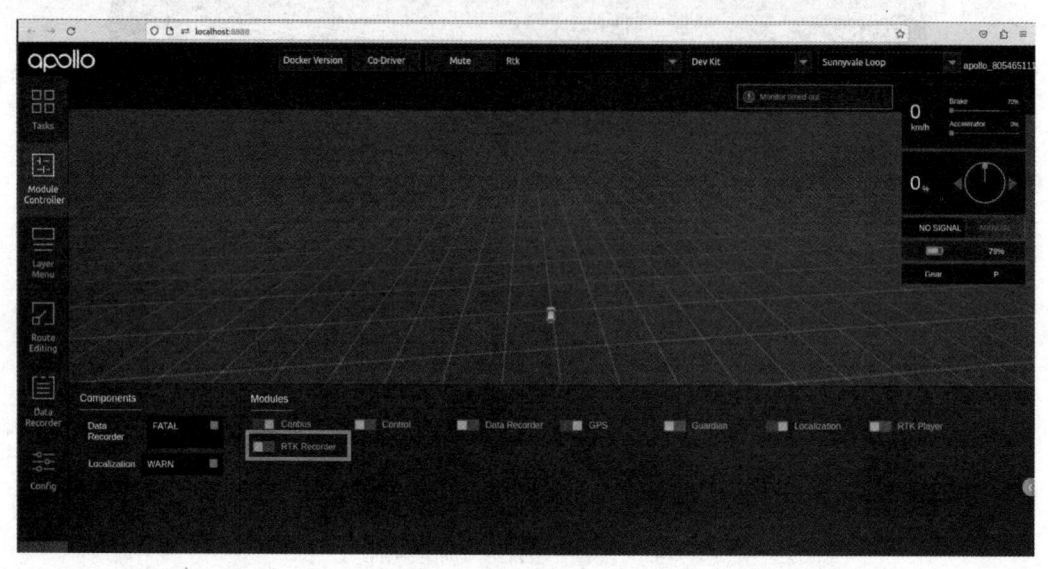

图 5-64　录制轨迹数据

注意：

在录制轨迹数据的过程中需要注意以下几个问题：

- 打开 RTK Recorder 功能模块后即开始使用遥控器遥控车辆行驶，轨迹录制完成后及时关闭该功能模块；
- 数据录制过程中不要关闭该功能模块，如关闭后再次打开，则轨迹记录从再次打开的位置开始录制；
- 同一段轨迹中不要使用倒挡；
- 遥控车辆行驶录制轨迹数据时，车辆速度不应过快，防止车辆失控，不要尝试录制速度大于 4m/s 的轨迹。

4. 录制数据查看

轨迹数据录制后，其数据保存路径为~/apollo/data/log/，在该路径下应生成 garage.csv 和 garage-x-x-x.csv 两个文件，如图 5-65 所示。其中，garage.csv 为轨迹回放时需要的文件，该文件可以使用 excel 等软件打开，其中记录了车辆在当前轨迹下的速度、加速度、曲率、挡位、加速、制动、转向等信息。

四、轨迹数据回放和循迹

1. 轨迹数据回放

轨迹数据录制完成后，遥控车辆回到轨迹的起点并尽量与起点位置重合，启动 RTK Player 和 Control 功能模块（见图 5-66），此时 DreamView 界面上显示录制的轨迹，工控机通过 CAN Bus 将驱动、转向和制动等命令发送给底盘。

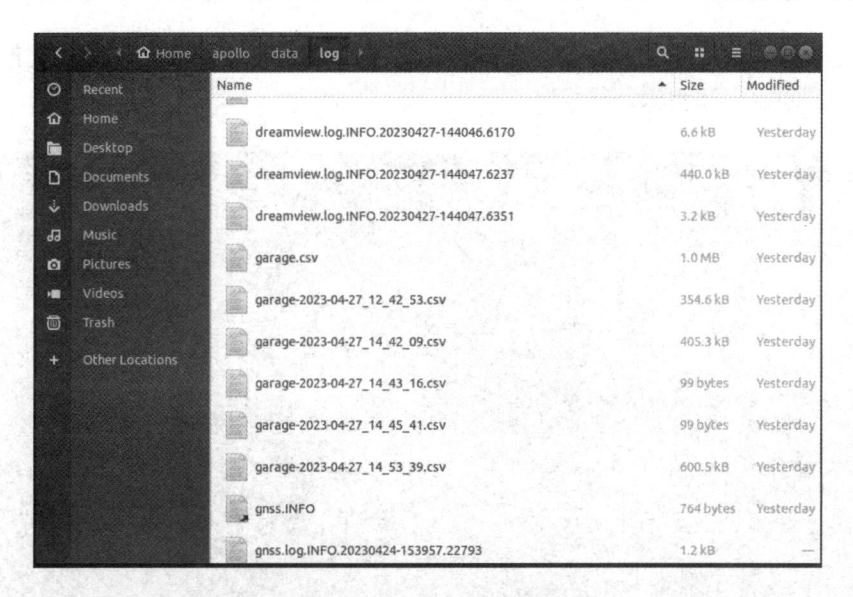

图 5-65　轨迹文件保存位置

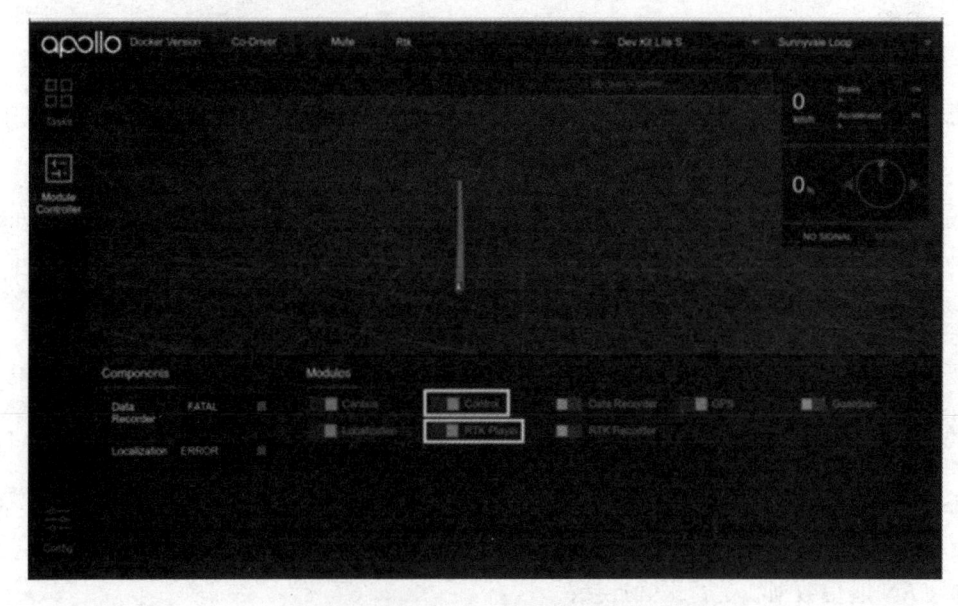

图 5-66　启动 Control 和 RTK Player 功能

注意：
显示在 DreamView 界面上的轨迹应为一条较为平滑的曲线，无毛刺或突变等情况，若轨迹不平滑，请检查定位信号并重新录制轨迹。

2．车辆循迹

将遥控器切换到自动驾驶模式，单击 DreamView 界面中的 Tasks 和 StartAuto 按钮，如图 5-67 所示，车辆开始沿录制的轨迹循迹。循迹过程中注意观察车辆的行驶轨迹、行车速度、制动等与录制轨迹是否一致。

3．不同轨迹回放

使用 RTK Recorder 功能模块录制轨迹时，每次均会生成一个以日期时间为文件结尾名的

文件，如 garage_2023-04-27_12_23_45.csv，若需使用该轨迹文件循迹，将该文件重命名为 garage.csv，并重复上述步骤。

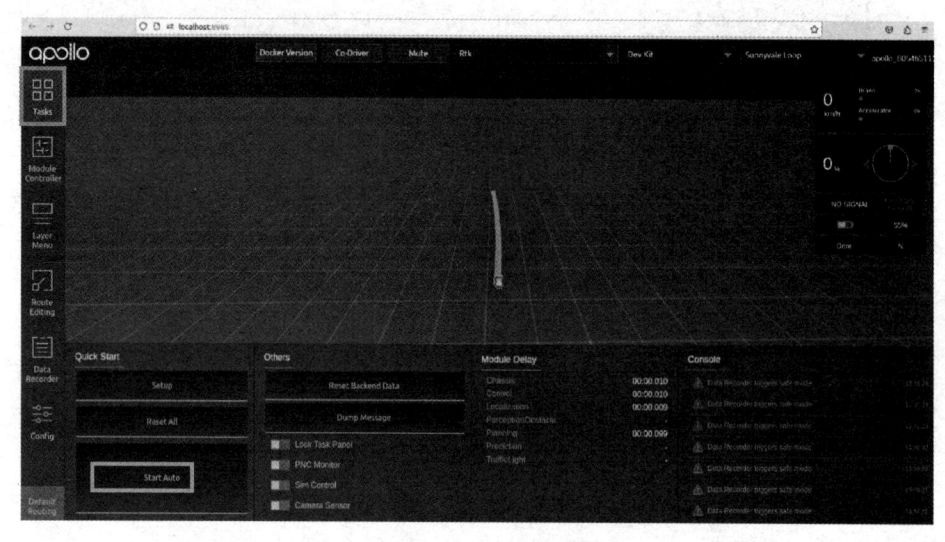

图 5-67 启动循迹功能

五、常见问题排查方法

1. canbus 条目中无数据

输入 ifconig 命令后可以显示 can0 和 can1 信息，但是在 cyber_monitor 工具中的/apollo/canbus/chassis 和/apollo/canbus/chassis_detail 数据通道为红色，没有数据。

该问题可能是由于 CAN Bus 硬件无响应所致，请将工控机关机并静置几分钟后再次开机尝试。

2. 单击 StartAuto 按钮后车辆不能循迹

依次检查如下项目：
- 遥控器是否为自动驾驶模式；
- 遥控器是否开启驻车模式；
- 底盘急停开关、使能开关是否在正确位置；
- CAN 通信数据线是否正确连接；
- Module Controller 中是否已经关闭 RTK Recorder 功能模块；
- Module Controller 中是否已经启动 RTK Player 功能模块和 Control 功能模块；
- 以上检查完毕均无故障，但车辆仍无法循迹，可到路径~/apollo/data/log/canbus.INFO 下的 canbus.INFO 文件中查看是否有报错信息，或借助 CAN 总线工具排查通信故障。

3. 循迹停止位置与轨迹录制停止位置不一致或车辆循迹时不能制动停车

该问题可能是由于车辆动力学标定未完成或制动标定未完成，需要重新进行动力学标定。

4. chassis_detail 条目下无数据

依次检查如下项目：
➢ 是否正确执行了 SocketCAN 文件目录下的 start.sh 脚本。注意，执行此脚本需要管理员权限，故需要输入密码；

- 工控机与底盘通信 CAN 线是否连接松动；
- DreamView 界面中是否选择了相应的设备型号；
- 在 Apollo Docker 环境下参看 CAN Bus 配置文件，路径为/apollo/modules/canbus/conf/canbus.conf，打开该文件后查看是否有 noneable_chassis_detail_pub 的字段。若有，则将其修改为 enable_chassis_detail_pub。

【知识拓展】

拓展知识：Apollo 8.0 版本的操作命令

CAN Bus 通信记录文件保存位置：

（1）在 Apollo 6.0 EDU 版本中，CAN Bus 通信文件的保存路径为~/apollo/data/log/，文件名为 canbus.INFO；

（2）在 Apollo 8.0 版本中，CAN Bus 通信文件的保存路径为~/apollo-dkit/data/log/，文件名为 canbus.INFO。

【任务评价】

评价项目	评价内容	评价标准	分值	评价			综合得分
				自评	互评	师评	
CAN Bus 驱动开启	执行 CAN Bus 驱动脚本	能够正确执行驱动脚本，并通过终端查看驱动状态信息	10				
录制轨迹文件	根据需求录制轨迹文件	能正确开启和关闭相关功能模块，录制轨迹数据	20				
回放轨迹数据	车辆循迹	能正确打开和关闭相关功能模块，控制车辆循迹，并能根据循迹过程中出现的故障现象做原因排查	30				
安全生产	设备操作 场地 6S 安全意识	1. 安全正确操作设备； 2. 工作场地整洁，工件、量具等摆放整齐规范； 3. 做好事故防范措施，具备安全操作和环保意识	20				
职业素养	学习态度 团队合作 现场管理	1. 积极学习相关基础知识并参与任务计划； 2. 严格按照团队分工完成任务； 3. 服从安排，遵守实验室管理制度	20				

【自我审视】

请问如果循迹过程中车辆没有按照预定的地点停车，应当如何处理？车辆安全停车后如何重新进行运动力学标定，请列出其主要步骤。

_____
_____
_____
_____

练习提升

【知识巩固题】

1. 单项选择题

（1）下列哪项不是 GNSS 定位误差来源？（　　）
　　A．大气电离层折射　　　　　　　B．星历误差
　　C．天线相位中心偏差　　　　　　D．接收机数量

（2）下列哪项不是 RTK 系统组成部分？（　　）
　　A．卫星　　B．基准站　　C．流动站　　D．数据线

（3）下列哪项不是惯性导航系统的优点？（　　）
　　A．自主性强　　　　　　　　　　B．抗干扰性强
　　C．配置成本低　　　　　　　　　D．导航信息输出频率高

（4）请对惯性导航解算算法排序。（　　）
　　①姿态更新②坐标变换③速度更新④位置更新
　　A．①③④②　　B．①③②④　　C．①②③④　　D．③①④②

（5）下列哪项不是惯性导航系统定位误差来源？（　　）
　　A．谐波噪声　　B．大气电离层折射　　C．变温误差　　D．传感器白噪声

（6）当/apollo/sensor/gnss/best_pose 数据通道中的 sol_type 字段的值为（　　）时表示 GPS 定位良好。
　　A．NARROW_FLOAT　　　　　　B．SINGLE
　　C．NARROW_INT　　　　　　　　D．NARROW

（7）定位模块启动成功后，/apollo/localization/pose 数据通道中的数据帧率为（　　）左右。
　　A．100　　B．80　　C．50　　D．10

（8）以下数据中（　　）不是/apollo/localization/pose 数据通道中所发布的。
　　A．positon　　B．orientation　　C．linear_velocity　　D．raw_rate

2. 判断题

（1）启动 Dockers 脚本的保存路径为~/apollo/。（　　）

（2）配置 IMU 时，RS232 串口线与工控机的 COM2 口相连接。（ ）

（3）在配置 IMU 的 IP 地址时，其地址应该为 192.168.1.xxx。（ ）

（4）为使车辆获得高精度的定位，在 DreamView 界面中除了启动 GPS 功能模块，还要启动 Localization 功能模块。（ ）

（5）在 D-KIT 车辆上，工控机通过 UART 通信将控制命令传输给底盘控制器。（ ）

（6）CAN Bus 启动成功后，/apollo/canbus/chassis 数据通道的帧率应该在 100 左右。（ ）

（7）在基于 RTK 的循迹操作中，当车辆准备按照录制的轨迹行驶时，应该将遥控的挡位置于自动驾驶挡位。（ ）

3．简答题

（1）全球现有成熟的 GNSS 有哪些？

（2）北斗导航卫星系统分几代？每一代的工作原理是什么？

（3）什么是网络 RTK 技术？网络 RTK 技术与传统 RTK 技术相比有哪些优点？

（4）惯性导航系统的工作原理是什么？

（5）组合导航技术分为哪几种？

（6）简述 IMU 模块配置完成后在 cyber_monitor 工具中检查 GPS、IMU 和 Localization 功能模块的数据通道分别是什么？如何判断其是否正常工作？

（7）当车辆定位成功后，简述基于 RTK 循迹的主要步骤。